"十三五"国家重点图书出版规划项目 | 丛书主编 侯怀银

本书是国家社会科学基金"十三五"规划 2018 年度教育学重点课题"中华人民共和国教育学史"（课题批准号 A0A180016）的研究成果

# 共和国
# 教育学 70 年

## Pedagogy of the People's Republic of China for 70 Years

## 教育社会学卷

王有升　著

北京师范大学出版集团
BEIJING NORMAL UNIVERSITY PUBLISHING GROUP
北京师范大学出版社

# 丛书编委会

---

**丛书主编**　侯怀银

**编　　委**　(以姓氏笔画为序)

马建强　王正青　王有升　王福兰

冯建军　孙　杰　张忠华　郑玉飞

侯怀银　桑宁霞

# 总　序

2019年系中华人民共和国70华诞。站在70年的节点，我们需要对中华人民共和国教育学的发展历程进行回顾、反思与展望。据我们目力所及，从中华人民共和国成立至今（截至2019年年初），国人引进和自编的教育学著作（包括专著与教材）共计4700本，占20世纪以来中国教育学著作总量的80％。其中，国人自编的教育学著作4300本，引进外国著作400本。新中国成立以来，中国教育学人在20世纪上半叶教育学发展的基础上，砥砺前行，取得了非凡的成就，形成了学科发展的经验。时至今日，我们需要梳理新中国成立70年来教育学学科建设的成就和经验并寻找其启示，我们更需要系统开展中华人民共和国教育学史的研究，把中华人民共和国教育学史作为中国教育学史研究的重要组成部分。

## 一、新中国成立70年来教育学学科建设的成就

新中国成立后，中国教育学人在中国共产党的领导下，自觉以马克思主义为指导思想，着力建设中国教育学。纵观70年来中国教育学的建设，主要取得以下五个方面的成就。

（一）由照搬照抄到本土化再到中国教育学的建设取得成效

70年来，中国教育学学科建设取得的最大成就在于中国教育学的提出和建设。

新中国教育学的建设是从照搬照抄苏联教育学开始的。叶澜教授认为"引进"是中国教育学从"娘胎"里带来的印记。这就是说 20 世纪上半叶中国教育学的发展是从引进日本、德国、美国等国家的教育学开始的。在引进其他国家教育学的过程中，中国教育学人在 20世纪 20 年代就注意到仅仅引进其他国家的教育学并不能解决中国教育实际存在的问题，故而提出"教育学中国化"的问题。客观而言，那个时期的中国教育学人在探索解决中国教育实际问题的过程中确实创造了很有品质的教育思想和教育理论。随后的抗日战争和解放战争，使中国教育学人的探索被中断甚至被破坏。新中国成立后，中国教育学并没有在原有的基础上建设，而是直接取法苏联。当时，中国教育学人学习苏联教育学主要是通过译介苏联的教育学教材、邀请苏联教育学和心理学专家来华授课、派遣留学生和专家去苏联学习等途径。1956 年，中苏关系恶化，学习苏联教育学来指导中国的师资培养和教育实践的路径被中断，中国教育学人开始探索中国教育学。这一时期，中国教育学人虽然提出了"中国教育学"，但是具体的做法却是教育学的中国化（中国化的教育学）。

中国化的教育学得到研究和发展，其不足之处也得到反思。在"向科学进军"的号召下和"双百方针"的指引下，我国教育学建设者以前所未有的热情，在对学习苏联教育学的经验和教训进行反思的基础上，开始了教育学中国化的初步探索。1957 年《人民教育》7 月号以《为繁荣教育科学创造有利条件》为题，发表了当时一些学者对我国教育科学研究工作的意见。这些意见直指学习苏联经验中的教条主义、机械主义倾向，鲜明地提出了教育学的中国化问题，从方法论的高度对如何建设中国的教育学提出了十分宝贵的意见。曹孚在《新建设》1957 年第 6 期上发表了以《教育学研究中的若干问题》为题的长篇论文，在教育观念上对以凯洛夫主编的《教育学》为代表的苏联教育理论提出了不同寻常的、有力的挑战，从而在教育学中国化的方法论上取得了理论思维上的进展。

　　然而，正当我国教育学研究者充满热情地为建设中国化的教育学科体系而努力探索时，反"右"斗争开始了。在此气氛中，曹孚1957年发表的《教育学研究中的若干问题》一文被错误地批判，作者被迫在《新建设》1958年第2期发表检讨文章。① 这一批判虽然是在内部进行的，但影响也波及全国高等师范院校和教育科研机构。由于反"右"斗争扩大化，高等师范院校一些教师和学者被错误地划成了右派，我国教育学科建设受到严重挫折。1958年至1960年，开始了以贯彻教育与生产劳动相结合为中心的"教育革命"运动，教育学领域开始了"大跃进"，开展了一系列的批判运动。这些在思想和学术领域的批判简单粗暴，压制了在学术上持不同观点的人，打击了很多有真才实学的学者，挫伤了当时教育科学工作者的积极性，严重地影响了我国教育学学科的建设和发展。

　　正是由于反"右"斗争的扩大化和"教育革命"中"左"的浪潮，我国教育学学科体系的建设出现了一种"左"的倾向。这主要表现在教育学的教材建设上出现了一种"教育政策汇编形式"的教育学。1958年4月23日，教育部发出通知，师范学校三年级教育学课原有教材停授，改授有关我国教育方针和政策的内容。② 这一切使"文革"期间教育学教材编写完全成为教育经验政策汇编，成为"语录学"和"政策学"的温床。

　　改革开放之后，中国教育学人再一次提出"中国教育学"，并对"建设具有中国特色的社会主义教育学""中国教育学本土化"的内涵、必然性、方法论和路径等进行了探索。这些研究指导了中国教育学的建设和发展，中国教育学人出版了不少具有中国特色的教育学著作和教材，培养了大批人才。但是，建设具有中国特色的教育学仅

---

　　①　即《对〈教育学研究中的若干问题〉一文的检讨》，同期还发表了批评曹孚的文章《怎样理解"教育中的继承性问题"》。

　　②　中央教育科学研究所：《中华人民共和国教育大事记 1949—1982》，219 页，北京，教育科学出版社，1984。

反映在教育学学科建设的局部，还没有反映到教育学的整体建设上来。之所以这样讲，是因为改革开放之后，中国教育学人又开始大量译介国外的教育学成果，一些具有中国特色的教育学著作和教材也吸纳了国外教育学研究成果，但未能完全反映出中国教育实践的需要。

21 世纪初，中国教育学人在反思 20 世纪中国教育学发展的基础上开始建设中国教育学。这一时期，中国教育学人发表并出版了不少反思 20 世纪中国教育学发展的成果，并对建设中国教育学提出了展望。一些反映中国教育实践需求的教育思想和教育理论得以创生，如主体教育思想、新基础教育、情境教育、情感教育、新教育，等等。尤其出现了以叶澜教授创建并持续领导的"生命·实践"教育学派。学派的形成既是教育学理论发展的重要途径，又是教育学理论的丰富性和长久生命力的不竭之源。学派的发展，从深层次上探索了学科发展的内在的可能性空间。从学科发展走向学派的形成，是实现我国教育学发展的有效途径，也是时代的必然要求。只有创建自己的教育学派，形成真正的教育学家，形成一套完整的教育学本土化的逻辑体系和思维方式，中国教育学才真正有可能与国外，尤其是西方的教育学进行对话与交流。

（二）马克思列宁主义、毛泽东思想的指导地位得以确立

学科建设必须有指导思想。在社会主义的中国，教育学学科建设的指导思想是马克思列宁主义、毛泽东思想。新中国成立后，马克思列宁主义、毛泽东思想成为指导社会主义革命和社会主义建设的理论基础，与此相适应，迫切需要确立马克思列宁主义、毛泽东思想在中国教育学建设中的指导地位。马克思列宁主义、毛泽东思想在教育学发展中指导地位的确立是从新中国成立后开始的。这种确立同社会科学其他学科研究领域，如历史学、文学等一样，经历了 7 年的历程（1949－1956 年），也走了同样的道路，即学习、引进和批判相结合。其一，学习马克思列宁主义的基本原理。其二，引

进苏联教育学。诚如曹孚先生指出的那样："马克思列宁主义教育学在短促的几年中，在中国教育学术界奠定了自己统治的地位，这是与教育学方面学习苏联分不开的。"①其三，开展对旧教育思想的批判。经过学习、引进和批判，我国教育研究工作者开始从思想上确立马克思列宁主义、毛泽东思想的指导地位，自觉树立辩证唯物主义和历史唯物主义的世界观，"开始用马克思列宁主义的观点去研究教育科学问题……马克思列宁主义观点与理论已经在教育学、心理学、教育史的研究与教学中初步建立了统治的地位"②。马克思列宁主义、毛泽东思想在中国教育学建设中指导地位的确立，为中国教育学的重建指明了方向并提供了理论基础。

（三）国外教育学的引进成为中国教育学发展的重要组成部分

70 年来，中国教育学的建设在处理中外关系的过程中，逐渐走出了一条既不是依附又可以相互借鉴的道路。中国教育学的起点是从引进国外教育学开始的。新中国成立后一段时期，中国教育学人又走上了引进国外教育学的道路。这两次引进不是学习借鉴式的引进，而是照搬照抄式的引进。改革开放后，中国教育学人在讨论教育学中国化、本土化和中国教育学建设的过程中，逐渐注意到我们既不能照搬照抄国外教育学（因为照搬照抄解决不了中国教育实践存在的问题），又不能闭门造车、闭关自守，而要开放。这就要处理好教育学建设过程中的中、外问题。通过考察 1949 年以来国外教育学著作和教材的引进情况，我们发现，引进所占比例并不低，尤其是1977 年后，即便是以再建中国教育学为目标，也有近一半的国外教育学著作和教材被引进到国内。教育学研究者在一定程度上已把国外教育学的引进作为再建中国教育学的重要组成部分，已主动学习并借鉴国外教育学的研究成果，注重与国外教育学的发展接轨，其

---

① 瞿葆奎等选编：《曹孚教育论稿》，208 页，上海，华东师范大学出版社，1989。
② 同上书，688 页。

中以美国、苏联、日本为主。然而，对发展中国家教育学的发展成果，我们借鉴和吸收得还不够。1977 年以来国外教育学的译者数量占到整个 20 世纪译者总数的一半以上，这说明在教育学著作和教材的引进上我国已形成相对稳定的翻译队伍，这不仅为国外教育学的研究提供了人员上的保障，而且为形成中外融合的教育学研究队伍奠定了一定基础。

（四）中国教育学的学科群基本形成

70 年的中国教育学发展，促使其分支学科不断出现与发展，仅 1977—2000 年这一阶段就增加了 28 门教育学分支学科，教育学的学科门类基本形成。同时，教育学学科体系也基本形成并初具规模。中国教育学学科体系的建设在改革开放后基本上是沿着正确的轨道进行的，教育研究领域越来越宽广，教育研究成果已成为教育学建设的丰富资源。教育学的理论基础不断得到拓展，我国初步形成了较完备的教育学学科体系，从而结束了作为一门学科的教育学一枝独秀的局面。

教育学既有了综合性的发展，又有了分化性的发展。从其综合性方面来说，教育学同其他有关学科有了紧密的联系，许多边缘性、交叉性和新兴学科相继恢复、产生、充实和发展；从其分化性方面来说，教育学越分越细，作为一门学科的教育学、教育概论、教学论、课程论、德育原理、教育哲学等学科快速发展。我国已初步形成了教育学交叉学科、教育学专门学科与教育学元科学相结合，多种教育学分支学科相继独立的学科发展格局。我国教育学的建设和发展，不仅为有关决策的形成提供了一定的理论依据，为中国的教育教学实践提供了一定的理论指导，在一定程度上促进了学校教育教学质量的提高，而且也起到了一定的理论预测作用，促进了教育事业的繁荣和发展。

特别需要指出的是，教育学元研究的发展为中国教育学学科建设提供了坚实的基础。教育学元研究是对教育学元问题的研究，包括教育学的概念、教育学的性质、教育学的体系、教育学的逻辑起点、教育学的方法论、教育学的价值、教育学的功能、教育学的学科立场、教育学的学科地位、教育学史，等等。

（五）中国教育学的社会建制得到完善

一门学科的社会建制大体包括五个部分：一是学会；二是专业的研究机构；三是各大学的学系；四是图书资料中心；五是学科的专门出版机构。[①] 按照这个标准来看，新中国成立 70 年来，中国教育学的社会建制得到了完善。第一，在学会方面，中国教育学会、中国高等教育学会等成立，在这些学会之下还有若干分会，分会下还设专业委员。第二，在专业的研究机构方面，国家层面有中国教育科学研究院，各个省市有本省市的教育科学研究院等。第三，在各大学的学系方面，综合院校、师范院校等多设立专门的学院，如教育学部、教育科学学院、教育学院、教师教育学院、教育技术学院等，一些教育学院还设立了各个研究所。第四，在图书资料中心方面，教育学的书籍在各大图书馆有专门的图书分类号。第五，在学科的专门出版机构方面，中国有专门的教育学出版机构，如人民教育出版社、教育科学出版社、高等教育出版社等；一些省市也有教育出版机构，如上海教育出版社、福建教育出版社、山西教育出版社等；一些大学的出版社也出版教育学方面的著作和教材，如北京师范大学出版社、华东师范大学出版社、广西师范大学出版社等。就以上方面而言，新中国成立 70 年来，中国教育学的社会建制得到完善。

**二、新中国成立 70 年来教育学学科建设的经验**

70 年来，几代中国教育学人就中国教育学的建设取得了诸多成就，形成了一些教育学学科建设的经验，具体来说，在于较好地处理了教育学学科发展中的几对关系。

---

① 费孝通：《略谈中国的社会学》，载《高等教育研究》，1993(4)。

（一）处理好马克思主义哲学与其他哲学流派促进教育学建设的关系

教育学与哲学有着天然的联系。在教育学学科化时，赫尔巴特就是以实践哲学和心理学作为教育学的学科基础的。再往前推，教育学首先是哲学家康德在大学的课堂上开讲的。新中国成立以来，中国教育学的建设以马克思主义为指导取得了辉煌的成就。但是我们需要警惕的是马克思主义不等于马克思主义哲学。马克思主义是我国各项事业建设的指导思想。马克思主义本身包含了马克思主义哲学、政治经济学和科学社会主义。马克思主义哲学是马克思主义的一部分。马克思主义哲学对其他哲学流派不是全盘否定的，其他哲学流派的观点也不是与马克思主义哲学水火不容的。在新中国 70 年教育学学科建设的过程中，有一段时间，我们将教育学的哲学基础完全确立为马克思主义哲学，对其他哲学流派实行全盘拒斥，阻碍了中国教育学的建设。改革开放之后，教育领域思想大解放，其他哲学流派不断译介和传播，教育学的学科建设逐渐兼容并纳各家哲学流派之观点，走上了快速发展的道路。这带给中国教育学人的经验就是处理好马克思主义哲学与其他哲学流派在促进教育学建设过程中的关系。

中国教育学人还需要吸取的经验是避免把马克思列宁主义、毛泽东思想在指导教育学学科建设时绝对化。马克思列宁主义、毛泽东思想是我们进行教育学建设的指导思想，中国教育学的建设必须确立马克思列宁主义、毛泽东思想的指导地位。然而，这并不意味着我们要把马克思列宁主义、毛泽东思想绝对化。在坚持把马克思列宁主义、毛泽东思想作为指导思想的前提下，如何还马克思列宁主义、毛泽东思想"智慧之友"的本来面目，充分发挥马克思列宁主义、毛泽东思想方法论意义上的指导功能，是我国教育学学科建设值得思考并需解决的重要课题。

（二）处理好批判和继承之间的关系

中国教育学的发展，在"文化大革命"的十年遭到严重的破坏和错误的批判。从这个意义上讲，如何正确认识批判的本质和功能，并处理好批判和继承的关系，对于我国教育学的建设和发展至关重要。就批判的本质来看，批判实际上就是分析，批判就是一个一分为二的分解过程。从马克思主义的观点来看，批判也就包含着继承，而继承又不是简单的肯定，是包含在否定中的肯定。从"文革"时期的"批凯"和"批孔"来看，这种"批判"是与马克思主义的批判观相违背的，它背离了批判的本质和功能，割裂了批判和继承的关系。正因为这种"批判"，才导致了对凯洛夫主编的《教育学》和孔子教育思想等的全盘否定，进而对整个教育学的批判否定，这个教训很值得我们吸取。我国教育学的建设必须在认真贯彻"双百方针"的基础上，正确地开展学术批判。我们应把学术批判作为繁荣我国教育学的基础、条件和动力，使其真正地推进我国教育学的建设和发展。

（三）处理好中国教育学建设过程中的中外关系

由于教育学从发生学意义上具有"舶来"的品性，其对国外教育学的"依附"自然难免。不过，纵观 20 世纪中国教育学的发展之路，我们可以欣喜地看到，在教育学的理论建设中，亦步亦趋的成分越来越少，独立创造的因子越来越多。叶澜教授曾在《中国教育学发展世纪问题的审视》一文中提出，政治、意识形态与学科发展的关系问题、教育学发展的"中外"关系问题、教育学的学科性质问题等，这些问题是影响教育学学科发展的根本性问题。[①] 新中国成立 70 年来，中国教育学人在建设教育学学科的过程中，不断地在处理教育学的中外问题。我们曾经有依附、有全面批判，当然，时至今日，我们已放弃了全盘接受和全面否定的态度。研究者多认同立足中国教育现实，寻找本民族与外来教育融会贯通的契合点是实现本土化、摆

---

① 　叶澜：《中国教育学发展世纪问题的审视》，载《教育研究》，2004(7)。

脱对西方教育学的依附的根本途径。但也有研究者指出，本土化的过程仍然是对西方的"移植"过程，主要表现在本土化的途径仍然以译介为主，本土化的对象仍以借鉴为主，本土化的教育理论内容更是充斥着西方的思潮和思想。针对这种在认识论和方法论上存在的问题，研究者提出了本土化研究的重点和难点，乃是基于本土问题，研究本土性，寻找结合点，并开展具体研究。① "生命·实践"教育学派在处理教育学学科建设过程中的中外问题方面走出了一条具有特色的道路。该学派立足中国当代社会和教育中的具体问题，寻求中西方思想文化的滋养。

（四）处理好学科体系建设和知识体系构建之间的关系

在我国建立的教育学学科体系中，各学科的发展存在着较严重的不平衡现象。其中有些学科起步较早，已初步形成了较完整的体系；有些学科本身又分为若干分支，学科研究向着更加深入的层次、更加广阔的领域发展，处于成熟或继续发展期；有些学科是近几年才刚刚开始建设，处于汇总材料、构思体系、逐步创建阶段，正为学科体系建设创造条件；有些学科正处于初创阶段，趋于形成。教育学学科领域中的空白点较多，一些分支学科研究者甚少。这种不平衡性在一定程度上影响了教育学的学科建设和发展。我国教育学学科建设的水准不高，学科独立性尚差。一般来讲，教育学学科确认标准有三方面：其一，有明确的研究对象和研究范围，有相对独立的概念、范畴、原理，并正在或已经形成学科结构体系；其二，有专门的研究者、研究活动、学术团体、传播活动、代表作等；其三，该学科的思想、方法已经在教育实践中被应用、被检验，并发挥出特有的功能。② 以这三方面标准来衡量，我国教育学学科体系

---

① 吴黛舒：《繁荣背后的反思：中国的"教育学本土化"》，载《教育理论与实践》，2007（9）。

② 安文铸、贺志宏、陈峰：《教育科学学引论》，17 页，南昌，江西教育出版社，1997。

还不成熟和完善，仅仅初步确立起了应有的门类和框架，在一定程度上尚落后于其他学科的发展。从各门教育学学科建设来看，无论是从深度还是广度来说，都还不能按学科建设的严格原则和标准进行具体规划和落实。在整个科学体系中，教育学学科特别缺乏一整套独特的概念、范畴、命题和研究方法，学科的独立性不强。

之所以出现教育学的分支学科发展不平衡和学科独立性不强的状况，是因为中国教育学人在教育学学科建设过程中还没有处理好学科体系和知识体系之间的关系。我们强调教育学分支学科的繁荣壮大，但在一定程度上忽视了教育学说到底是教育知识的学问。学科建设不能用学科体系取代知识体系。知识体系决定着学科体系的样态，而不是学科体系规范着知识体系。

(五)处理好教育学学科建设和教育研究之间的关系

教育研究是教育学建设和发展的基础和前提。新中国成立初期，我国的教育研究工作，一方面是总结和发展自己的教育实践经验，特别是老解放区的教育实践经验，开创我国的教育研究工作；另一方面是翻译出版苏联教育学方面的研究成果，借鉴苏联的教育研究经验，以指导我国的教育实践。20世纪50年代后期，我国着手建立教育研究机构，并开始进行教育研究的规划工作。20世纪60年代初，我国教育研究机构的建立以及教育研究工作的指导方针和任务的确立，才使我国教育研究工作进入一个初步繁荣和发展期。20世纪80年代后，随着解放思想在教育领域的深入，研究者针对教育学发展问题进行了不同层面、不同领域、不同角度的研究，推进了教育学理论的发展，对教育学理论体系的构建起到了重要作用。

由此可见，教育研究工作直接影响到教育学建设和发展的进程。我国教育学的建设和发展必须切实重视并加强教育研究工作。我们应把教育学的建设和发展置于雄厚的教育研究工作基础之上。

### 三、新中国成立 70 年来教育学学科建设的启示

通过对 70 年来中国教育学发展的回顾与反思，我们深深感受

到，新时代中国教育学的建设，应以从中国出发的"世界教育学"和"大教育学"为根本追寻，赋予教育学以中国文化的特色，建设具有中国特色、中国气派的教育学，它服务中国社会和教育实践的发展，促进人的发展和社会的全面进步。我们应在对"人"的认识基础上，探索中国教育运行的特殊规律，形成我们的理论框架、研究方法和知识体系，处理好教育学发展中的引进和创新的关系、教育学的发展和教育实践的关系、教育学各分支学科之间的关系，确立教育学在整个科学体系中的地位，发挥中国教育学学科的系统功能，促进教育学的繁荣，并推动中国教育学走上世界舞台。为此，我们需要做到"六个坚持"。

（一）坚持教育学的学科自主

所谓教育学的学科自主，就是教育学研究者创生教育学学科、教育学理论。教育学虽是"舶来品"，但经过研究者多年的努力，其亦步亦趋的成分越来越少，独立创造的因子越来越多。因此，我们可以预料，中国教育学学科建设最终会走上独立创新的康庄大道。20 世纪国外教育学的输入，已经为我们独立地创造自己的教育学准备了足够丰富的"质料"，依靠中华民族五千年积累的智慧，我们有理由创造出具有中国特色的教育学学科。这需要教育学界的同仁通力合作。在此须指出的是，走这样的一条道路，是要摆脱教育学学科建设中仰人鼻息的窘境，而不是说拒绝对国外先进的教育学的吸收。在这样一个日益走向全球化的世界，除了无知的妄人之外，任何人都不会不承认学习他国的优秀理论成分对我们的理论创造的价值。

我们应在吸收与独立创造之间寻求一种合理平衡，扎根本土实践与教育传统，把西方的教育学理论作为"质料"来进行审视，以"重叠共识"为基点，进行理论整合。

我们要坚持教育学的学科自主，需要在教育学的学科建设上树立大教育学观，改变教育学的学科建设主要局限于学校教育的建设局面。学校教育应该是教育学研究的重要领域与对象。我们应该对学校教育内在规律做深入细致的分析研究，力争发现与揭示存在于学校教育现象中的普遍规律，通过对学校教育基本原理的探讨，去阐述教育活动的一般原理。但教育学仅仅以学校教育为研究对象，是对人作为完整生命发展主体的一种有意识的忽视，学校教育不是人的教育活动的全部，对学校教育内在规律的分析研究无法全面揭示存在于所有教育现象中的普遍规律，对学校教育基本原理的探讨不能代替对教育一般原理的探讨。因此，新时代中国教育学的建设，不仅要去关注学校教育，而且要超越学校教育，以终身教育为视野，把教育学学科建设拓展到人类教育活动的其他形式，特别要重视社会教育学的学科建设。

我们要坚持教育学的学科自主，更需要在教育学的学科建设上，把中国教育学史作为教育学中的一门基础理论学科去建设，对中国教育学史的学科性质、研究原则和方法等进行深入的思考，以促进中国教育学史的研究。我们需要梳理中国教育学历史发展过程中的重要事实，研究和了解中国教育学发展的全貌，对我国教育学的发展进行整体而深刻的反思，从中探寻出值得借鉴的启示，减少我们在教育学建设和发展中的盲目性，完整地把握已有的认识成果并进行创造性转化，进而提出真正能促进当前我国教育学发展的理论主张并付诸实践，以此促进中国教育学的建设。

（二）坚持教育学的学科自立

坚持教育学学科自立的一个必要前提是强调教育学的独立学术品质。既往的历史告诉我们，学科的意识形态化始终是教育学获得独立性、自主性的一个重要影响因素。我们既需要摆脱对政治的依赖，又需要摆脱对西方的依赖，还需要摆脱对其他相关学科的依赖。在总结历史教训的基础上，以探讨教育学的逻辑起点和教育学本身特有的概念、范畴、体系等为突破口，教育学将会一步步走上一条学科的自主、独立之路，实现学科自立。世界教育学发展的历史告诉我们，任何时代的教育学学科的自主性与独立性的获得，都是需要一定的社会文化条件支撑才能形成并长久存在下去的。教育学学科的独立、自主绝对不是一种普遍化、无条件的存在状态。因此，希望教育学完全摆脱政治、西方和其他学科的影响而实现学科的绝对自立是不可能的，新时代的中国教育学必须处理好与政治、西方和其他相关学科的关系。

新时代的教育学学科建设，特别要处理好教育学和其他相关学科的关系。教育学学术生产具有跨学科生长的特点，教育学知识体系不能脱离任何一门科学，需要其他科学的参与来发展教育理论和教育实践，教育学要借鉴其他学科的最新成果，以求形成促进教育学发展的巨大合力。教育学已与哲学、心理学、社会学、经济学、政治学、管理学、人类学、统计学、文化学、生态学等学科融合而生成了诸多新学科，大大地拓展了教育学可能的发展空间。这就需要我们积极开展跨界协同，打造中国教育学研究的学术共同体。

为了实现教育学的学科自立，我们要特别重视教育学研究方法的研究。教育属于社会现象和社会问题的范畴。教育中的许多问题需要借助科学的方法来研究，进而得出具有普遍性的科学结论。我们要规范并综合运用研究方法，提升中国教育学学科研究的科学性。当前，中国教育学的科学化水平有待进一步提高，我们需要积极引入定性和定量的多元研究方法，提高学科研究的信效度，注重方法运用的规范性，不仅体现出中国教育学研究的世界水准，而且要结合当代社会学科交叉发展的大背景，利用好与社会科学其他学科之间开展交叉研究的有利契机，通过研究手段和研究方法的大力创新，增强自身理论对当代社会复杂教育现象的解释能力，提升对新时代中国教育问题的解决能力以及指导人们教育实践的能力。需要明确的是，在教育学研究方法上我们要鼓励开展教育叙事研究、教育案例研究、教育统计研究等，但教育学以人的发展作为研究的起点和基础必然涉及伦理、价值、意义等层面的具体问题。因而，教育学研究不能简单以"叙事""案例""数据""统计"为标准，试图对教育现象做出深刻的新诠释、新判断和新建构。教育学学科建设必须要以事实为基础、以知识为核心、以思想为归宿。如果我们仅仅以事实为基准，那远离了教育学学科建设的最终目标。

（三）坚持教育学的学科自尊

教育学的学科自尊在于构建起完善的知识体系。从夸美纽斯的《大教学论》问世开始，中外的教育学研究者一直以来的一个理想追求便是构建科学的教育学体系。在当代中国，近年来教育学界的一个响亮声音便是构建科学的并具有中国特色、中国气派的教育学。①无论是一般化地呼吁构建科学的教育学体系，还是在特定的语境下呼唤"中国教育学"的创生，其实质都是在为教育学寻求一种确定的、刚性的知识体系。

这种追求如果追溯其哲学基础，可以还原到本质主义的认识论。在本质主义哲学被奉为经典、神圣的教条的年代，教育学理论和建构的确定性、刚性知识体系追求是唯一的努力方向。但是，近年来，随着后现代哲学的风行，鲜活的教育实践对封闭性知识的挑战，本质主义的哲学观在教育学领域受到了越来越多的质疑。作为一种非常有力的挑战，质疑本质主义的声音所持的哲学观往往被称为反本质主义、反普遍主义。可以预见，随着这股与本质主义、普遍主义相逆的思想潮流的涌动，即使教育学体系建构的堤坝不会被冲垮，中国的教育学界也会出现一种可以与教育学体系建构分庭抗礼的理论追求，那就是摆脱非历史的、非语境化的知识生产模式，追求教育学知识生产的历史性、地方性与语境性。教育学研究领域叙事潮流的蔚为壮观，在一定程度上就是这一趋势的反映。

对于这一趋势的出现，不少教育学研究者也许不无深深的忧虑：

---

① 侯怀银、王喜旺：《教育学中国化——一个世纪以来中国学者的探索和梦想》，载《教育科学》，2008(6)。

教育学是否会因此而完全失去其理论底色？事实上，在反本质主义者的头脑中，本质主义的对应词应该是"建构主义"。因为反本质主义给人的感觉是完全否认本质的存在，而建构主义则承认存在本质，只是不承认存在无条件的、绝对的普遍本质，反对对本质进行僵化的、非历史的理解。尤其不赞成在种种关于教育本质的理论中选择一种作为"真正"本质的唯一正确的揭示。在教育这样一个人文、社会世界，不可能存在无条件的、纯粹客观的"本质"，所有的本质都是有条件的，它必然受到社会历史等因素的制约。因此，我们对所谓教育的"本质"，应该采取一种历史的与反思的态度，把所谓教育原理、教育学知识系统事件化、历史化。原理、知识系统的事件化、历史化必然不是完全体系化的，但其丰富的理论内涵依然存在，只是其理论意蕴与特定的社会文化条件结合在一起了，绝不是完全丧失理论品格。

（四）坚持教育学的学科自强

教育学的学科自强主要从自身而言，是教育学学科分化和综合的过程中形成的强大体系。目前的教育学研究虽然出现了一定的分化趋势，但是，这种分化还不够，许多深层、细微的研究对象还有待我们从新的学科视角去发现、认识它们。因此，大范围的学科分化的保持与扩大是必要的。随着学科分化的进一步加剧，一些新的交叉学科、专门学科，如教育环境学、教育物理学等学科，会渐次出现在研究者的视野中。不过，这种大面积的学科分化并不排除在局部发生教育学学科综合的可能。随着学科分化的深入，当在某一层面研究者发现几门学科可以相互融通之时，学科的综合便会发生。只是学科的分化、深入没有达到一定程度的时候，这种学科之间的暗道相通不会被人发现，学科的综合就无从谈起了。

教育学的学科自强体现在教育学不仅要立于学科之林，而且要在中国教育实践中确立其应有的地位。中国教育学是根植于中国教育实践的教育学。我们的眼光既是世界的，又是民族的，我们应该在全球视野基础上，积极地关注、研究和解决中国教育的实际问题，进行基于中国立场、反映中国问题、凸显中国风格、汇聚中国经验的中国教育学建设。中国教育学前行的每一步都必须根植于反映独特国情的中国教育实践，结合新时代政治、经济、文化的变化，结合教育生态的变化，结合教育实践面临的新问题，扎根中国教育实践的沃土，生长出真正的中国教育学。特别值得指出的是，随着人工智能、信息技术的发展，教育变得更加无时不在、无处不在。同时随着技术化向纵深方向发展，信息技术从工具变成教育关系的一部分，教育的目的、内容和形式都在发生着改变，这就导致人机交互可能会在很大程度上改变传统的教育关系模式。基于教育实践活动的时代变化，新时代中国教育学的发展必须扎根新的教育实践，研究教育的新现象和新问题，构建顺应时代发展的新的理论体系，尝试从人工智能时代的研究视角探讨教育与社会、与人、与自然的关系，以发现新的教育基本规律。

（五）坚持教育学的学科自信

教育学的学科自信主要表现在教育学人的自信。首先，就中国教育学与国外教育学的对话方面，中国教育学人是自信的。我国教育学界在一系列重大的教育学理论问题上，有不同的见解和观点，形成了独特的中国风格的教育思想和理论。中国教育学人可以与国外教育学人互通有无、公平对话，而不是依赖国外教育学的发展而发展。其次，中国教育学人对教育学实践的发展是有发言权的。新中国成立 70 年来，中国教育学人依据中国教育实践的发展创造了很多本土的思想和理论，如主体教育、新基础教育、情境教育、生命教育、新教育，等等。再次，中国教育学人在其他学科的学人面前是自信的，因为中国教育学再也不是钱锺书先生笔下的被人瞧不起的学科了。教育学的综合复杂性决定了其与其他学科之间的密切关系。最后，中国教育学人在教育学的学习者面前是自信的。因为中国教育学人可以给学生讲清楚中国教育学，而且讲的是中国的教育学，而不是从其他国家照搬照抄来的教育学。这启示中国教育学人要坚持教育学的学科自信。

（六）坚持教育学的学科自觉

70 年来，中国教育学的发展历程就是一个学科建设从引进、建立到带着自觉的体系意识去建设的过程。从这一发展逻辑顺延，教育学理论建设的体系化是一个必然的路径。只是我们目前的教育学体系化建设，仍然存在着浮躁的不良倾向。我们不能忙于通过引进西方的相关学科或匆忙地移植其他学科以"填补空白""抢占阵地"，而应踏踏实实地对大的学科或某一学科的体系应如何构建进行创造性研究。抛弃浮躁之风，更为从容而扎实地对一个个子学科与大教育学的逻辑起点、建构的内在逻辑、体系构架等问题进行深入研究，将会成为中国教育学研究者未来努力的方向之一。特别需要指出的是，中国教育学不仅要突出"中国"两字，还要在新时代背景下，从人类命运共同体出发，通过缩小与西方之间的"话语逆差"，增强设置国际议题的能力等方式，建成世界一流教育学学科，在学科竞争力和学术话语权上进入世界前列，整体提升国际教育学界对中国原创和中国贡献的显示度、能见度、理解度、接受度、认同度和运用度。中国教育学既要为中国教育实践提供理论指导，又要在国际社会共同关注的教育问题上做出"中国贡献"，在世界教育学知识谱系中增添"中国智慧"，在国际学术标准和规则的制定中发出"中国声音"，最终促进教育学的整体进步。

**四、中华人民共和国教育学史的研究价值和本丛书的研究宗旨**

站在 70 年的节点，我们很有必要提出"中华人民共和国教育学史"。"中华人民共和国教育学史"这一概念和命题的提出，正是回顾、反思与展望中华人民共和国教育学 70 年发展历程的学术结晶。

中华人民共和国教育学史研究具有独到的学术价值：第一，有助于拓展中国教育学史的研究领域。第二，有助于推进中国教育学的学科发展。教育学史在教育学发展过程中的重要作用越来越凸显。研究中国教育学史既是为了镜鉴于现实，也是为了推动我国教育学术的传承发展。中华人民共和国教育学史，实际上给我们提供了一面镜子，让我们更清楚地认识到，中国教育学人以前做了什么，现在还需要做些什么。我们系统梳理前人之思，有利于进一步明确中国教育学发展方向，推进教育学在中国的建设和发展。第三，有助于中国教育理论的完善和教育改革的推进。第四，有助于推进中国人文社会科学的建设和发展。教育学与人文社会科学各个学科的发展都有着密切联系，中华人民共和国教育学史的研究涉及中国人文社会科学各学科发展史的研究。中华人民共和国教育学史的研究不仅从一个侧面反映出中国人文社会科学的发展历程，而且也有助于推进中国人文社会科学相关领域的探索。

中华人民共和国教育学史研究具有独特的应用价值：第一，有助于推进中国教育系科的改革。教育系科史是本丛书的重要研究内容，通过对中华人民共和国教育学史的研究，一方面可以提供中国教育系科改革的历史经验，另一方面可以推进中国大学教育系科对已有传统的传承创新，形成其发展特色。第二，有助于推进中国教育学教材的系统建设，特别是作为一门学科的教育学教材的建设。第三，有助于整体推进中国目前"双一流"大学建设背景下教育学的学科建设。在当下高校追寻"双一流"的背景下，教育学在大学中如何存在越来越受到重视。一流大学，应该有一流的教育学学科。中华人民共和国教育学史的研究，既有利于我们总结教育学曾经的发展状况，又可为当下教育学发展路径的寻求、学科地位的确立、发展危机的解决，提供基于历史的经验和策略。第四，有助于我们在梳理和总结中华人民共和国教育学史的基础上，让民众更好地认识教育学、走进教育学，提升教育学的社会地位，使教育学不仅成为教师的生命性存在，而且成为一切与教育工作有关的人的生命性存在。

纵观中华人民共和国教育学 70 年研究历程，虽然研究者对中华人民共和国成立以来的教育学分支学科发展史、教材史、课程史等进行了相关研究，但总体上看，研究还不够充分和深入。特别是中华人民共和国教育学史这一主题还未有人研究过，已有研究与之相似的也只是对 20 世纪中国教育学发展的梳理，尚未将 21 世纪初的教育学发展统整融合。21 世纪初的教育学发展有何变化，中华人民共和国的教育学发展至今有何特点，是否形成了自己的一套体系，教育学发展到了何种规模，已有研究都尚未论及。具体来讲，需要进一步探讨、发展或突破的空间主要有以下三个方面。

第一，历史研究需要拓展和深化。已有研究多是在回顾 20 世纪中国教育学史时，将 20 世纪下半叶的中国教育学史以改革开放为界限分为两个阶段进行研究的，但是对中华人民共和国成立以来，特别是 21 世纪初的中国教育学发展史尚未进行专门研究。国人在 20 世纪 20 年代就意识到，仅仅移植国外的教育学并不能解决中国的教育问题。有鉴于此，国人提出教育学中国化、本土化的口号，但是教育学真正的中国化是在中华人民共和国成立之后形成的。因此，我们认为有必要在研究国外教育学的引进及其影响的基础上，对中国教育学的发展历程及其特征进行专门研究，进而对教育学主要分支学科发展史和教育系科发展史进行研究。

第二，预测研究需要巩固和加强。历史研究的一个追求就是要预测未来。教育学在 21 世纪初的中国如何发展，需要根据教育学中国化以来的教育学发展进行前瞻式研究，在此基础上进行科学的预测。我们注意到，已有研究对教育学史进行历史研究的较多，但是对教育学的未来发展趋势进行预测研究的尚显薄弱。有鉴于此，我们认为应该在整理史料、理性反思的基础上进行未来学意义上的研究。

第三，研究方法需要深入理解和诠释。关于中华人民共和国教育学史的研究，最好的研究方法当然是历史研究，但是仅仅用历史研究法研究教育学史远远不够。我们需要突破收集和整理史料的局限，在理解、解释的基础上总结并反思教育学的发展规律。

正是基于中华人民共和国教育学史研究的不足，我们申报了国家社会科学基金"十三五"规划 2018 年度教育学重点课题"中华人民共和国教育学史"，并获立项（课题批准号 AOA180016），本丛书是该课题的结题研究成果之一。感谢全国教育科学规划领导小组办公室对本课题的支持。

中华人民共和国教育学史研究的核心关键词为"中华人民共和国"与"教育学史"，前者指明研究范围，后者明确研究对象。展开中华人民共和国教育学史研究，需要厘清的主题为：教育学史的性质、教育学教材的发展、教育学二级学科的演变、教育学课程的状况及教育学者的相关论争等。

正是在这个基础上，我们本着"为国家著史，为学科立传，为后世留痕"的信念，遵循历史与逻辑相统一的原则，准确定位逻辑主线，注重把握中华人民共和国教育学史与 20 世纪上半叶教育学发展的连续性，注重从学科史切入，并将学科史与思想史相结合，注重对重要的教育学专著、教材等进行深入研究，带着历史的厚重感与时代的责任感，开始了对中华人民共和国教育学史的研究和写作。

本丛书旨在对中华人民共和国成立以来教育学各分支学科的发展进行全方位的研究，梳理各学科 70 年来的发展历程、取得的进展与成就，分析出现的问题与不足，展望未来的建设与发展。本丛书一方面力图"全景式"呈现教育学体系内分支学科知识体系的全貌，另一方面力图"纵深式"探究教育学及其分支学科内在的逻辑理路。研究坚持逻辑与历史相统一、整体与部分相协调、事实与论证相结合的原则。各卷的研究，突出了中国教育学的发展过程，对其形成、特点和争论等进行了必要的讨论，并以此为主线确定了各学科的阶段划分、进展梳理与学科反思。特别是对 70 年来各学科的重要专著、教材和论文进行了梳理和评述，既在书中呈现中国特色社会主义教育学学科的发展状况，又要凸显研究者及其专著、教材和论文对中国特色社会主义教育学形成和发展做出的贡献。需要说明的是，由于各学科的发展现状及已有研究基础不同，因此，承担各卷写作任务的作者根据实际情况采取了相应的撰写方式。对于教育哲学学科、教育社会学学科这两个教育学原理学科下属的分支学科，作者在对学科历史发展做总体性叙述后，据学科理论思想采取专题撰写的方式展开；对于其他二级学科，采取了大体按历史分期的方式叙述。发展阶段的划分尽量按学科内在发展逻辑进行，不拘泥于社会历史分期。

在丛书撰写的过程中，我们提出了研究的要求，明确了三个方面的意识：各学科的 70 年发展史如果是前人没有或少有涉及的，那就要有明确的标杆意识，研究成果应该体现当代中国学者的最高水平；如果学术界已有先期成果，那就要有明确的超越意识，达到新的高度；如果作者曾有过相应成果，那就要有明确的突破意识，寻找新的角度，进行新的思考，突破自己，切忌重复、克隆自己。

具体来讲，本丛书确定了以下八个方面的要求。

第一，丛书各卷研究的时限为 1949—2019 年，不向前后延伸。研究中把握好重大时间节点。有的学科发展考虑到问题本身的连续性，必要时可适当向前延伸，但不宜过多。

第二，丛书各卷的撰述范围限于中华人民共和国内各学科的发展，以中国共产党领导下的教育学发展为主。

第三，不刻意回避教育学发展中的意识形态属性，撰写时不做主观评价，撰写的原则是立足史实、客观叙述。

第四，坚持"以史为主，史论结合"的研究宗旨。研究以史实为依据，在梳理清楚基本事实的基础上，做出准确分析和客观评价。书中所阐述的史实应经得起不同时代不同读者的推敲和质疑，在写作中应避免将历史和现实"比附"。

第五，充分掌握国外教育学学科的发展历史，以及国内外研究的最新动态，使自己的研究有一个高的起点。研究方法上以历史法和文献法为主，兼及访谈和数据分析。

第六，坚持广博与精深的结合。一方面，应立足中华人民共和国 70 年的发展，全方位呈现自己所写学科的发展进程，不宜只介绍某几个方面；另一方面，写作中要抓住重点，对于学科发展的主要方面，着重笔墨、深入研究，避免史料文献的盲目堆积，在撰写中对于还不成熟的资料与推理以不介绍为宜。

第七，梳理学科发展史，既要见人又要见事。对于在学科发展中做出突出贡献的代表人物及其思想，写作时需有体现。

第八，处理好教育学学科发展和教育事业发展的关系，把共和国教育学 70 年的研究与共和国 70 年教育事业发展的研究结合起来。特别是教育学原理、课程与教学论、学前教育学、高等教育学、成人教育学、特殊教育学学科的研究，要处理好学科发展史与基础教育事业、学前教育事业、高等教育事业、成人教育事业、特殊教育事业的关系，要分别以各领域教育事业的发展为基础进行阶段划分、进展梳理和学科反思。

本丛书的出版，对于中国教育学史研究和中国教育学的发展是大事，更是幸事，具有重要的学术价值和现实意义。

从学术价值来看，教育学史越来越凸显其在教育学发展过程中的重要作用。我们开展中国教育学史的研究，既是为了推动教育学术的传承，也是为了在传播中促进教育学的发展。

从现实意义来看，学习和研究教育学的人也需要很好地了解本学科的发展史，明确研究基础和学科定位。本丛书以教育学分支学科为经，以学科发展为纬，其研究成果可为学习、研究教育学的人提供阅读书目和参考资料。

本丛书成书之际，北京师范大学出版社推荐其申请了《"十三五"国家重点图书、音像、电子出版物出版规划》项目，在此表示感谢。

本丛书共 12 卷。总论卷分上、下两卷，由山西大学侯怀银教授等撰写；教育哲学卷由南京师范大学冯建军教授等撰写；课程与教学论卷由山西大学郑玉飞副教授撰写；德育原理卷由江苏大学张忠华教授撰写；教育史学卷由山西大学孙杰教授撰写；教育社会学卷由青岛大学王有升教授撰写；比较教育学卷由西南大学王正青教授撰写；学前教育学卷由山西大学王福兰副教授撰写；高等教育学卷由山西大学侯怀银教授等撰写；成人教育学卷由山西大学桑宁霞教授撰写；特殊教育学卷由南京特殊教育师范学院马建强教授等撰写。

本丛书得以出版，要感谢来自各个高校的专家学者，感谢每一卷的作者，感谢北京师范大学出版社郭兴举、鲍红玉等老师的支持和辛勤工作。由于水平有限，本丛书难免有疏漏，恳请专家和读者批评指正。

侯怀银

2019 年 9 月 26 日

# 目　录

# 绪　论

## 一

在中华人民共和国成立 70 周年之际，对教育社会学的学科发展历程进行反思具有一种特殊的意义。新中国的成立开启了中国历史的新纪元，对中国社会发展以及学术发展来说都是一个崭新的开始，在很多方面，这都是一种天翻地覆的变化。本书旨在对共和国教育社会学 70 年发展历程进行梳理，将学科发展置于国家社会整体发展的大背景下，从中探讨教育社会学知识在不同历史时段的存在形态及其发展演变的基本轨迹。

教育社会学在中国的出现相对来说并不太晚，早在 20 世纪 20 年代初中国就有教育社会学著作问世，这仅比教育社会学在美国的产生晚了 10 多年的时间①，而且要远远早于英国教育社会学的发

---

① 在美国，1908 年苏则罗在《社会科学之教育》一文中明确提出"教育社会学"一词。1909 年，他在哥伦比亚大学开设教育社会学课程。1910 年，史密斯出版《教育社会学》一书。如果将朱元善 1917 年出版的《学校之社会的训练》一书作为教育社会学著作的话，那意味着在相差不到 10 年的时间里，中国的教育社会学研究已经起步。若以 1922 陶孟和出版其代表作《社会与教育》作为中国教育社会学形成的标志，则与美国相差仅 10 多年的时间。

展①。由于特殊的历史原因，中国教育社会学在 20 世纪 50 年代初作为一门学科被取消，直到 70 年代末 80 年代初才开启了恢复重建的历程。

中国教育社会学自恢复重建以来已经历了 40 年的发展历程，如今已日趋繁荣。时常与这 40 年的发展历程相伴随的是对学科发展的梳理与反思，尤其出现在大致每隔 10 年的时间节点上。例如，在教育社会学恢复重建大致 10 年时，厉以贤、刘慧珍对教育社会学的复兴与发展进行梳理与反思②；在恢复重建大致 20 年时，张人杰、杨昌勇、杜时忠等人对教育社会学的发展进行了回顾与反思③；恢复重建大致 30 年时，则有吴康宁、刘精明等人对教育社会学的发展进行的系统梳理与全面回顾④；在恢复重建大致 40 年时，杜亮对中国教育社会学学科发展，尤其是最近 10 年的发展进程，进行了梳理⑤。董泽芳等人还曾通过对重建以来的概论性教育社会学著作进行文本分析，探讨中国教育社会学的特点与演变⑥。此外，进入 21 世纪以后，我国先后出现过一些对教育社会学当下发展趋势的梳理与反思，

---

① 一般认为，英国的教育社会学研究是在第二次世界大战结束以后才开始真正起步的，参见王有升：《英国教育社会学学科发展历程反思——对教育社会学研究问题领域的探寻》，载《教育学报》，2019(1)。

② 厉以贤、刘慧珍：《教育社会学的复兴与发展》，载《教育研究》，1989(1)。

③ 张人杰：《中国大陆教育社会学的二十年建设(1979——2000 年)》，载《华东师范大学学报(教育科学版)》，2001(2)。杨昌勇、李长伟：《中国大陆教育社会学二十年：回顾与反思》，载《教育理论与实践》，2003(3)。杜时忠、卢旭：《我国教育社会学研究的回顾与前瞻》，载《高等教育研究》，2004(3)。

④ 吴康宁：《我国教育社会学的三十年发展(1979—2008)》，载《华东师范大学学报(教育科学版)》，2009(2)。刘精明、张丽：《改革开放三十年来我国教育社会学的发展》，载《清华大学教育研究》，2008(6)。

⑤ 杜亮：《改革开放 40 年中国教育社会学学科发展》，中国教育学会教育社会学专业委员会第十五届学术年会会议论文，南京，2018。

⑥ 董泽芳、张国强：《我国大陆教育社会学研究的特点与演变(1979—2005)——基于对教育社会学重建以来概论性著作的文本分析》，载《高等教育研究》，2007(7)。

如马和民等人曾连续撰写 2001—2005 年的教育社会学年度发展报告[1]；2009 年，钱民辉发表了《中国教育社会学研究的最新动向及评述》[2]；周勇则于 2013 年发表的论文中对当代中国教育社会学的前沿进展进行反思[3]。还有一些研究指向了更长的历史时段，追溯到 20 世纪初教育社会学在中国的发端，如闫广芬等人对民国时期中国教育社会学的产生与发展进行了系统梳理与全面分析[4]；李长伟、杨昌勇，以及侯怀银、王晋，则对 20 世纪中国教育社会学的发展历程进行了回顾与反思[5]；程天君则探讨了中国教育社会学的百年进程[6]。杨昌勇、李长伟还对中国大陆教育社会学 30 年的停滞进行了专门反思。[7] 还应当提及的是，大多数已出版的总论性教育社会学著作也对中国教育社会学的发展历程有不同程度的论及，尤其是马和民、高旭平于 1998 年出版的《教育社会学研究》一书就中国教育社会学的引进与变革设专章进行了梳理与探讨[8]。这些回顾、梳理与反思不断加深了人们对教育社会学的理解，厘清了学科发展的学术积淀，强化与重塑了教育社会学的学科认同，也为对共和国教育社会学 70 年发展历程的梳理奠定了较为坚实的基础并为之借鉴。

① 马和民等：《教育社会学》（年度发展报告），见叶澜：《中国教育学科年度发展报告》（2001、2002、2003、2004、2005），上海，上海教育出版社，2002、2003、2004、2006、2007。

② 钱民辉：《中国教育社会学研究的最新动向及评述》，载《北京大学学报（哲学社会科学版）》，2009(3)。

③ 周勇：《理论建构、学术共同体与社会基础——当代中国教育社会学的前沿进展反思》，载《教育学术月刊》，2013(1)。

④ 闫广芬、苌庆辉：《中国教育社会学的发端：一种知识社会学的视角》，载《河北师范大学学报（教育科学版）》，2008(5)。

⑤ 李长伟、杨昌勇：《20 世纪中国大陆教育社会学的回顾》，载《河北师范大学学报（教育科学版）》，2003(3)。侯怀银、王晋：《20 世纪中国学者对教育社会学学科建设的探索》，载《华东师范大学学报（教育科学版）》，2008(3)。

⑥ 程天君：《中国教育社会学"学科论"百年概要》，载《北京大学教育评论》，2011(4)。

⑦ 杨昌勇、李长伟：《中国大陆教育社会学三十年停滞沉沦之反思》，载《教育理论与实践》，2003(1)。

⑧ 马和民、高旭平：《教育社会学研究》，上海，上海教育出版社，1998。

二

对共和国教育社会学 70 年发展历程的梳理，面临着两大困难，一是如何确定教育社会学的学科边界，即确定究竟哪些研究可算作教育社会学研究，哪些研究不是；二是如何看待在新中国成立后的前 30 年时间里教育社会学作为一门独立学科并不存在这一基本事实，进一步来说，如何看待前 30 年的存在形态与实行改革开放后的40 年学科发展之间的内在关联，以及如何看待 20 世纪上半叶教育社会学传统的承继问题。前一个问题，时常处于聚讼纷争之中；后一个问题，则鲜少有人论及。

如何确定教育社会学的学科边界这一问题，涉及对教育社会学的不同的学科定位。从最宽泛的意义上，有人将教育社会学定位为研究教育与社会之间的关系的一门学科，如厉以贤将教育社会学界定为"从宏观和微观两个方面研究教育和社会之间的基本关系，它们之间的作用与影响和它们之间的一致性与矛盾性"①；金一鸣认为教育社会学就是从宏观社会全局上即从教育系统与社会系统的关系上研究教育问题与社会问题②；杨昌勇、郑淮则认为教育社会学是"运用教育学、社会学的基本原理和方法且以一种较为特殊的学科视角即把教育与社会联系起来的眼光来研究教育系统中的社会性问题、社会系统中的教育性问题以及教育与社会之间的关系"③。有人则强调社会学研究方式的重要性，如在鲁洁主编的《教育社会学》一书中，杨祖耕明确提出，"教育社会学乃是主要运用社会学的原理和方法，

---

① 厉以贤：《试谈教育社会学的学科性质和研究对象》，载《北京师范大学学报（社会科学版）》，1985(2)。

② 金一鸣：《教育社会学》（新世纪版），前言 1～2 页，南京，江苏教育出版社，2000。

③ 杨昌勇、郑淮：《教育社会学》，8 页，广州，广东人民出版社，2005。

对作为一种特殊社会现象的教育进行研究的一门学科……从宏观方面研究教育与整体社会之间的关系及其功能；从中观方面研究教育与区域社会之间的功能性关系及学校内部的社会关系；从微观方面研究教育过程中的有关社会学问题"①；吴康宁认为"教育社会学是主要运用社会学原理与方法对教育现象或教育问题的社会学层面进行'事实'研究的一门学科"②。还有人提出，教育社会学研究的是"教育社会"。③ 对教育社会学的不同界定意味着对教育社会学研究边界的不同把握，这意味着在有些研究者看来属于教育社会学的研究，在另一些研究者看来则根本就算不上是教育社会学研究。其实，不仅中国的教育社会学研究如此，西方的教育社会学研究亦然，西方教育社会学从产生的那天开始，关于研究对象、范围和内容、学科性质等方面的争论就从未停止过。但这也并不意味着毫无共识可言，大家还是有一些对纯粹意义上的教育社会学的共同认定，这尤其体现为对经典的教育社会学研究的共同认同，经典的教育社会学研究往往具有更为鲜明的社会学特征。由此，我们可大致区分狭义的教育社会学研究与广义的教育社会学研究。狭义的教育社会学研究有较为明确的学科边界，更为注重社会学原理与方法的使用，更强调教育社会学的相对严格的学科训练与认同；广义的教育社会学研究则边界较为模糊与含混。

有研究者也曾试图梳理对教育社会学研究所达成的一些基本共识：第一，教育社会学以教育与社会的相互关系为主要研究对象，运用社会学原理和方法讨论教育问题；第二，教育社会学的研究内容是多层次（如宏观、中观、微观）和多面相的，可以涉及教育制度与社会、学校与社会、文化与社会、个人与社会等多个方面；第三，

---

① 鲁洁：《教育社会学》，29 页，北京，人民教育出版社，1990。
② 吴康宁：《教育社会学》，20 页，北京，人民教育出版社，1998。
③ 傅松涛：《教育社会学新论》，1 页，保定，河北大学出版社，1997。

在学科属性上，多数学者赞同教育社会学是社会学的分支学科而非教育学的分支学科，或者持一种折中的说法——教育社会学是社会学与教育学的边缘学科；第四，在研究取向上，教育社会学不排斥古典教育社会学的"规范性"研究范式，但也积极追承证验性研究，积极吸收解释主义教育社会学、批判主义教育社会学的优秀成果和方法。①

即便大致存在这样一些关于教育社会学研究的基本共识，但在很多情况下教育社会学的边界也很难被截然划定，如教育基本理论研究、教育管理学研究、教育政策研究、比较教育研究乃至教育史研究等领域中都可能有教育社会学意义上的探讨，在很多情况下这样一些研究是否可归属于教育社会学研究并不能被明确。学科边界的界定在相当程度上取决于研究者本人的学科认识与信念，这种界定本身就存在很大的主观性，同时又与研究者所曾接受的学术训练及所置身的学术共同体直接相关。一项研究是否属于教育社会学研究，本身就取决于研究者是否予以肯定性的主观认同与学术社群是否做出肯定性的共同认定。因此，研究者在力图梳理教育社会学的发展历程时，首先需要明确教育社会学的边界究竟何在。处于学科核心位置的研究，其边界比较容易被确定，但困难在于确定处于外围的研究的边界。这必定与做出回顾、梳理的研究者本人所持的教育社会学观有关。

相对而言，对于专著类的研究成果，确定其是否属于教育社会学著作相对容易一些，因为其一般会有较为明确的标识，而很多研究论文在学科属性方面的标识往往并不明确。这样，统计特定时间段内教育社会学论文发表的数量，的确会是个难题。一些研究者已为此付出过努力。

---

① 刘精明、张丽：《改革开放三十年来我国教育社会学的发展》，载《清华大学教育研究》，2008(6)。

　　吴康宁在对我国教育社会学的 30 年发展历程进行回顾时，曾以
"教育社会学"为关键词在中国知网上进行查阅，以大致估算特定时
间段内教育社会学论文发表的数量。其中，1979—1987 年发表的教
育社会学论文（不含译文及会议综述）共有 18 篇，1988—1997 年发表
的教育社会学论文共有 84 篇，1998—2008 年发表的教育社会学论文
共有 317 篇。他同时指出，因有些学术期刊未将其所刊论文全部入
网，且有些属于教育社会学范畴的论文因未将"教育社会学"标记为
关键词而未被检索到，故实际发表的教育社会学论文的数量应远远
超过上述统计数据。究竟使用何种方法才能把属于特定范畴的论文
准确无误地检索出来，本来就是个难题。① 又如，据马和民等人的
统计，2003 年见诸各类学术报刊的教育社会学论文为 101 篇，2004
年有 200 余篇，2005 年总计 325 篇。② 另有一项研究表明，2005 年
公开发表的教育社会学论文有 260 篇。③ 杜亮在对改革开放 40 年中
国教育社会学学科发展进行梳理时，把厉以贤、张人杰、吴康宁等
21 位教育社会学学者的姓名以及教育冲突、教育不平等、教育获得、
教育互动、教育分流、教育标签等 12 类研究主题作为关键词，在中
国知网上搜索了千余篇教育社会学相关文献，然后予以进一步梳理
与筛选，进而有如下发现：20 世纪 80 年代，教育社会学论文每年仅
发表几篇；20 世纪 90 年代，教育社会学论文发表数量逐渐增加，大
致每年 20 篇上下，1997 年达到一个小尖峰，为 34 篇；2001—2006
年，教育社会学论文发表数量逐年攀升，此后基本保持每年 50 篇以
上。④ 这样的统计结果相比于前面研究者的统计结果，显然数据大

---

　　① 吴康宁：《我国教育社会学的三十年发展（1979—2008）》，载《华东师范大学学报
（教育科学版）》，2009(2)。
　　② 马和民等：《教育社会学》（年度发展报告），见叶澜：《中国教育学科年度发展报
告》(2003、2004、2005)，76、63、82 页，上海，上海教育出版社，2007。
　　③ 曾颖、郑淮：《略论教育社会学研究取向的转变》，载《现代教育论丛》，2007(7)。
　　④ 杜亮：《改革开放 40 年中国教育社会学学科发展》，中国教育学会教育社会学专
业委员会第十五届学术年会会议论文，南京，2018。

大偏少。可见，不同的研究者因研究视角及检索方法等的不同所得出的数据往往差异悬殊。

对既往的教育社会学研究进行梳理，难免涉及"学术的政治"：究竟让哪些研究进入视野之中，又使哪些研究被忽略；让哪些研究者的声音呈现并进一步放大，而又使哪些声音仿佛压根不存在？另外，对既有研究的呈现也必定会渗透着个人的理解与判断，而不可能做到完全客观。这些都受限于研究者个人的学术视域。因此，这样一种梳理也必定会是个性化的，终归会是一种个人眼中的教育社会学研究，不可避免地带有个人的判断与考量，但这样说也并不意味着对既往研究的梳理可随意而为，相反，只有研究者全力追求一种代表普遍性的客观公正的表达，其研究才会有意义。这需要研究者个人对自身取向做出深度反思。

对教育社会学发展历程的梳理需要诉诸研究者个人的切实理解，需要建立在研究者对既有文献进行深入研读与理解把握的基础之上，其中，研究者力图实现视野的融合，并进一步反思自身的教育社会学观。或许，在这样一种研究与梳理的过程之中，与明确教育社会学的边界相比，更为重要的是明确教育社会学研究的核心特质与基本问题领域。所谓核心特质体现为教育社会学较为独到的研究视角与研究方式；所谓基本问题领域即教育社会学研究的基本主题，可大致区分成宏观与微观两大层面。因此，本书力图抓住教育社会学研究的发展主线与核心主题，以理解与对话的方式实现对既有相关研究及学科发展的梳理。对教育社会学研究的发展主线的把握力求做到客观，对教育社会学研究的核心主题的把握则不可避免地受限于笔者自身所持有的教育社会学观及所可能达到的学术视域。

三

如何从新中国成立 70 年的视角审视中国教育社会学的发展，探寻中国教育社会学恢复重建后的发展与此前 30 年相关探索之间的关系，这是本书需要破解的另一难题。既有的对中国教育社会学发展历程的梳理大都集中在对教育社会学学科重建后的发展历程的梳理，或者将视野延伸至民国时期，探寻中国教育社会学在 20 世纪的或百年左右的发展历程，这些研究一般都将新中国成立后的前 30 年看作教育社会学的中断期或停滞期。极少有研究者对这一时期的相关探讨进行直接探究，更少有研究者对中国教育社会学恢复重建后的发展与这一时期相关知识状况之间的内在关系进行深入反思。

新中国成立后的前 30 年，教育社会学作为一门学科被取消，这并不意味着教育社会学所关注的基本问题不再存在，也并不意味着人们对这种基本问题不再去思考。教育社会学所关注的基本问题当然依然存在，只不过是以另外一种方式进行回应而已。就教育社会学主要探究教育与社会之间的关系而言，新中国成立后，教育与社会之间的关系问题并非不存在了，而是被摆到了空前重要的位置；就教育社会学主要是运用社会学的原理与方法对教育现象与问题进行研究来说，新中国成立后，作为国家各项事业发展的指导思想的马克思主义本身就具有相当强的社会理论特征，在西方社会学的发展历程上，马克思被认为是社会学思想的重要开创者之一，基于马克思主义而对教育问题所做的论述理当是教育社会学理论的一种特殊形态。当然，特定的历史时期存在着对马克思主义的相当极端的、片面的、教条化的理解，但从历史的长时段来看，这毕竟也可看作一种特定形态的知识存在。

就学科存在形态来说，新中国成立后的前 30 年，教育社会学学科随着社会学学科的被取消而被取消。但不应忽视的是，与教育社会学密切相关的另一门学科——教育学——依然存在。并且，这一时期的教育学研究从社会的角度对教育问题的探讨远远多于从人的发展的角度对教育问题的论述，即更为注重对教育与社会之间关系的探讨。教育学的核心问题可以说本应是教育如何促进人的发展（教育如何促进个体生命成长），但新中国成立后的教育学研究却越来越多地将对教育与社会之间关系的探讨置于首位，从社会的角度探讨教育问题，甚而忽略了对"教育如何促进人的发展"这一教育学根本性问题的关注，使教育学成为"没有'教育'的教育学"（没有关注具体教育行动的教育学）。但也正是这样一种教育学研究在相当程度上带有某种意义上的教育社会学色彩，即注重对教育与社会之间关系的探讨，或者说从社会的角度探讨教育问题，尽管这样一种探讨主要是从政治的角度展开的。从这样一个角度来看，在一定意义上可以说，在教育学研究中，我们可以看到教育社会学的一种变相存在，尽管是以一种相当特殊的形式。这样一种特点对中国教育学的发展影响深远，以至于改革开放初期教育界展开关于教育本质的大讨论时，讨论到后来才发现一开始所讨论的原来并不是真正的教育本质问题，而是教育的社会属性问题或者说教育与社会的关系问题。另外，一直持续到 20 世纪 90 年代的关于教育功能的讨论，也更多的是从教育与社会的关系的角度展开的。这还体现于我国后来的教育学教科书中有关教育与社会之间关系的探讨都占到了相当大的篇幅，直到当前时期，教育学的探讨才逐渐真正回归到"教育如何促进人的发展"这一教育学根本性问题上来。这在一定意义上也可以说是在特定历史时期教育学研究所发生的"异化"。这种异化首先源于 20 世纪 50 年代苏联凯洛夫教育学相对教条化的影响，还源于特定时期中国人文社会科学领域具有普遍性的认识范式。在相当长的历史时期里，作为主导性知识范式的是一种特殊形态的社会理论，因此我们的教育学理论体系也带有相当强的社会理论特征。

现在看来，20 世纪 70 年代末 80 年代初开始的教育社会学学科重建，并非完全"从头再来""另起炉灶"，而是与先前有着千丝万缕的联系，并且存在着内在的承继关系，还对后来产生了持久的影响。对重建初期的一些学人来说，"让他们感叹与羡慕的，只是西方教育社会学经过第二次世界大战之前三十年稳步发展及战后三十年迅猛

发展所呈现出的波澜壮阔的学科景观"①，因此，他们具有一种通过
向西方学习而重建教育社会学的强烈愿望。但是，这样一种重建不
可能完全凭空移植，而要依托于现有的基础。正如吴康宁分析指出
的，重建之初，我国没有教育社会学专业人员，开始从事教育社会
学教学与研究的人员都是从其他专业领域"转"过来的，确切地说，
是"跨"过来的，因为他们在从事教育社会学教学与研究的同时，仍
然承担着其"本行"的教学与研究任务。譬如，鲁洁是从"教育基本理
论""德育学"跨过来的，张人杰是从"比较教育"跨过来的，厉以贤则
是从"马列教育思想"跨过来的。事实上，一直到 80 年代末 90 年代
初，不少高校的教育社会学从业人员都不是科班出身，而是从其他
专业领域"转"过来或"跨"过来的。② 这样一种状况通过学术再生产
直到现在都依然产生着影响。由此，我们也更可体认到重建后的教
育社会学与先前的教育学之间的关系。

此外，我们已习惯用"恢复重建"来指 20 世纪 70 年代末 80 年代
初的教育社会学学科建设的努力，意味着教育社会学在中国曾存在
过，后来一度被取消，所以是恢复重建，这主要沿袭了社会学的说
法。教育社会学的学科地位、学科命运似乎与社会学更为密切相关。
但吊诡的是，教育社会学的学科重建却几乎完全是在教育学的领域
内进行的。教育学不存在"恢复重建"问题，因为其一直存在。我们
重新回顾 20 世纪 70 年代末 80 年代初教育社会学学科建设的一些文
献时发现还有另外一种表述，即把教育社会学从教育学中"分化"出
来。例如，1983 年，鲁洁在论述创建教育社会学学科的必要性时曾
这样说："超越教育学在教育与社会关系问题上的传统的理论范畴和

---

① 吴康宁:《我国教育社会学的三十年发展(1979—2008)》，载《华东师范大学学报
(教育科学版)》，2009(2)。

② 吴康宁:《我国教育社会学的三十年发展(1979—2008)》，载《华东师范大学学报
(教育科学版)》，2009(2)。

规定，把它从教育学中分化出来，在马克思主义指导下，适当引进
社会学的一些理论范畴和观察问题的方法与手段，建立一门独立的
教育社会学，已具有客观的需要。"①这样一种表述使我们能更为明
确地感受到教育社会学与既往教育学之间的承继关系。当然，在教
育社会学的发展过程中往往会有一种较为强烈的力图与教育学划清
界限而主动趋同于社会学研究的取向，这主要来自对传统的教育学
研究的不满与批判，希望通过力主"事实研究"的学科特性而使教育
社会学研究区别于教育学的"价值研究"或"事实与价值浑然不分的研
究"。强调教育社会学的全新特征，否认教育社会学研究与先前教育
学研究的内在关系而从头再来，这将注定是艰难的。直到 20 世纪 90
年代末，吴康宁在其所著的《教育社会学》一书中对当时的教育社会
学研究做出这样一种概括性评论："总的来说，我国的教育社会学研
究尚处于'初级阶段'。坦率地讲，目前我国的教育社会学研究在理
论与实证、借鉴国外与立足本国、利用其他学科成果与体现本学科
特色，以及定性与定量等几乎所有基本问题上，都存在一些严重缺
陷，而最致命的缺陷，莫过于众多的所谓的教育社会学研究，其实
并未体现出教育社会学的独特视角，并未体现出教育社会学与教育
学到底区别何在，这些研究与其说是教育社会学，不如说仍然是教
育学或教育的社会哲学。"②教育社会学力图摆脱但似乎又难以摆脱
的这样一种与教育学的内在关系事实上代表着我国教育社会学研究
的一种实然状态，那就是被多数研究者所认同的教育社会学。事实
上，随着我国教育学的理论重心逐渐回归到"教育如何促进人的发
展"这一根本性问题上来，原本对教育与社会之间关系的探讨的确应
更多地由教育社会学承担下来，不管这样一种探讨是否符合严格意

---

① 鲁洁：《创建马克思主义的教育社会学刍议》，载《南京师院学报（哲学社会科学
版）》，1983(1)。

② 吴康宁：《教育社会学》，50 页，北京，人民教育出版社，1998。

义上的社会学研究标准，都可被看作教育社会学研究的一种非常特殊的形式，哪怕是一种相当粗陋的形式，教育社会学研究只能在这样的基础上前行。其实，教育学与教育社会学之间有时的确会达到一种"水乳交融"的状态，正如主要产生于美洲并对世界有重要影响的批判教育学既是一种教育学也是一种教育社会学一样。

如此看来，我们需要正视教育社会学与教育学之间的内在关系，恢复重建后的教育社会学并非凭空产生或完全移植而来，而是产生于既有的教育学土壤之上，与新中国成立以来教育学的发展一脉相承。今天，我们已没有必要否认这种关系，而恰恰需要正视这样一种关系，由此才能梳理出中国教育社会学发展的真正脉络，也才有利于对教育社会学发展的整体反思。如果说，在教育社会学的恢复重建之初，极力挣脱这样一种关系是为了致力于建构全新的教育社会学形态，那么今天我们却需要对此做出更为客观的审视。新中国成立后前30年的历史对教育社会学来说并不是真的空白，而是以另外一种形式存在着，并对重建后的教育社会学产生了深远的影响。我们需要对此认真地进行梳理与反思。这也是从新中国成立70年的角度审视教育社会学发展历程的意义之所在。

## 四

英国著名教育社会学家斯蒂芬·鲍尔在其主编的《教育社会学文集》中说，任何试图对教育社会学予以概括或总结的企图都是困难重重的，根本就不存在一个单一、统整、稳定的教育社会学学科。①这一点似乎对中国教育社会学研究也适用。

---

① Stephen J. Ball，"The Sociology of Education：A Disputational Account，"in *The Sociology of Education：Major Themes*，London and New York，RoutledgeFalmer，2000，General Introduction xxxi.

中国教育社会学研究的队伍已日益壮大，随着教育问题越来越多地成为重要的社会议题，教育社会学研究也越来越受到社会关注。然而，对于究竟什么是教育社会学，即便是在教育社会学的专业研究领域之内，也会有着各不相同的理解。这涉及教育社会学的研究对象、学科性质、学科视角、研究方式等诸多方面，受限于研究者个人的学术视野、现实关切，以及特定时期的总体认识范式与学术传统。

对中国教育社会学学科发展历程的梳理，尤其是对新中国成立以来教育社会学学科发展历程的梳理，不可能面面俱到，需要抓住学科发展的主线，围绕教育社会学研究的核心主题展开。

本书旨在研究教育社会学作为学科而发展的 70 年，在写作思路上分三大部分：一是学科发展历程，二是学科核心问题研究，三是学科发展总体反思与未来展望。全书主要由五章内容构成。

第一章对我国教育社会学学科发展历程进行系统的回顾与梳理。其中包括对新中国成立前教育社会学学科创立与发展的状况进行简要追溯，对新中国成立后前 30 年教育社会学学科被取消及其在教育学中的存在形态进行探讨，以及对自 1979 年以来教育社会学学科重建、发展与繁荣之历程进行系统梳理。

第二章对宏观领域教育社会学的拓展进行梳理。其中包括对新中国成立 70 年来关于教育与社会之关系的探索历程进行系统梳理，对社会变革过程中的教育公平问题研究进行梳理，以及对关于教育改革与变迁的社会学研究进行梳理。

第三章对微观领域教育社会学的拓展进行梳理。其中包括如下主题：学校的社会学研究、课程的社会学研究、班级与课堂教学的社会学研究、教师与学生的社会学研究，以及社会弱势群体教育的社会学研究。

第四章对自教育社会学重建以来为建构教育社会学知识体系所

做的种种努力进行了系统的梳理与呈现，主要是对有代表性的教育社会学教材与概论性学术专著进行梳理，分析其对教育社会学的学科定位、研究对象、学科特质等的界定与把握，并呈现其对教育社会学知识体系的整体架构。

第五章对中国教育社会学学科发展历程进行总体反思并且对该学科的未来发展趋势进行展望。

这样一种体系架构难免造成对既往教育社会学研究的一些重要疏漏，也难免带有个人教育社会学观及视野的局限性。但任何一种体系架构都可能会存在一些问题，都不可能将所有的研究涵盖。本书作为一部关于学科发展史的著作，不可能把所有方面都涵盖，而是尽量寻找到其中的主线，并简明扼要地呈现，尽量从繁多杂乱中摆脱出来。就对具体内容的处理而言，在学科发展历程梳理部分，本书力求做到尽可能充分地涵盖与归总；在核心问题梳理部分，则尽量按研究问题的主线展开。

# 第一章
# 教育社会学学科的
# 发展历程


　　中国教育社会学学科产生于 20 世纪 20 年代，至今已有近百年的历史。这近百年的时间，可划分为形成鲜明对比的三大历史时段。一是从 20 世纪 20 年代初的学科建立至 1949 年的发展；二是从 1949 年新中国成立后教育社会学作为一门学科被取消一直持续至 1978 年学科发展的停滞；三是从 1979 年开始的学科恢复重建一直到今天的繁荣发展。中间随着中国社会的历史进程的演变，这一学科经历过起伏跌宕的变化，其存在形态也各不相同。在一般对中国教育社会学学科发展历程的追溯中，这三大时段分别被称为"创建"、"停滞"与"重建"。[1]

　　我国教育社会学自重建以来经历了不同的发展阶段，对此，一些学者进行过大致相似的概括。杨昌勇、李长伟曾将开始重建至 2001 年的教育社会学发展分为学科制度化的准备期（1979—1982 年）、恢复重建期（1982—1991 年）、初步繁荣期（1992—2001 年）。[2] 侯怀银、王晋在对 20 世纪中国教育社会学的学科建设历程进行反思

---

　　[1]　马和民、高旭平：《教育社会学研究》，55～68 页，上海，上海教育出版社，1998。吴康宁：《教育社会学》，46 页，北京，人民教育出版社，1998。

　　[2]　杨昌勇、李长伟：《中国大陆教育社会学二十年：回顾与反思》，载《教育理论与实践》，2003(3)。

时将重建后的历程分为重建阶段(1978—1985 年)、成型阶段(1986—1988 年)、发展阶段(1989—2000 年)。[1] 董泽芳、张国强基于对教育社会学重建以来概论性著作的文本分析,将 1979—2005 年教育社会学的发展分为学科恢复期(1979—1991 年)、研究拓展期(1992—1998 年)、研究深化期(1999—2005 年)。[2] 吴康宁从研究领域拓展的角度将教育社会学在 1979—2008 年的发展阶段划分如下:以学科概论性研究为主、分支领域性研究为辅的阶段(20 世纪 70 年代末至80 年代中期),学科概论性研究与分支领域性研究齐头并进的阶段(20 世纪 80 年代后期至 90 年代中期),分支领域性研究为主、学科概论性研究为辅的阶段(始于 90 年代后期)。[3] 杜亮在对改革开放 40年中国教育社会学学科发展的梳理中,将 40 年的发展历程大致分为20 世纪 80—90 年代学科重建与初步发展、21 世纪学科全面发展与国际影响加深两大阶段。[4]

考虑到教育社会学自重建以来的发展是一个连续的过程,对总体阶段的划分宜粗不宜细。本书将新中国成立以来教育社会学 70年的发展历程大致划分为 1949—1978 年教育社会学学科被取消,1979 年至 20 世纪 90 年代初学科的恢复、重建与发展,20 世纪 90年代至世纪之交教育社会学的发展与积淀,2000 年以来学科的进一步发展与繁荣四个阶段。此外,对中国教育社会学学科发展历程的梳理与反思离不开对新中国成立前教育社会学学科建设情况的追溯。

---

[1] 侯怀银、王晋:《20 世纪中国学者对教育社会学学科建设的探索》,载《华东师范大学学报(教育科学版)》,2008(3)。

[2] 董泽芳、张国强:《我国大陆教育社会学研究的特点与演变(1979—2005)——基于对教育社会学重建以来概论性著作的文本分析》,载《高等教育研究》,2007(7)。

[3] 吴康宁:《我国教育社会学的三十年发展(1979—2008)》,载《华东师范大学学报(教育科学版)》,2009(2)。

[4] 杜亮:《改革开放 40 年中国教育社会学学科发展》,中国教育学会教育社会学专业委员会第十五届学术年会会议论文,南京,2018。

## 第一节　教育社会学发展的基础溯源

新中国成立之前教育社会学曾经历过的 30 年左右的学科发展，由于同 20 世纪 70 年代末 80 年代初开始的学科重建之间实际上处于一种"隔断"关系，在学科重建后的相当长的一段时间里，实际上处于被淡忘的状态。民国时期教育社会学的历史遗产，直到 20 世纪末 21 世纪初才逐渐重新引起关注与思考①，这体现了教育社会学在重建基本完成并面临着进一步发展的困境时，自觉回顾学科初创时的学术努力以寻求灵感与启示。

20 世纪 20、30 年代，正是社会急剧变化、新旧思想激荡的年代，也是中国的现代化事业加速启动的时代，是中国现代学术思想史上的一个黄金时代，教育社会学就孕育发端于这样一个时代。如社会学学科一样，教育社会学学科同样发端于对现代性的自觉探求，其对教育现代性进行自觉的追寻与反思，对中国社会文化语境中的教育现代性话语进行自觉建构。中国在改革开放后重新开启的现代化历程，就学术知识话语体系的重建来说，面临着与 20 世纪 20、30 年代颇为相似的挑战与困境。学科初创时的种种理论探索、所取得的成就以及曾经面临的问题，对于当今的教育社会学发展无疑具有启发意义与借鉴价值。这对于厘清中国教育社会学发展的学术脉络、探明中国教育社会学学科发展的方向无疑具有重要意义，对于共和国教育社会学 70 年的反思也是一个绕不开的前提，因此，我们需要首先对这一时期教育社会学的整体状况进行一个大致的梳理。

### 一、教育社会学早期发端的社会背景与学术背景

具有独立的系统理论形态的教育社会学，其孕育和发展是与社

---

① 吴康宁：《我国教育社会学的三十年发展（1979—2008）》，载《华东师范大学学报（教育科学版）》，2009(2)。

会学及教育学在中国的早期传播与发展密切联系着的。

早在 1895 年，严复便在天津《直报》上发表《原强》一文，首次介绍了英国社会学家斯宾塞的学说；1903 年，他又将斯宾塞的《社会学研究》节译出版，并将译本定名为《群学肄言》。此后，不但西方的社会学思想源源流入中国，中国学者自己编写的社会学著作也大量出版。各高等院校纷纷开设社会学课程。1908 年，上海圣约翰大学开设社会学课程，由美国的孟（Monn）任教。1913 年，上海私立沪江大学成立社会学系。此后，清华学校（今称清华大学）、南方大学、复旦大学、大同大学等公立、私立学校也都设立了社会学课程。1917年"沪东公社"等创立，使中国的社会学在理论与实践的结合上向前迈进了一步，而 20 世纪 20 年代中国社会学会的成立及《社会学杂志》的问世，则使中国的社会学研究走上了规范化、中国化的道路。①

教育学学科在中国出现是从 19 世纪末 20 世纪初师范学堂的创办开始的。"19 世纪末至 20 世纪初，由于师范教育在我国的议论与出现，就涉及教育学这门课程或学科了。而且我国的教育学是在师范院校中以课程形态（即教材形态）来反映而产生和发展的。"②当时主要通过学习日本来引进西方的教育学（主要是赫尔巴特及其学派的教育学）并探索形成本土化的理论体系。王国维主编了我国最早的教育专业刊物《教育世界》（1901 年），最早全文翻译了《教育学》（1901年），最早编著和出版了《教育学》（1905 年）。③ 20 世纪 10 年代初，杜威的实验主义教育学开始传入我国。杜威于 1919 年 4 月来华，直到 1921 年 7 月离开，他在中国各地做了两百多次讲演，其实验主义

---

① 杨雅彬：《中国社会学史》，72～89 页，济南，山东人民出版社，1987。转引自马和民、高旭平：《教育社会学研究》，55 页，上海，上海教育出版社，1998。

② 瞿葆奎：《中国教育学百年——"述往事，思来者。"》，见《教育学的探究》，464页，北京，人民教育出版社，2004。

③ 瞿葆奎：《中国教育学百年——"述往事，思来者。"》，见《教育学的探究》，477页，北京，人民教育出版社，2004。

教育学思想深深影响了中国教育界。他的"教育即生活""学校即社会""从做中学"等理念引领着新教育改革的风潮，教育与社会的关系问题进入人们的视野，成为重要的分析视点。人们对教育与社会、生活之间关系的热切关注，促生出深切的中国本土的教育社会问题意识，其中蕴含着中国教育社会学学科的生长点。[①]

### 二、民国时期教育社会学的发展

民国时期教育社会学在中国的发端仅比西方国家教育社会学的产生稍晚 10 多年的时间。在美国，1908 年苏则罗在《社会科学之教育》一文中明确提出"教育社会学"一词。1909 年，他在哥伦比亚大学开设教育社会学课程。1910 年，史密斯出版《教育社会学》一书。如果将朱元善 1917 年出版的《学校之社会的训练》一书作为教育社会学著作的话，那意味着在相差仅 9 年的时间里，中国的教育社会学研究已经起步。[②]

1922 年，陶孟和出版了其代表作《社会与教育》，该书是我国明确以教育与社会之关系为研究对象，系统开展教育社会学研究的最早著作，标志着中国教育社会学的形成。在该书出版后的 20 多年时间里，教育社会学研究在中国迅速传播与发展，主要表现在以下几个方面。[③]

第一，大量引进、介绍国外教育社会学研究的主要成果。在当时西学东渐的社会思潮影响下，同其他新学科的形成与发展一样，中国教育社会学的发展也伴随着对西方教育社会学理论的介绍。例如，对教育社会学成为独立学科做出过巨大贡献的美国教育社会学

---

① 闫广芬、芮庆辉：《中国教育社会学的发端——一种知识社会学的视角》，载《河北师范大学学报（教育科学版）》，2008(5)。
② 闫广芬、芮庆辉：《中国教育社会学的发端——一种知识社会学的视角》，载《河北师范大学学报（教育科学版）》，2008(5)。
③ 马和民、高旭平：《教育社会学研究》，56～61 页，上海，上海教育出版社，1998。

家史密斯的《教育社会学导论》一书，其下半部分于 1925 年由陈启天翻译，并以《应用教育社会学》为名出版。当时彼得斯的被称为美国最具权威性和最有影响力的著作之一的《教育社会学原论》一书，由鲁继曾于 1935 年介绍至中国。此外，法国教育社会学创始人涂尔干的《道德教育论》，日本教育社会学家田制佐重的《教育社会学》，德国著名社会学家曼海姆的《知识社会学》等，也相继传入中国。这些著作的翻译出版，对于中国学者了解国外教育社会学的研究状况，把握学科的基本架构、研究对象及研究方法，促进中国教育社会学的发展产生了重要影响。

第二，吸收国外的研究成果，创建中国的教育社会学理论体系。在二三十年的时间里，我国出版了 20 多部具有一定水准的教育社会学著作。除了陶孟和的《社会与教育》之外，比较重要的还有雷通群的《教育社会学》(1931 年)、沈灌群和吴同福的《教育社会学通论》(1932 年)、卢绍稷的《教育社会学》(1934 年)、陈科美的《教育社会学讲话》(1945 年)等。它们不仅对教育与社会的关系问题进行了广泛的理论探讨，而且在教育社会学的研究对象、研究方法、理论框架等方面有一些独到的见解。有不少研究直面中国教育问题，并用社会学的原理进行分析。尽管当时中国社会的持续动荡导致大规模的实证调查研究难以持续展开，但研究的内容较为广泛，密切关注当时关于社会与教育的问题。例如，陶孟和的《社会与教育》从十一个方面分析了教育与社会的关系问题，其中，游戏与教育、邻里与教育、乡村与教育等都是我们目前的教育社会学不曾研究或研究得不够的。雷通群的《教育社会学》则从家庭、邻里、政治、经济、宗教、传播媒介、犯罪、贫困等十三个方面探讨了教育与社会的关系问题，可谓结构庞大，内容丰富。在这些研究中，研究者力图用教育社会学理论剖析中国的教育与社会问题(如教育机会、犯罪、人口素质、贫困、民主等问题)，以阐明如下道理：教育救贫、救愚、救弱，进而救国。"用社会学的知识改良教育"成为当时教育社会学研究的重要取向。

第三，部分学校开设了教育社会学课程。能否在大学正式课程中占有一席之地是衡量一门学科在知识体系中有无地位的一项重要标志，只有如此才能更好地促进学科的发展，也更有利于培养学科研究与教学的后备力量以保证学科发展的持续性与活力。当时不少综合性大学及师范院校都开设了教育社会学课程。例如，陶孟和在北京大学、雷通群在厦门大学教育学院、卢绍稷在江苏省立上海中学校高中师范科都开设过教育社会学课程，孟宪成还在师范讲习班开设过教育社会学讲座。

尽管民国时期并没有形成教育社会学研究者的正式学术团体，但当时的教育社会学学者队伍无疑是具有相当强的实力的。这个队伍中的人员绝大多数都直接或间接地学习国外思想，同时具有多学科的知识结构，并且具有浓厚的教育情结与丰富的教育实践，其中有多人在当时的教育界以及学术界具有举足轻重的影响力，有人担任中学校长、大学校长、大学教务长、教育局局长等职，有人担任教育杂志社的社长、主编等职。这些人的知识、视野、经历使他们具备了担当建构中国教育社会学学科重任的条件。[1] 这为中国教育社会学提供了较为丰厚的学术文化与精神遗产。[2]

这一时期出版的教育社会学著作主要有如下这些。

陶孟和：《社会与教育》，上海，商务印书馆，1922。

［美］E. L. 德尔满：《社会化的学程》，郑国梁译，上海，商务印书馆，1923。

---

① 闫广芬、苌庆辉：《中国教育社会学的发端——一种知识社会学的视角》，载《河北师范大学学报(教育科学版)》，2008(5)。

② 周勇：《中国教育社会学的学术文化与精神遗产：以陶孟和为例》，载《华东师范大学学报(教育科学版)》，2007(3)。

厚生等：《社会学与教育》，上海，商务印书馆，1925。

［美］史密斯：《应用教育社会学》，陈启天译述，上海，中华书局，1925。

刘建阳：《教育之社会原理述要》［据 G. H. 贝茨的《教育之社会原理》（*Social Principles of Education*）一书编译］，上海，商务印书馆，1925。

陶孟和：《社会问题》，上海，商务印书馆，1926。

雷通群：《教育社会学》，上海，商务印书馆，1931。

沈灌群、吴同福：《教育社会学通论》，上海，南京书局，1932。

［日］田制佐重：《教育社会学》，刘世尧、环家珍译，上海，民智书局，1932。

［美］芬赖：《教育社会哲学》，余家菊译，上海，中华书局，1933。

陈翊林：《教育社会学概论》，上海，中华书局，1933。

［日］富士川游：《教育病理学》，李任仁编译，上海，三友书店，1933。

卢绍稷：《教育社会学》，上海，商务印书馆，1934。

钱歌川：《社会化的新教育》，上海，中华书局，1934。

苏芗雨：《教育社会学》，北平，人人书店，1934。

［美］彼得斯：《教育社会学原论》（上、下），鲁继曾译，上海，商务印书馆，1937。

相菊潭：《学校社会服务》，重庆，正中书局，1943。

陈科美：《教育社会学讲话》，上海，世界书局，1945。

［德］卡尔·曼海姆：《知识社会学》，李安宅译，上海，中华书局，1946。

［美］T. S. 鲁塞克：《社会学与教育》，许孟瀛译，上海，商

务印书馆，1947。

　　[日]细谷俊夫：《教育环境学》，雷通群译，长沙，商务印书馆，1948。

### 三、"两种"教育社会学的冲突

　　在民国时期，以"社会改良"为取向的教育社会学研究无疑占据着学术知识界的主流。另外，以"革命"为取向的马克思主义的教育社会学思想也在萌发与传播之中。当时的马克思主义者从革命的立场阐述无产阶级的社会教育观，开展广泛的教育活动，批判"改良"教育学说及其活动。例如，新文化运动以来，随着马克思主义的广泛传播，无产阶级知识分子相继倡导了影响广泛的平民教育运动和工农教育运动等教育运动，李大钊、瞿秋白、李达等一大批革命家也正是在传播马克思教育学说和参加社会教育运动中，有力地推动了马克思主义教育学说(从一定意义上也可称为马克思主义教育社会学)的创建和发展。毛泽东运用马克思主义的阶级分析法所做的《中国社会各阶级的分析》和《湖南农民运动考察报告》等著作，也为马克思主义教育社会学的创建和发展奠定了实践基石、理论基石。[①] 马克思主义教育理论家杨贤江也在《教育史 ABC》《新教育大纲》等著作中，从马克思主义基本原理出发，批判了当时流行的"教育万能论""教育救国论""先教育后革命论"，指出教育大权应当掌握在无产阶级手中并成为革命的武器，在革命过程中文化革命的作用要被发挥出来。[②] 在当时，由于搞教育社会学的大多受非马克思主义的西学影响，用马克思主义研究社会学和教育社会学的学者被排除在主流社会学界之外。例如，孙本文在其于 1948 年出版的《当代中国社会

---

　　① 厉以贤、毕诚：《教育社会学引论》，204 页，哈尔滨，黑龙江教育出版社，1989。

　　② 厉以贤、毕诚：《教育社会学引论》，206 页，哈尔滨，黑龙江教育出版社，1989。

学》一书的凡例中指出："本书以叙述纯正的社会学理论与应用各部门为主，凡涉及宣传性质的作品，概未列入。""本书认为唯物史观的著作不属于纯正的社会学，故凡从此史观所编的书籍，概从割爱。"①所以，他在总结新中国成立前的社会学（包括教育社会学）时，就将马克思主义的社会学（也包括教育社会学）排斥在外。

## 第二节　教育社会学学科发展的停滞（1949—1978 年）

由于历史原因，新中国成立以后，教育社会学学科随同社会学学科一起被取消，从学科发展的角度讲，教育社会学经历了 30 年的停滞期。今天的教育社会学学科是在改革开放后起步的，尽管在恢复重建的当时看来，其面临着"几近空白的基础"②，但在经历了 40 年发展后的今天看来，当时的重新起步直到今天的发展均与新中国成立后的前 30 年存在着深深的内在关联。教育社会学的学科重建正是建立在前 30 年所形成的思想理论基础乃至既有的学科基础之上的，这对形塑教育社会学重建以后的学科发展产生了深远的影响，甚或在一定时期内决定了教育社会学学科的整体面貌。对此，我们需要有更为自觉的反思，因此有必要予以重新审视与梳理。

### 一、教育社会学学科的取消

新中国成立后，全方面学习苏联，在学术领域同样如此。早在 1945 年，毛泽东就说过："苏联所创造的新文化，应当成为我们建设人民文化的范例。"③新中国成立初期，刘少奇曾指出：中国人民的

---

①　转引自杨昌勇、李长伟：《中国大陆教育社会学三十年停滞沉沦之反思》，载《教育理论与实践》，2003(1)。
②　吴康宁：《我国教育社会学的三十年发展（1979—2008）》，载《华东师范大学学报（教育科学版）》，2009(2)。
③　毛泽东：《论联合政府》，见《毛泽东选集》第 3 卷，1083 页，北京，人民出版社，1991。

革命，过去是"以俄为师"，今后的建设也必须"以俄为师"，"苏联有
许多世界上所没有的完全新的科学知识，我们只有从苏联才能学到
这些科学知识。例如经济学、银行学、财政学、商业学、教育学等
等"。[1] 但当时苏联的学科知识体系中，却没有社会学的一席之地。
1952 年，我国高等院校学习苏联的高等教育办学模式，进行院系调
整，取消了社会学及相关学科的教学工作、研究工作，教育社会学
也被取消。特别是在反右运动开始后，社会学被划入禁区。当然，
我国取消社会学不仅是向苏联学习的结果，而且与当时国家领导人
对社会学的认识有关。1956 年，当苏联派代表团参加第三届国际社
会学大会而显示出恢复社会学的迹象时，我国也有学者（如陈达、吴
景超、费孝通等）提出恢复社会学的意见，但很快在反右运动中被视
为复辟资本主义而受到批判。

　　社会主义国家在国家成立早期对社会学的否定与排斥固然与政
治意识形态存在着内在关系，但也与社会学早期的学术发展脉络有
关。在后来的学术界，马克思被公认为社会学思想大师，与涂尔干、
韦伯并列为现代社会学思想的奠基人。但此前，马克思却自觉地与
深受孔德思想影响的主流社会学划清界限，当时的主流社会学与马
克思主义的思想之间存在着深深的对抗。前者认为，社会是个有机
整体，其中的各种因素发挥着维持平衡的功能，暴力革命、冲突、
失范因不能满足社会系统的需要而被视为反常的，因此，社会学实
质上是一门研究社会共识、社会聚合和社会秩序的科学。借用孔德
《实证哲学教程》中的话讲，"实用政治学"的根本目标是确立理性秩
序，避免由文明进步受到阻碍所引起的暴力革命。在这种情形下，

---

　　① 刘少奇：《在中苏友好协会总会成立大会上的报告》，载《人民日报》，1949-10-08；
又见中央教育科学研究所：《中华人民共和国教育大事记（1949——1982）》，4 页，北京，
教育科学出版社，1984。转引自瞿葆奎：《中国教育学百年——"述往事，思来者。"》，见
《教育学的探究》，504 页，北京，人民教育出版社，2004。

马克思主义自然没有什么好名声，正如艾伦·斯温杰伍德所指出的，"十九世纪下半叶在法国和德国发展的马克思主义和社会主义运动，一直被描绘为思想浅薄，它把马克思的学说简单化，庸俗化，使之成为一种肤浅的经济决定论"①。与前者相反，马克思主义的社会学则认为，"社会是通过内部矛盾和动乱而不断地发展；总体决不是静止的，而是处于各部分同整体间的紧张状态之中"②。阶级冲突和社会变迁源于资本主义内部的基本结构而不可避免，所以，社会学的任务不是以静态的观点解释资本主义社会，而"是要揭露它作为整体的不可避免的恶性循环和畸形发展"③，使社会主义代替资本主义。正因如此，马克思对孔德他们采取了严厉的批判态度："我作为一个有党派的人，是同孔德主义势不两立的，而作为一个学者，我对它的评价也很低"④。由此，他拒绝使用孔德创造的"社会学"这个名词。这两种社会学思想之间的冲突，也体现在早期的教育社会学中。

在我国，创建期两种教育社会学的对立在新民主主义革命胜利后，变成一种矛盾。为此，新中国成立前提倡"改良"的占主流的非马克思主义教育社会学面临着解构转化的问题，由此相关教育社会学家要进行思想改造，接受新的思想，进行自我批判。当时的领导人基于对现实社会的分析，认为革命还没有结束，革命还需不断地进行。为此，教育社会学必须彻底融入革命的历史唯物主义中，为革命服务。建设性意义上的马克思主义教育社会学研究根本就没有存在的可能，政治压倒了学术。至此，教育社会学作为一门学科也

---

① ［英］艾伦·斯温杰伍德：《社会学思想史》，陈玮、冯克利译，105 页，北京，社会科学文献出版社，1988。

② ［英］艾伦·斯温杰伍德：《社会学思想史》，陈玮、冯克利译，80 页，北京，社会科学文献出版社，1988。

③ 郑杭生、李迎生：《中国社会学史新编》，31 页，北京，高等教育出版社，2001。

④ 《马克思恩格斯文集》第 10 卷，357 页，北京，人民出版社，2009。

就在中国消亡了。①

　　直到 1978 年进行关于真理标准问题的大讨论并召开党的十一届三中全会，社会学及其他学科的恢复工作才被提到议事日程上来。1979 年 3 月，全国哲学社会科学规划会议筹备处依据中国社会科学院领导的指示，在北京举行社会学座谈会，并成立了中国社会学研究会，这标志着社会学在中国开始正式恢复和重建。随后，与社会学有关的学科陆续恢复和重建。1982 年 2 月，南京师范大学率先开设教育社会学课程，标志着教育社会学学科得以恢复和重建。

　　1949—1978 年中国的教育社会学研究实际上处于基本停滞状态，这一说法不仅以上述背景为依据，而且以下述两方面为参照。②

　　第一，相对于新中国成立前的教育社会学研究而言是停滞了。新中国成立后既没有继承民国时期教育社会学的可取成分，也没有用马克思主义的理论对之加以修正或改造。在这段时间里，教育社会学课程被砍掉，教育社会学研究不能名正言顺地进行，即便在某些方面进行的关于教育与社会之关系的研究也陷入了极端的偏颇境地。在理论上，教育与政治的关系代替教育与其他社会制度的关系，教育与政治的关系进而被简单化为教育与阶级斗争的关系，教育仅被视为阶级斗争的工具。同时，关于职业结构、人口增长、城乡差别、家庭变化、生活条件及其他种种社会现象与教育之关系的研究都被认为属于资产阶级社会学，被横加排斥。③ 由此，教育所具有的其他方面的社会功能被否定，这给全面研究教育与社会之关系制造了巨大的障碍。关于教育与社会之关系的片面认识和简单化理解，不仅在实践上导致了某些错误的教育决策，而且在理论上窒息了教

---

　　① 杨昌勇、李长伟：《中国大陆教育社会学三十年停滞沉沦之反思》，载《教育理论与实践》，2003(1)。

　　② 马和民、高旭平：《教育社会学研究》，62～63 页，上海，上海教育出版社，1998。

　　③ 刘佛年：《三十年来我国对教育规律的探索》，载《教育研究》，1979(4)。

育社会学的学术生命。因而，就学科发展而言，这一时期的教育社会学处于基本停滞状态。当然，也并不能否认，这一时期也曾就教育与社会之关系做过一些有益的探讨。

第二，相对于西方教育社会学的发展状况而言是停滞了。从第二次世界大战结束至 20 世纪 70 年代，正是西方教育社会学蓬勃发展的时期，突出表现为诸理论流派的兴起。这期间，不仅形成了具有世界影响力的相互抗衡的结构—功能论和冲突论；而且，在 60 年代末 70 年代初，解释论兴起，新的理论纷纷问世，如英国的新教育社会学，美国的新马克思主义教育社会学以及新制度主义教育社会学，等等。然而，在中国，不仅马克思主义教育社会学没有转换创生出来；而且中国教育社会学完全失去了早期学科发展的连续性，彻底游离于世界教育社会学发展的主流之外。[①]

## 二、教育社会学问题的独特存在

就与教育社会学密切相关的两门学科——社会学和教育学——来说，在 1949—1978 年，尽管社会学作为一门学科被取消了，不存在了，但教育学依然存在，而且这一时期对教育学问题的探讨，更多地是从教育与社会之关系的角度展开的，这在一定意义上可以说是以另外一种形态存在的"教育社会学"，尽管其具有高度的政治性并具有较为强烈的意识形态色彩。为此，系统梳理这一时期中国教育学的整体发展历程，对反思中国教育社会学的发展历程来说便具有了一种重要意义。

这一时期中国教育学的发展，一般被划分为三个较为鲜明的阶段。

---

[①]　杨昌勇、李长伟：《中国大陆教育社会学三十年停滞沉沦之反思》，载《教育理论与实践》，2003(1)。

（一）1949—1956 年，全面学习苏联的教育学，教育的社会性（教育与社会之关系）成为关注重心

1949 年 12 月，中华人民共和国召开第一次全国教育工作会议，提出当时的教育改革要遵循如下方针：以老解放区教育经验为基础，吸收旧教育有用经验，借助苏联经验，建设新民主主义教育。这明确指出了新中国教育的三个主要来源。这一方针在随后的实践中迅速发生了变化。新民主主义的教育方针不久就被社会主义的教育方针取代，从而导致了对"旧教育"的全面否定；对苏联的学习、借鉴则形成了"一边倒"的局面，新中国教育制度按照苏联模式被构建起来。[①]

《人民教育》1952 年 11 月号的社论《进一步学习苏联教育经验——迎接中苏友好月》，强调建设新民主主义教育，必须彻底地、系统地学习苏联的先进教育经验；指出过去我国在这方面做得还不够彻底，也不够系统。有的教育学家认为，"苏联先进的教育学，具体地表现在凯洛夫《教育学》这本书里"[②]。有的教育学家认为，苏联教育学已成为内容丰富且富有战斗性的真正科学。[③] 由凯洛夫主编并于 1950—1952 年翻译出版的《教育学》上、下册，在 20 世纪 50 年代上半期，成为衡量与评价我国教育理论和教育实践的主要依据，甚至是唯一标尺。[④]

凯洛夫的教育学成型于苏联 20 世纪 30 年代——斯大林时代，是对在相当程度上受杜威进步主义影响的苏联 20 世纪 20 年代教育的纠偏和反拨。它在中国被广泛传播的功能之一，是取代杜威及其

① 杨东平：《艰难的日出——中国现代教育的 20 世纪》，120 页，上海，文汇出版社，2003。

② 曹孚：《怎样学习凯洛夫〈教育学〉（一）》，载《文汇报》，1953-07-26。

③ 王焕勋：《对于师范学院暂行教学计划中几个问题的认识》，载《人民教育》，1954 (4)。

④ 瞿葆奎：《中国教育学百年——"述往事，思来者。"》，见《教育学的探究》，509 页，北京，人民教育出版社，2004。

学生在中国教育界的巨大影响。与卢梭的自然主义、杜威的经验主义、行动主义的教育哲学相对，凯洛夫与19世纪的德国教育家赫尔巴特属于"主知主义"的哲学，重视知识传授的完整性、系统性，重视班级授课制和课堂教学，强调教材和教师的主导作用，主张建立整齐划一的教学标准、教学计划。凯洛夫将赫尔巴特的教学论更加操作化和刻板化，强化了赫尔巴特建立的"教师中心、教材中心、课堂中心"的价值。凯洛夫认为教师的每一句话和每一项指示，对学生的学习来说都具有"法律的性质"，而学生不过是"教育影响的客体"。由此可见，他比较忽视学生的主体性和能动性。同时，教学大纲对教师也具有"法律的性质"，所谓"以课本为本，以大纲为纲"；其在实践中则十分烦琐，具有形式主义和教条主义的弊病。不难看到，这套价值体系和教学方法与强调师道尊严、重视书本知识、轻视经验和实践等的中国传统教育是暗合的。[①]

　　1952年苏联围绕关于教育和教育学的十个问题展开了讨论。这是在斯大林1950年发表《马克思主义和语言学问题》之后，苏联哲学社会科学界就探索各自"专门特点"所普遍开展的批判与讨论。《人民教育》1952年5月号对此进行了介绍。这十个问题是：教育这个社会现象的专门特点；教育与经济基础之间的关系；教育与上层建筑之间的关系；教育是永恒的范畴还是历史的范畴；教育中的阶级的、民族的以及全人类的东西；教育与发展；教育与遗传性；对过去的教育遗产的态度；教育研究的方向与任务；教育学方面的理论工作与教育实践之间的关系。1952年，斯大林发表了《苏联社会主义经济问题》，苏联哲学社会科学界又就探索各自"学科规律"普遍开展了批判与讨论。苏联教育学界大致认同如下这一点：教育学研究教育与

---

　　① 杨东平：《艰难的日出——中国现代教育的20世纪》，123～124页，上海，文汇出版社，2003。

社会发展之间的关系，研究教育与年轻一代身心发展之间的关系。[①]
从苏联关于教育学的"专门特点"及"学科规律"的批判与讨论中，我
们可看出教育之社会性，或者说教育与社会之关系，被做了突出强
调。这对中国当时以及后来关于教育学理论问题的探讨起到了重要
的引领作用、示范作用。

(二)1956—1966 年，教育学的政策化与政治化

1956 年，《人民日报》编辑部先后发表《关于无产阶级专政的历史
经验》《再论无产阶级专政的历史经验》，明确提出"反对现代修正主
义"。中苏关系开始明显发生变化。凯洛夫《教育学》的"老本""新本"
在我国 1958 年"教育大革命"中开始受到内部公开的批判，这迫使我
国拿出自己的教育学。另外，我国在社会主义改造基本完成以后，
正号召向现代科学进军。我国教育步入了一个新时期，需要相应的
理论。毛泽东教育思想被确立为教育学的唯一指导思想。

当时的教育学编写的任务是：以毛泽东教育思想为唯一指导思
想，以党的教育方针为红线，从理论上和实际上来阐述毛泽东教育
思想和党的教育方针，并反映我国教育革命的丰富经验，尤其是
1958 年"教育大革命"以来丰富的创造性经验，并以毛泽东教育思想
为武器批判教育战线上的资产阶级思想和修正主义思想，全面揭露
全日制学校(以中小学为主)、半日制学校和工农业余学校教育的规
律性，使教育能为教育革命服务，为发展社会主义教育事业服务，
为社会主义建设总路线、"大跃进"和人民公社服务。[②]

刘佛年作为当时教育学发展的重要参与者，对这一时期的教育
学发展状况曾有如下较为冷静客观的记述与评论："1958 年的'教育

---

① 瞿葆奎：《中国教育学百年——"述往事，思来者。"》，见《教育学的探究》，510～
511 页，北京，人民教育出版社，2004。

② 转引自瞿葆奎：《中国教育学百年——"述往事，思来者。"》，见《教育学的探究》，
526 页，北京，人民教育出版社，2004。

大革命'使教育界的认识发生了很大的变化，破除了对苏联教育理论的迷信，树立了毛泽东教育思想的权威。教育学的目标是宣传毛泽东教育思想，并总结在毛泽东教育思想指导下的'教育大革命'的经验。其代表作是上海市教卫办领导下由华东师大等单位人员组成的编写组于1960年春编成的《教育学》（初稿）。……在第一编中把毛泽东的教育思想概括为：教育为无产阶级政治服务，教育同生产劳动相结合；培养有社会主义觉悟的有文化的劳动者；加强党对教育工作的领导，贯彻教育工作的群众路线；鼓足干劲、力争上游、多快好省地发展教育事业；教学改革；理论联系实际；说服教育；人民教师必须又红又专；坚持教育战线上两条道路的斗争。这些论断及其解释在当时的政府文件、报刊的社论和文章中是常见的，再将它们汇编成《教育学》教材，也就失去了教育学的学术地位。"[1]

进入20世纪60年代以后，我国在阶级斗争形势被错误估计的背景下，开展了以反对"现代修正主义"教育思想为中心的批判运动，从而批判了所谓资产阶级的"量力性"原则、"系统性"原则，批判了所谓超阶级的"母爱教育""红专""美育"，等等。由此教育学中几乎所有可以看作真正意义上的教育学的成分被清理殆尽，教育学变得前所未有的政治化。教育的社会性，尤其是政治性，被无限放大。

（三）1966—1976年，教育学的"语录化"与名存实亡

1966年8月，《中国共产党中央委员会关于无产阶级文化大革命的决定》（"十六条"）规定："改革旧的教育制度，改革旧的教学方针和方法，是这场无产阶级文化大革命的一个极其重要的任务"；"在这场文化大革命中，必须彻底改变资产阶级知识分子统治我们学校的现象"。[2] 师范院校里那时"教育学"这个名称所表征的，是"语录

---

① 刘佛年：《刘佛年学述》，100~101页，杭州，浙江人民出版社，1999。

② 转引自吴秀明：《中国当代文学史料丛书·公共性文学史料卷》，30页，杭州，浙江大学出版社，2016。

化"的"最高指示"。教育学"语录化"了。①

**结　语**

可以说，新中国成立后在大概 30 年的时间里确立起来的教育理论体系，从根本上与其说是一门纯粹意义上的教育学不如说是一门教育社会科学，其中所渗透着的与其说是一种教育学意义上的思维方式不如说是一种社会理论意义上的思维方式。这体现在当时教育学对一些核心问题的探讨上，如对教育规律、教育本质的理解往往从教育与社会之关系的意义上展开，而非从教育如何促进人的发展这一问题本身去理解。在这个意义上，当时的教育学研究及其理论更多地体现出一种社会理论的色彩，而非纯粹意义上的教育学理论。② 因此，从某种意义上可以说，教育社会学并没有在完全意义上彻底消失，而是转入教育学理论中潜隐地存在着。在这种情况下，教育学日益偏离自身的本质，并且越走越远，变得日益"教条化""空洞化""政治化"。教育学的"教条化"本身就是一种反讽，成为一种思想灌输，而自身就偏离了教育的本质。教育学的"空洞化"是指，教育学所关注的核心问题理应是人的成长与发展问题，或者说是如何促进人的成长与发展这一问题，但这一核心问题恰恰在相当程度上成为那时教育学的盲点，而被关于教育与社会之关系的探讨（当然是在特定的政治语境与理论言说方式中展开的）取代。教育学的"政治化"则是对教育之社会性的无限放大，并带有强烈的意识形态色彩。这样一种状况对中国教育学的影响深远，直到改革开放后的 20 世纪80 年代，甚至持续到 90 年代，教育学界曾围绕教育的本质问题兴起

---

① 瞿葆奎：《中国教育学百年——"述往事，思来者。"》，见《教育学的探究》，537页，北京，人民教育出版社，2004。

② 纯粹意义上的教育学是一种助人成长之学，关注的是人的成长本身，这可以从一些经典教育学理论如赫尔巴特和杜威的教育学理论中看出。它不同于一般的人文社会科学，是对人类教育实践经验的系统总结与理论阐发。教育学的这样一种学科独特性，已越来越被认可。

热烈的讨论，讨论到后来才认识到所探讨的其实并非教育的本质问题，而只不过是教育的社会属性问题。教育学在相当长的一段时期里都是一种"没有教育的教育学"（没有关注教育活动本身），这样的教育学很难给人的教育实践行动带来真实的启发，其中的理论探讨往往围绕教育的社会属性展开，而其中对教育实践环节的论述由于缺乏真正有效的理论支撑而显得教条与空洞。但也正是在这样一种教育学中，我们的确可以隐约发现教育社会学的踪影，其中所蕴含着的那样一种理论思维方式在相当程度上影响着直到教育社会学学科恢复重建后相当长一段时期里对教育社会学的问题探讨与理论建构。董泽芳曾指出这样一种内在关系："新中国成立后，对马克思主义关于社会发展规律的学说和教育基本问题的探讨，为我国教育社会学的发展奠定了科学基础"。[①]

## 第三节　教育社会学学科的重建与发展（1979—2000 年）

教育社会学自 1979 年开始恢复重建以来，取得了长足的发展。至新旧世纪之交，随着一批代表性教育社会学著作（教育社会学概论性体系性著作）的问世，中国教育社会学研究已趋于成熟。进入 21 世纪以来，中国教育社会学研究已日益繁荣。笔者主要出于篇幅方面的考虑，以新旧世纪之交为界点将恢复重建以来中国教育社会学的发展分两节进行梳理。

### 一、教育社会学学科的恢复与制度重建历程

教育社会学作为一门学科，其命运同社会学的命运紧紧联系在一起。1979 年 3 月，在邓小平发出社会学等学科要补课的呼吁下，全国哲学社会科学规划会议筹备处在北京举行社会学座谈会，并成

---

① 董泽芳：《教育社会学》（修订本），12 页，武汉，华中师范大学出版社，2009。

立了中国社会学研究会。这标志着社会学以及与社会学有关的学科在中国开始正式恢复和重建。

1979 年，有关杂志刊登了三篇文章①，介绍了教育社会学这一学科的内涵及研究趋向。同年，《外国教育资料》杂志又刊登了马骥雄的《"教育成层论"简介》一文②。该文系统介绍了西方尤其是英美教育社会学理论的新进展，并提出如下主张：应该对我国教育的社会功能进行社会学分析，开展教育的社会调查，提供"可资佐证的统计数据"，以促进我国教育事业的发展等。至此，教育社会学恢复重建的帷幕徐徐拉开。③

对恢复教育社会学的教学与研究起了较大推动作用的，乃是《教育研究》杂志编辑部与中国社会科学院社会学研究所在 1981 年 12 月联合召开的座谈会。参加座谈和讨论的既有社会学界的也有教育学界的知名学者和专家。这次会议为教育社会学的恢复、重建和发展做了一定的引路工作。

在座谈会上，社会学界的前辈雷洁琼、费孝通等人，就开展教育社会学研究提出了很多有益的建议。雷洁琼提出，教育社会学研究的问题有两个方面：一方面，应该从社会对教育的要求、影响来研究；另一方面，应该从教育制度和教育工作这二者中的问题对社会产生的影响来研究。费孝通指出，当前我们所碰到的教育问题已经远远超出了过去我们所讲的教育学上的问题，就是说，我们已不能把教育问题只看成学校范围内的问题了。这些问题牵涉很多社会因素，我们不能停留在教育学的范围里来解决教育问题，必须扩大我们的研究范围，从教育学扩展到教育社会学，这是客观的需要。

---

① 张人杰：《教育科学中的几个新领域》，载《教育研究》，1979(3)。《教育社会学的发展》，钟启泉译述，载《外国教育资料》，1979(3)。［法］阿兰·格拉：《教育社会学的四个研究趋向》，张人杰译，载《外国教育资料》，1979(3)。

② 马骥雄：《"教育成层论"简介》，载《外国教育资料》，1979(4)。

③ 马和民、高旭平：《教育社会学研究》，66 页，上海，上海教育出版社，1998。

他还强调，教育社会学研究，要进行实际调查，做出科学结论，从而为政府决策提供依据。教育社会学研究要去了解社会发展的情况，探讨怎样使我们的教育制度能够更适应我们社会发展的需要。

教育学界的学者和专家如陈友松、王铁、张健、厉以贤等也就教育社会学的发展发表了自己的见解，广泛地讨论了教育社会学的发展问题，提出了对教育社会学发展具有战略性意义的指导意见，促进了教育社会学研究工作的全面开展。有教育学者提出要建立以马克思列宁主义为指导，符合中国国情，具有中国特色的教育社会学。此后的教育社会学发展的实践表明，这次座谈会上提出的一些问题和见解，都是教育社会学发展中必须解决的问题和必须重视的意见。[1]

1982 年 2 月，南京师范大学率先开设教育社会学课程，揭开了重建教育社会学学科制度的序幕。北京师范大学也在 1982 年开设了教育社会学课程，继而，华东师范大学也开设此课程。自 1984 年秋季起，华东师范大学、南京师范大学、北京师范大学及杭州大学等校陆续开始招收教育社会学方向的硕士研究生。在此基础上，自 1989 年秋季起，南京师范大学与华东师范大学又相继开始招收并培养教育社会学方向的博士研究生。

随着教学与研究队伍的逐渐扩大，1989 年 4 月，我国第一个教育社会学学术团体——中国教育学会教育社会学专业委员会在浙江杭州成立，首任主任委员为华东师范大学的张人杰。1991 年 8 月，另一个全国性教育社会学学术团体——中国社会学会教育社会学研究会[2]在天津成立，首任理事长为北京师范大学的厉以贤。

1991 年 11 月，中国教育学会教育社会学专业委员会主办的《教育社会学简讯》开始印发。中国社会学会教育社会学研究会主办的

---

[1]　厉以贤、刘慧珍：《教育社会学的复兴与发展》，载《教育研究》，1989(1)。
[2]　这一学术团体在 2016 年举办学术年会时已改称"中国社会学会教育社会学专业委员会"。

《中国教育社会学研究会通讯》也于 1992 年 6 月开始印发，其后因学术年会同全国社区教育委员会合办，刊名被改为《中国社会学会教育社会学研究会、全国社区教育委员会通讯》。这些简讯、通讯都不是公开发行的学术期刊，但考虑到在我国申办一份尚属"三级学科"①的教育社会学学术期刊极为困难，故这种内部印发的学会会刊似也可被视为学术出版物。②

如果按开设专业课程、成立专业学术团体和出版专业学术刊物等标准来衡量的话，至此教育社会学学科的制度重建工作可以说基本完成。③

**二、20 世纪 80 年代至 90 年代初教育社会学学科的基本建设与发展**

处于重新起步阶段的教育社会学研究，一方面致力于对国外教育社会学的发展状况及相关研究进行引介；另一方面则着手开展探索性研究，编写出教育社会学的专著、教材与辞书，并开展具体研究。

（一）对国外教育社会学发展状况、理论流派以及理论经典的引介

一是对国外教育社会学的历史与现状的介绍。其中较为主要的有：环昔吾对英国教育社会学的发展及近况的介绍④，苏国勋对苏联教育社会学研究的介绍⑤，厉以贤对西方教育社会学的发展阶段

---

① 1992 年中华人民共和国国家标准《学科分类与代码表》，以及 1997 年国务院学位委员会、原国家教育委员会联合下发的《授予博士、硕士学位和培养研究生的学科、专业目录》，将教育社会学归于教育学范畴。前者规定教育社会学是教育学一级学科下的一个独立二级学科，后者则在二级学科教育学原理中包含了教育哲学和教育社会学。

② 吴康宁：《我国教育社会学的三十年发展（1979—2008）》，载《华东师范大学学报（教育科学版）》，2009(2)。

③ 张人杰：《中国大陆教育社会学的二十年建设（1979——2000 年）》，载《华东师范大学学报（教育科学版）》，2001(2)。

④ 环昔吾：《英国教育社会学的发展和近况简介》，载《外国教育动态》，1981(1)。

⑤ 苏国勋：《苏联教育社会学研究简介》，载《教育研究》，1982(4)。

及其特点的总体介绍与评析①，吴康宁对日本教育社会学的历史与现状的介绍②，黄育馥对北美的教育社会学研究的评介③，杨昌勇对法国教育社会学的概述④，等等。

二是对国外教育社会学理论及其流派的评介。相关研究较多，其中产生较大影响的有：张人杰对西方"教育民主化"的评析⑤，吴康宁对欧美教育社会学三大学派的评析⑥，卫道治、沈煜峰对国外关于班级和学校的社会学理论的介绍⑦，唐宗清对帕森斯和教育社会学的介绍⑧，唐宗清对当代西方教育社会学五大流派的介绍⑨，刘欣、王小华对涂尔干教育社会学思想的述评⑩，等等。

三是国外教育社会学专著的翻译出版。这一时期翻译出版的国外教育社会学主要专著有：苏联 Ф. Р. 费里波夫著的《教育社会学》⑪，英国戴维·布莱克莱吉等著的《当代教育社会学流派——对教育的社会学解释》⑫，日本友田泰正编的《日本教育社会学》⑬，美

---

①　厉以贤：《西方教育社会学的发展阶段及其特点》，载《外国教育动态》，1983(6)。

②　吴康宁：《日本教育社会学的历史与现状》，载《教育研究》，1984(11)。

③　黄育馥：《北美的教育社会学研究》，载《国外社会科学》，1984(7)。

④　杨昌勇：《法国教育社会学概述》，载《国外社会科学》，1993(2)。

⑤　张人杰：《西方"教育民主化"初探》，载《高等教育学报》，1986(1)。张人杰：《西方"教育民主化"初探(续)》，载《高等教育学报》，1986(2)。

⑥　吴康宁：《当今欧美教育社会学三大学派》，载《教育研究》，1986(9)。

⑦　卫道治、沈煜峰：《国外关于班级—学校的社会学理论》，载《教育研究》，1987(6)。

⑧　《帕森斯和教育社会学》，唐宗清编译，载《外国教育研究》，1987(2)。

⑨　唐宗清：《当代西方教育社会学五大流派》，载《上海教育学院学报(社会科学版)》，1991(3)。

⑩　刘欣、王小华：《迪尔凯姆教育社会学思想述评》，载《高等教育研究》，1993(4)。该文献名称中的"迪尔凯姆"即指涂尔干。——引者注

⑪　[苏联]Ф. Р. 费里波夫：《教育社会学》，李振雷、徐景陵译，上海，华东师范大学出版社，1985。

⑫　[英]戴维·布莱克莱吉、[英]巴里·亨特：《当代教育社会学流派——对教育的社会学解释》，王波、陈方明、胡萍译，北京，春秋出版社，1989。

⑬　[日]友田泰正：《日本教育社会学》，于仁兰译，北京，春秋出版社，1989。

国珍妮·H. 巴兰坦著的《美国教育社会学》[1]，美国 S. 鲍尔斯和H. 金蒂斯著的《美国：经济生活与教育改革》[2]，等等。

四是国外教育社会学重要文选的编辑出版。由张人杰主编的《国外教育社会学基本文选》[3]作为全国高等学校文科教学参考书于 1989 年出版(2009 年又出版了修订版)。该书的范围上溯西方教育社会学奠基者之一涂尔干的力作，下至 20 世纪 70 年代兴起的"新"教育社会学的代表作，时间跨度约为 80 年。入选篇目已从经典扩及重要文献，其作者是这一学科内知名度较高的来自东西方 7 个国家的学者。涵盖的问题，既有宏观层面的又有微观层面的，如教育的功能、教育机会平等、大学的"异常"大众化、学生的道德社会化、课程社会学、教学社会学等。另外，由厉以贤主编、白杰瑞和李锦旭协编的《西方教育社会学文选》[4]于 1992 年在中国台湾地区出版。这两本国外教育社会学文选的出版，为国内学人系统全面、"原汁原味"地了解国外教育社会学的经典理论及重要文献提供了极大的便利，促进了教育社会学的理论发展。

(二)教育社会学专著、教材及辞书的出版

这一时期出版的教育社会学专著基本是教材性质的。1986 年，裴时英编著的《教育社会学概论》[5]一书出版，该书是改革开放以来我国学者编著的第一部教育社会学教材性专著。在此后的几年里，有多部教材性专著陆续出版，如桂万宏、苏玉兰著的《教育社会

---

① ［美］珍妮·H. 巴兰坦:《美国教育社会学》，李舒驰、刘慧珍、杨京梅译，北京，春秋出版社，1989。

② ［美］S. 鲍尔斯、［美］H. 金蒂斯:《美国：经济生活与教育改革》，王佩雄等译，上海，上海教育出版社，1990。

③ 张人杰:《国外教育社会学基本文选》，上海，华东师范大学出版社，1989。

④ 厉以贤:《西方教育社会学文选》，台北，五南图书出版公司，1992。

⑤ 裴时英:《教育社会学概论》，天津，南开大学出版社，1986。

学①，刘慧珍著的《教育社会学》②，卫道治、沈煜峰著的《人·关系·文化——教育社会学观略》③，厉以贤、毕诚编著的《教育社会学引论》④，鲁洁主编的《教育社会学》⑤，董泽芳编著的《教育社会学》⑥，吴铎、张人杰主编的《教育与社会》⑦，金一鸣主编的《教育社会学》⑧，等等。其中，鲁洁主编的《教育社会学》和董泽芳编著的《教育社会学》在大学本科生中作为教科书被较为广泛地使用。

我国学者自己编写的第一部教育社会学工具书出版于1992年。由顾明远主编的《教育大辞典》第6卷为"教育哲学、教育经济学、教育社会学、教育边缘学科"合卷。张人杰为其中"教育社会学"板块的主编，对教育社会学的基本词条进行了较为全面系统的梳理与阐发。⑨

这些成果为中国教育社会学的教学、研究更好地借鉴国外经验，并得以稳步发展奠定了良好的基础。⑩

(三)对教育社会学学科特性的探讨

处于重建起步阶段的教育社会学对学科特性的探讨，以介绍国外的理论为主，但也存在一些由我国学者自己提出的界说。

1980年出版的《辞海》对教育社会学的释文是："以社会学的原理研究教育问题的一门学科。它研究社会生活的各个方面同教育的关

---

① 桂万宏、苏玉兰：《教育社会学》，天津，天津人民出版社，1987。
② 刘慧珍：《教育社会学》，沈阳，辽宁教育出版社，1988。
③ 卫道治、沈煜峰：《人·关系·文化——教育社会学观略》，长沙，湖南教育出版社，1988。
④ 厉以贤、毕诚：《教育社会学引论》，哈尔滨，黑龙江教育出版社，1989。
⑤ 鲁洁：《教育社会学》，北京，人民教育出版社，1990。
⑥ 董泽芳：《教育社会学》，武汉，华中师范大学出版社，1990。
⑦ 吴铎、张人杰：《教育与社会》，北京，中国科学技术出版社，1991。
⑧ 金一鸣：《教育社会学》，南京，江苏教育出版社，1992。
⑨ 张人杰：《教育大辞典·教育社会学分册》，上海，上海教育出版社，1992。
⑩ 张人杰：《中国大陆教育社会学的二十年建设(1979——2000年)》，载《华东师范大学学报(教育科学版)》，2001(2)。

系，其主要内容是：（1）教育与整个社会（包括社会变化、经济发展、政治）的关系；（2）班级与社会（从社会学角度研究班级组织、教学内容、学业成绩的社会条件、家庭教育对学业成绩的影响）的关系；（3）学校教育与社会不平等（研究学校结构、家庭出身、地域、种族和性别所带来的教育上不平等）的关系；（4）教育与社会阶层的形成和变迁的关系等。"①

　　鲁洁在 1983 年初发表的《创建马克思主义的教育社会学刍议》一文中指出：教育社会学研究的主要对象，是教育与社会的关系（当然它不局限于这方面的内容，它的研究对象是比较广泛的）。教育与社会的关系是马克思主义教育学研究的一个重大课题，这方面的理论，在马克思主义教育学的发展过程中也曾有过一定的丰富和充实。但是，也应该看到，关于教育与社会之关系的理论作为一门综合性学科——教育学的一个组成部分，它所包括的内容是比较有限的。它不可能把属于这方面理论的各个不同侧面、各种不同层次的问题都囊括其中。教育在社会中越来越不可能成为一种封闭的体系，离开了与社会各种现象之间的相互联系和相互作用，教育便成为不可理解和没有意义的事物。同时，由于这种相互联系和相互作用从机制上看也愈益复杂，如果只停留于一般命题的普泛概括与抽象论证，我们已不可能对教育与社会之间的关系做出充分说明和具体把握。因此，超越教育学在教育与社会之关系问题上的传统的理论范畴和规定，把教育社会学从教育学中分化出来，在马克思主义指导下，适当引进社会学的一些理论范畴以及观察问题的方法与手段，建立一门独立的教育社会学，已具有客观的需要。②

　　厉以贤于 1985 年发表了《试谈教育社会学的学科性质和研究对

————————

　　① 转引自鲁洁：《教育社会学》，25 页，北京，人民教育出版社，1990。
　　② 鲁洁：《创建马克思主义的教育社会学刍议》，载《南京师院学报（哲学社会科学版）》，1983（1）。

象》一文，认为：教育社会学是一门新兴的边缘学科，它从宏观和微观两个层面研究教育和社会的基本关系，它们之间的相互作用与相互影响，它们之间的一致性与矛盾性。教育与社会的基本关系包括以下几方面。第一，教育制度与社会制度的关系。其中包括：教育体制与经济体制的关系，教育体制与政治体制的关系，社会阶层化、社会流动这二者与教育的关系，社会变迁与教育的关系，社会问题与教育问题的关系，等等。第二，文化与教育的关系。其中包括：社会的文化价值、社会的传统、社会的风尚和习俗、社会的精神文明这些方面与教育的关系，学校、学生亚文化这二者与教育的关系，等等。第三，学校与社会的关系。这涉及如下内容：学校被视为一种社会组织，班级被看作一种社会体系，班级、课堂中的社会学问题，知识的选择、课程的组织和进行等教育社会学问题，等等。第四，个人与社会的关系。这涉及如下内容：个人的社会化与教育，学生受教育以及学业成就的社会背景，学生角色，教师的社会地位和教师在社会中的角色，师生关系，等等。他还认为，把教育社会学作为教育学科的一个分支学科，或作为社会学的一个分支学科都是允许的，不能用一个否定另一个。①

南京师范大学鲁洁主编的《教育社会学》则强调，教育社会学乃是一门主要运用社会学的原理和方法，对作为一种特殊社会现象的教育进行研究的学科。它以马克思主义为指导，批判地继承教育社会学的历史遗产，总结当代教育社会学的研究成果，从宏观方面研究教育与整体社会之间的关系及其功能；从中观方面研究教育与区域社会之间的功能性关系及学校内部的社会关系；从微观方面研究教育过程中的有关社会学问题。②

---

① 厉以贤：《试谈教育社会学的学科性质和研究对象》，载《北京师范大学学报（社会科学版）》，1985(2)。

② 鲁洁：《教育社会学》，29页，北京，人民教育出版社，1990。

（四）具体研究的展开①

1. 宏观层面基于对教育与社会之关系的认识所开展的研究

基于对教育与社会之关系的认识所开展的研究主要涉及教育与社会发展、教育结构与经济体制改革、教育与社会现代化、教育与文化、教育与社会结构、教育与精神文明建设等。这些研究大都从较为宏观的层面展开，与当时的教育基本研究理论存在较多重合之处，可以被看作较为宽泛意义上的教育社会学研究。下面仅列举关于教育与社会发展、教育结构与经济体制改革、教育与文化的研究。

（1）教育与社会发展

社会主义初级阶段的教育发展，以及商品经济与教育问题，成为 20 世纪 80 年代中后期讨论的热点话题。例如，厉以贤对社会主义初级阶段的教育发展进行了分析②，金一鸣和袁振国对社会主义初级阶段的教育特征进行了分析③，杨东平对社会主义初级阶段的教育民主进行了分析④。《教育研究》杂志自 1986 年开始讨论，1988年第 4 期开辟讨论专栏，探讨社会主义商品经济与教育问题——这也成为当时一些学术会议的研讨主题。

（2）教育结构与经济体制改革

随着经济体制改革的开展，教育结构如何与变化中的经济体制相适应这一问题引起学界的关注。华子杨的《对中等教育结构改革的

---

① 此部分关于这一时期各方面具体研究的梳理主要参阅厉以贤、刘慧珍：《教育社会学的复兴与发展》，载《教育研究》，1989(1)。

② 厉以贤：《我国社会主义初级阶段教育发展的思考》，载《教育研究》，1988(1)。

③ 金一鸣、袁振国：《我国社会主义初级阶段的教育特征问题》，载《上海教育科研》，1988(2)。

④ 杨东平：《社会主义初级阶段的教育民主》，载《教育研究》，1988(7)。

认识》①，冷冉的《教育结构改革刍议》②，宁虹的《纵向教育结构比较分析》③，富维岳的《社会结构与学校教育结构》④，从不同角度对教育与社会经济之间的结构关系进行了探讨。

（3）教育与文化

对文化问题进行反思也是 20 世纪 80 年代中后期的热点，一些学者从教育与文化的关系入手展开研究。相关研究成果有顾冠华的《克服传统文化和教育的负面因素》⑤，周南照的《教育改革与文化观念转变——中国和美国的若干比较》⑥，傅维利的《教育与文化》⑦，等等。

2. 关于教育与青少年社会化问题的研究

有学者将教育对个体的社会化作用看作教育的本质⑧。一些研究分别就学校、家庭等机构对青少年学生产生的社会化作用进行了具体分析，如厉以贤和刘慧珍的《社会化与学校教育》⑨一文。傅铿则就大众文化对中学生社会化的影响进行了探讨⑩，严先元就大众传播对学校教育的影响进行了分析⑪。还有学者就青年亚文化和同辈人团体对学生社会化的影响进行了探索。⑫

① 华子杨：《对中等教育结构改革的认识》，载《教育研究》，1982(3)。

② 冷冉：《教育结构改革刍议》，载《教育研究》，1983(5)。

③ 宁虹：《纵向教育结构比较分析》，载《教育研究》，1986(7)。

④ 富维岳：《社会结构与学校教育结构》，载《东北师大学报(哲学社会科学版)》，1981(4)。

⑤ 顾冠华：《克服传统文化和教育的负面因素》，载《教育研究》，1987(9)。

⑥ 周南照：《教育改革与文化观念转变——中国和美国的若干比较》，载《教育研究》，1987(2)。

⑦ 傅维利：《教育与文化》，载《东北师大学报(教育版)》，1987(3)。

⑧ 凌娟：《教育是促使个体社会化的过程》，载《教育研究》，1982(6)。

⑨ 厉以贤、刘慧珍：《社会化与学校教育》，载《教育研究》，1984(9)。

⑩ 傅铿：《大众文化和中学生社会化问题》，载《社会》，1985(6)。

⑪ 严先元：《大众传播与学校教育》，载《教育研究》，1985(11)。

⑫ 王曙光：《青年亚文化社会功能浅析》，载《社会》，1985(1)。金国华：《对城市青少年小群体的剖析》，载《社会》，1985(4)。

3. 关于学校与班级的社会学研究

这一课题属于微观研究的领域，自 20 世纪 80 年代中后期逐步展开。一些研究以社会学的组织理论为依据，对学校和班级的社会组织特性、组织目标进行了分析。有些研究还进一步探讨了学校和班级的非正式组织因素以及学校和班级的亚文化这二者对学校社会组织、班级社会体系之目标及功能的影响情况。这一时期在这一方面较有代表性的研究是南京师范大学"班集体建设与课堂教学"课题组自 1987 年开始的班级社会学研究。此课题较具代表性的成果有郝京华等的《班级的社会学分析》①、王晓柳等的《建立集体性教学模式的尝试》②，等等。

4. 关于现实教育问题的调查研究

在这一时期，教育中的一些具体问题成为社会关注的热点，一些颇具教育社会学意味的调查研究围绕它们展开，如关于"片面追求升学率"问题的分析③，关于独生子女教育问题的研究④，关于青少年犯罪问题的调查研究⑤，关于教师团体状况的调查研究⑥，等等。

据《中国教育大系·现代教育理论丛编》⑦教育社会学编选编者

---

① 郝京华、王晓柳、李宁玉等：《班级的社会学分析》，载《教育研究》，1988(2)。

② 王晓柳、李宁玉、郝京华等：《建立集体性教学模式的尝试》，载《南京师大学报（社会科学版）》，1989(1)。

③ 许海：《片面追求升学率倾向的症结何在》，载《中国教育学刊》，1988(4)。

④ 唐爱菊：《独生子女的成长条件和家庭教育》，载《教育研究》，1982(6)。刘荣才：《独生子女教育中的几个重要问题》，载《教育研究》，1984(9)。周瑞明：《城市独生子女小学生成长发展趋势的调查研究》，载《中国教育学会通讯》，1987(3)。边燕杰：《试析我国独生子女家庭生活方式的基本特征》，载《中国社会科学》，1986(1)。

⑤ 郑和钧、申纪云：《青少年犯罪与学校教育》，载《青少年犯罪研究》，1983(1)。赤光：《试论青少年个体犯罪的原因》，载《社会学研究》，1987(3)。

⑥ 毛之价、傅长虹：《影响青年教师积极性的因素是什么》，载《社会》，1985(5)。李子彪：《他们为何想调离工作》，载《社会》，1986(6)。苏晓康、张敏：《神圣忧思录——中小学教育危境纪实》，载《人民文学》，1987(9)。

⑦ 顾明远：《中国教育大系·现代教育理论丛编》(上)，武汉，湖北教育出版社，1994。教育社会学编由陆有铨选编。

的统计，入选该丛编的教育社会学研究成果（1979—1991 年）可分为
14 类：教育社会学的对象及方法；科技革命与教育；民主与教育；
文化与教育；人口与教育；社会分层与教育；社会变迁与教育；社
会问题与教育；未来与教育；个体社会化与教育；学校组织的社会
学分析；班级的社会学分析；学业成败的社会学分析；世界范围内
教育社会学研究状况评介。未能选入该丛编的"有参考价值的文章"，
则另有 93 篇。[①]

　　总体来说，处于学科恢复重建后起步阶段的教育社会学研究以
学科概论性研究为主，分支领域性研究则逐渐起步。[②] 这一时期的
教育社会学一方面探讨教育社会学自身的学科特性问题，另一方面
则对现实问题予以关注。教育社会学的研究范围已经铺展开，基本
上覆盖了教育社会学研究的主要领域。教育社会学研究在某些方面
取得了进展。教育社会学研究在理论探讨方面主要依托国外相关教
育社会学理论或在既有的马克思主义理论框架下展开，在对现实问
题的关注方面尚较为分散，研究的聚焦点尚不明显，研究的特色尚
未鲜明地表现出来。

### 三、20 世纪 90 年代至世纪之交教育社会学的发展与积淀

　　自 20 世纪 90 年代开始，注重事实研究的方法论逐渐确立起在
教育社会学中的主导性地位，一些较为扎实的实证性研究逐步展开，
教育社会学的本土化研究逐步推进。如果说 20 世纪 80 年代是一个
开放的年代，当时的教育社会学研究更多地引介和借鉴发达国家的
理论及其研究，20 世纪 90 年代则从总体上来说是一个"练内功"的时

---

　　① 　张人杰：《中国大陆教育社会学的二十年建设（1979——2000 年）》，载《华东师范
大学学报（教育科学版）》，2001(2)。
　　② 　吴康宁：《我国教育社会学的三十年发展（1979—2008）》，载《华东师范大学学报
（教育科学版）》，2009(2)。

代，教育社会学研究对国外研究进展状况的关注热情逐渐降低①，
而逐渐着力探寻自身在国内教育理论研究中的"安身立命"之所。

（一）事实研究的兴起

教育社会学研究，不论是否以对教育实践及教育政策的改进为
直接指向，均需要以"事实分析"为依据。在教育社会学的学科发展
历程中，关于教育社会学的学科性质，长期存在着事实学科与规范
学科之争。但不管事实学科论者还是规范学科论者都不会否认的一
点是，教育社会学的研究结论需要建立在"事实研究"的基础之上。
当然，教育社会学研究的事实在很多情况下可能会是一种"价值性的
事实"。因此，研究方法的采用对教育社会学研究来说便具有举足轻
重的意义。这样说，并不是要否定理论探讨在教育社会学研究中的
作用，相反，教育社会学的理论品质具有更为重要的意义，但一切
理论都需要有效的经验支撑，对教育社会学研究来说尤其如此。教
育社会学研究的每一次进步都源于经验研究基础之上的理论创新。

在教育社会学恢复重建之初，受研究人员与经费的制约，当时的
许多研究主要是通过以逻辑推演为基础的理论思辨来进行的。② 直到
20 世纪 80 年代后期，事实分析的方法才逐渐被采用。在 90 年代，较
为规范的社会学研究方法的采用为中国教育社会学研究的累积性进步
提供了可能。这一时期采用的方法具体包括，对教育中相关社会问题

---

① 自 1993 年开始，针对国外教育社会学的评介性论文已非常少见，对国外教育社
会学专著及教材的翻译也基本处于停滞状态，这样一种状况直到 2000 年以后才逐渐改变。
吴康宁指出，在基本文献方面，1992 年与 2000 年是两个比较重要的时间节点。1992
年，对国外教育社会学发展状况的评介已基本上涉及教育社会学比较发达的各主要国家，
并且两本国外教育社会学重要文选被出版；之前的 13 年与之后的 13 年中，各出版了 9 本
教育社会学教材；我国学者自己编写的第一部教育社会学工具书也出版于 1992 年。2000
年之后，对国内教育社会学发展状况的评价开始逐渐增多，对国外教育社会学专著及教材
的翻译也明显出现数量增多、速度加快的"势头"。上述内容参见吴康宁：《我国教育社会
学的三十年发展（1979—2008）》，载《华东师范大学学报（教育科学版）》，2009(2)。

② 吴康宁：《我国教育社会学的三十年发展（1979—2008）》，载《华东师范大学学报
（教育科学版）》，2009(2)。

的社会调查、课堂教学社会学研究中的"结构化观察"、课程社会学研究中的"内容分析"等。另外，值得一提的是，90 年代中期，质性研究方法传入中国并对教育社会学研究产生了较为深远的影响，这主要得力于陈向明的大力引介与执着推广。其发表于 1996 年的《王小刚为什么不上学了——一位辍学生的个案调查》①一文可被视为我国学者采用质性研究方法进行教育社会学研究的开山之作，在当时的教育研究领域，尤其是在青年学生群体中引起了兴趣与关注。陈向明其后就质性研究方法所创作的一系列论著，尤其是《质的研究方法与社会科学研究》②一书，引导并促进了质性研究方法在教育社会学研究中的运用，为教育研究注入了一种新鲜风气。在此之后，质性研究方法以及人种志研究方法逐渐为教育社会学研究者所采用。

（二）主要研究领域

1. 社会调查研究的开展

在社会调查方法的使用方面，20 世纪 90 年代初开始见有教育社会学专业人员进行的基于较大规模抽样调查的事实分析，如华中师范大学董泽芳主持的"农村国民教育意向对初中后分流影响的调查"③、南京大学贺晓星对改革开放中高校教师心态的调查分析④，等等。90 年代后期开始见有基于大规模抽样调查的事实分析，如刘精明关于"'文革'事件对入学、升学模式的影响"的研究⑤。社会学研究领域对教育问题的关注在 90 年代后期尚较为少见，直到进入 21 世纪之后才开始更多地涌现出来。相对而言，在教育学研究

---

① 陈向明：《王小刚为什么不上学了——一位辍学生的个案调查》，载《教育研究与实验》，1996(1)。

② 陈向明：《质的研究方法与社会科学研究》，北京，教育科学出版社，2000。

③ 董泽芳、池云如、饶进：《农村国民教育意向对初中后分流影响的调查》，载《教育研究与实验》，1992(3)。

④ 贺晓星：《改革开放中的高校教师心态调查初析》，载《南京大学学报（哲学·人文·社会科学）》，1995(1)。

⑤ 刘精明：《"文革"事件对入学、升学模式的影响》，载《社会学研究》，1999(6)。

领域，教育社会学学者更多地深入学校教育的现场开展事实研究。

2. 社会变迁中教育问题探讨的开展

随着社会转型性变革加速，学校教育面临着新的挑战与问题，在这一时期，教育社会学学者以一种社会学的敏锐眼光以及对相关教育问题的敏感，积极投入对相关问题的探讨之中。在 90 年代初，张人杰对教育与社会变迁之间的关系进行了理论反思，并阐发了教育的负功能问题。[①] 至 90 年代中后期，张人杰对教育与国际接轨[②]、教育适应市场经济[③]、公民意识的培养[④]、科学技术的负面影响[⑤]、教育现代化[⑥]、教育产业化[⑦]等问题进行了深入探讨。谢维和围绕我国的教育现代化[⑧]、教育管理体系改革[⑨]等问题展开探讨，并关注流动人口子女教育问题[⑩]，以及高等教育对现代社会的适应问题[⑪]。董泽芳对教育分流问题展开了系列研究[⑫]，就家庭环境对学业成功的

① 张人杰：《教育与社会变迁的关系的理论之质疑——兼论教育的负功能》，载《华东师范大学学报(教育科学版)》，1992(3)。

② 张人杰：《教育与国际接轨：命题的检讨》，载《上海高教研究》，1994(4)。

③ 张人杰：《对"教育应适应市场经济需要"之再思考》，载《高等教育研究》，1994(3)。张人杰：《教育适应市场经济中的难点析论》，载《高教探索》，1995(1)。

④ 张人杰：《略论公民意识的培养》，载《学术研究》，1996(12)。

⑤ 张人杰：《科学技术的负面影响：社会学分析》，载《华东师范大学学报(社会科学版)》，1999(2)。

⑥ 张人杰：《也论教育现代化》，载《华东师范大学学报(教育科学版)》，1998(3)。

⑦ 张人杰：《"教育产业化"的命题能成立吗?》，载《江汉大学学报》，2000(4)。

⑧ 谢维和：《关于我国教育现代化的几点思考》，载《教育科学研究》，1997(2)。

⑨ 谢维和：《我国教育管理体系改革的走向》，载《重庆大学学报(社会科学版)》，1996(3)。

⑩ 谢维和：《解决流动人口子女教育问题促进教育改革和社会发展》，载《上海高教研究》，1997(6)。

⑪ 谢维和：《论高等教育对现代社会的适应》，载《北京师范大学学报(社会科学版)》，1998(4)。

⑫ 相关研究主要有：董泽芳：《试论我国教育分流模式的构建与优化》，载《教育研究与实验》，1991(4)。董泽芳：《现代教育分流的机制》，载《教育理论与实践》，1992(3)。董泽芳、池云如、饶进：《农村国民教育意向对初中后分流影响的调查》，载《教育研究与实验》，1992(3)。董泽芳：《农村初中后分流模式探析》，载《教育与经济》，1992(4)。董泽芳、沈百福、王永飞：《初中学生家长教育分流意向的调查与分析》，载《教育与经济》，1996(2)。董泽芳：《试析教育分流的时代特征》，载《教育研究与实验》，1998(4)。

影响较早开展了研究①。吴康宁阐发道，在快速变革的时代学校道德教育的任务是"教会选择"。②

3. 课堂教学社会学研究的开展

在 90 年代前半期，由南京师范大学吴康宁主持的"课堂教学的社会学研究"课题组对课堂教学进行了较为系统的社会学研究。课题组人员深入中小学课堂进行现场观察，当时更多地采用"结构化观察"的方法，即以记录课堂教学过程中的分类行为频次为主要手段，呈现教师与学生的课堂言语行为类型、角色类型、课堂交往的结构与过程，并建构出课堂教学的社会学模式。③

4. 课程社会学研究的开展

国内学界对课程社会学问题的关注始于 20 世纪 90 年代初。

---

① 董泽芳：《家庭环境对学业成功的影响——对 1991 中国数学奥林匹克竞赛选手家庭环境的调查与分析》，载《教育研究与实验》，1991(2)。

② 吴康宁：《教会选择：面向 21 世纪的我国学校道德教育的必由之路——基于社会学的反思》，载《华东师范大学学报(教育科学版)》，1999(3)。

③ 相应研究成果主要有：吴永军：《社会学化课堂教学研究的新趋势》，载《教育评论》，1991(1)。吴永军：《课堂教学的若干社会学分析》，载《南京师大学报(社会科学版)》，1992(2)。吴永军、吴康宁、程晓樵：《课堂教学中的社会因素》，载《南京师大学报(社会科学版)》，1993(2)。吴康宁、程晓樵、吴永军：《课堂教学中的角色类别及其主要特征》，载《南京师大学报(社会科学版)》，1993(3)。程晓樵、吴康宁、吴永军：《课堂教学中的社会互动》，载《教育评论》，1994(2)。吴康宁、程晓樵、吴永军等：《教师课堂角色类型研究》，载《教育研究与实验》，1994(4)。吴永军、吴康宁、程晓樵等：《我国小学课堂交往时间构成的社会学分析》，载《上海教育科研》，1995(5)。程晓樵、吴康宁、吴永军等：《教师课堂交往行为的对象差异研究》，载《教育评论》，1995(2)。程晓樵、吴康宁、吴永军等：《学生课堂交往行为的主体差异研究》，载《南京师大学报(社会科学版)》，1995(3)。刘云杉、吴康宁、程晓樵等：《学生课堂言语交往的社会学研究》，载《南京师大学报(社会科学版)》，1995(4)。吴康宁、程晓樵、吴永军等：《教学的社会学模式初探》，载《教育研究》，1995(7)。吴康宁、程晓樵、吴永军等：《课堂教学的社会学研究》，载《教育研究》，1997(2)。伍宁(吴康宁笔名)：《课堂教学时空构成的若干社会学分析》，载《教育研究与实验》，1996(2)。吴永军：《试论课堂教学中知识的社会建构》，载《教育理论与实践》，1995(5)。吴永军：《教学过程中潜在课程的若干分析》，载《上海教育科研》，1995(10)。吴永军：《课堂教学中文化冲突的社会学分析》，载《现代教育论丛》，1997(6)。吴永军：《课堂教学中文化结构的社会学分析》，载《上海教育科研》，1998(4)。吴永军：《课堂文化生成的社会学分析》，载《江西教育科研》，1998(1)。吴康宁：《课堂教学社会学》，南京，南京师范大学出版社，1999。

1992 年，应《华东师范大学学报（教育科学版）》的邀请，美国著名教育社会学家阿普尔，也即批判取向的教育社会学研究代表人物，发表了《国家权力和法定知识的政治学》一文①，这对我国当时正在酝酿中的课程社会学研究产生了较大影响。同年，吴永军撰文《当代西方课程社会学概览》，发表于《国外社会科学》，对西方课程社会学研究的主要理论范式进行了较为全面的梳理与介绍。② 1995 年，吴康宁、吴永军发表《历史人物在历史课本中的地位沉浮——我国两套初中〈中国历史〉课本所载"重点人物"的比较研究》③，该文可被看作国内课程社会学研究领域较早开展的一项具体研究。另外一项在此领域较早开展的研究是朱晓斌于 1994 年发表的《从我国三种小学语文课本看儿童性别角色的社会化——兼与美国一种阅读课本的比较》一文。④

1994 年，南京师范大学吴永军在鲁洁的指导下完成了其博士学位论文——《课程的社会学研究》⑤，最早在课程社会学领域开展了较为系统的探讨。以该学位论文为基础，吴永军于 1999 年出版了其《课程社会学》一书。⑥ 该书内容包括课程社会学研究概述、当代西方课程社会学研究述评、社会系统与课程、课程内容的社会学分析、课程结构的社会学分析、课程授受的社会学分析、课程评价的社会学分析、课程现代化的社会学分析。

在课程社会学研究领域真正颇具规模的较为深入系统的研究当

---

① ［美］M. W. 阿普尔：《国家权力和法定知识的政治学》，马和民译，载《华东师范大学学报（教育科学版）》，1992(2)。

② 吴永军：《当代西方课程社会学概览》，载《国外社会科学》，1992(10)。

③ 吴康宁、吴永军：《历史人物在历史课本中的地位沉浮——我国两套初中〈中国历史〉课本所载"重点人物"的比较研究》，载《南京师大学报（社会科学版）》，1995(2)。

④ 朱晓斌：《从我国三种小学语文课本看儿童性别角色的社会化——兼与美国一种阅读课本的比较》，载《教育研究》，1994(10)。

⑤ 吴永军：《课程的社会学研究》，博士学位论文，南京师范大学，1994。

⑥ 吴永军：《课程社会学》，南京，南京师范大学出版社，1999。

推吴康宁带领的"课程的社会学研究"课题组始于 1996 年的研究。
1997—2002 年，该课题组先后发表了 20 余篇关于我国中小学课程领域的颇具深度的研究论文，其成果集中体现于由吴康宁主编的《课程社会学研究》①一书。

5. 班级社会学研究的深化与论争

1998—2000 年，在班级社会学领域内，谢维和与吴康宁两位学者就班级的社会属性展开的论争②，被视为这个时期教育社会学研究的一大亮点。具体内容将在第三章予以呈现。

(三)教育社会学理论体系的建构与分支领域性研究成果的出现

90 年代后期至世纪之交是教育社会学理论体系性专著的集中出现期。按出版时间的先后顺序，该类著作主要有：傅松涛著的《教育社会学新论》，吴康宁著的《教育社会学》，马和民、高旭平著的《教育社会学研究》，谢维和著的《教育活动的社会学分析——一种教育社会学的研究》。这些教育社会学专著已与 1990 年前后出版的教育社会学教材不同，其功能不限于教材，而在更大程度上是学术专著，是学者个人学术研究的结晶，是对教育社会学理论体系的自觉建构。

傅松涛著的《教育社会学新论》一书力求建构一个逻辑严谨、结构严密的教育社会学新体系。全书以"教育社会"为核心范畴，按教育社会的结构、运行和功能的客观原貌与辩证关系来展开研究和组织全书，初步实现了教育社会学的对象、内容和体例在事实结构、思维结构、理论结构以及表述结构上的内在统一。③

吴康宁著的《教育社会学》一书以"立足中国国情，理清基本问

---

① 吴康宁：《课程社会学研究》(新世纪版)，南京，江苏教育出版社，2004。
② 谢维和：《班级：社会组织还是初级群体》，载《教育研究》，1998(11)。吴康宁：《教育社会学视野中的班级：事实分析及其价值选择——兼与谢维和教授商榷》，载《教育研究》，1999(7)。谢维和：《论班级活动中的管理主义倾向——兼答吴康宁教授的商榷文章》，载《教育研究》，2000(6)。
③ 傅松涛：《教育社会学新论》，前言 4 页，保定，河北大学出版社，1997。

题；选择借鉴国外，展示学术前沿；把握学科特点，揉合理论、实证"①为著述原则，以作为一种社会子系统的教育系统所受的外部社会制约、其自身的结构与过程、其对外部社会的影响为结构主线，建构起了教育社会学的学科框架体系。该书力求克服教育社会学界同时存在的"洋云亦云"与"封闭式乡土化"两种倾向，以及教育社会学发展中长期存在的"无实证的理论"与"无理论的实证"两种偏向。该书所用大量实证材料中相当一部分是作者独自进行以及与他人合作进行的实证研究之成果，也有不少是作者对他人的实证研究成果加以二次分析之结果，二者均是长期研究成果的结晶。②

马和民、高旭平著的《教育社会学研究》一书以"教育社会学的本土化"或"教育社会学的中国化"为核心指向，注重抓住当前社会中突出的、重大的、与教育实践密切相关的问题，立足于对学科的基本研究领域中各个主题的把握，追求研究的学术性，对教育社会学研究的发展脉络及重要主题进行了系统的梳理与探索。③

谢维和著的《教育活动的社会学分析——一种教育社会学的研究》一书把教育活动作为教育社会学的基本研究对象，指出，按照教育社会学的研究视野和研究角度，所有的教育现象、教育过程、教育形式，以及各种各样的教育模式和组织形态等，都可被看成教育活动的不同形式，或者说，是教育活动在不同层次和不同条件下的表现。并且，该书力图在对社会学分析方式进行把握的基础上，在社会科学领域内实现跨学科的多角度分析。由此，该书对教育社会学的框架体系进行了较为独到的阐发与构建。④

① 吴康宁：《教育社会学》，前言 1 页，北京，人民教育出版社，1998。
② 吴康宁：《教育社会学》，前言 1～3 页，北京，人民教育出版社，1998。
③ 马和民、高旭平：《教育社会学研究》，前言 1～3 页，上海，上海教育出版社，1998。
④ 谢维和：《教育活动的社会学分析——一种教育社会学的研究》，导言 1～5 页，北京，教育科学出版社，2000。

　　至 90 年代末，学术专著形式的教育社会学分支领域性研究成果出现。自 1999 年开始，由鲁洁、吴康宁主编的《教育社会学丛书》在南京师范大学出版社陆续出版，包括吴康宁主编的《课堂教学社会学》①、吴永军著的《课程社会学》②、缪建东著的《家庭教育社会学》③、刘云杉著的《学校生活社会学》④。除了《课堂教学社会学》一书是著作者所主持课题之研究成果的集中体现以外，另外三部著作皆是在著作者博士学位论文的基础上完成的，体现着他们在各自领域的研究积淀与学术创新。在此之前，1998 年，由鲁洁主持完成的《德育社会学》⑤一书由福建教育出版社出版，是其所主持课题之研究成果的集中呈现，已拉开了分支领域性教育社会学研究成果出版的序幕。当然，在此之前，已有两部以"班级社会学"来命名的著作分别见于 1990 年⑥和 1996 年⑦，但它们所体现的教育社会学研究色彩相对较弱。

　　20 世纪 90 年代，教育社会学研究基本是在教育学专业研究领域中展开的，社会学研究领域尚非常少有对教育社会学问题的关注。这是教育社会学本土化研究开展与积淀的重要时期，教育社会学研究逐步走向了成熟，并为 21 世纪教育社会学研究的发展与繁荣奠定了基础，为教育社会学研究活力的喷发蓄积了强大力量。

## 第四节　教育社会学学科的进一步发展与繁荣（2000 年至今）

　　进入 21 世纪以来，中国的教育社会学可谓取得了长足的发展与

---

① 吴康宁：《课堂教学社会学》，南京，南京师范大学出版社，1999。
② 吴永军：《课程社会学》，南京，南京师范大学出版社，1999。
③ 缪建东：《家庭教育社会学》，南京，南京师范大学出版社，1999。
④ 刘云杉：《学校生活社会学》，南京，南京师范大学出版社，2000。
⑤ 鲁洁：《德育社会学》，福州，福建教育出版社，1998。
⑥ 唐迅：《班级社会学引论》，南京，南京大学出版社，1990。
⑦ 吴立德：《班级社会学概论》，成都，四川大学出版社，1996。

进步，呈现出了日趋繁荣的景象。这体现在学科基本建设、主要研究的开展以及学科元研究的深化等诸多方面。

## 一、学科基本建设方面的发展

### （一）专业人员队伍及研究力量的日趋壮大

如前所述，恢复重建后的教育社会学，其学科建制至 1991 年前后已在教育学的学科体制之内较为完整地确立起来。教育社会学在 20 世纪 90 年代经过了较为稳步的发展，其相关人才培养工作也稳步推进。进入 21 世纪以后，毕业于教育社会学方向的研究生逐步成为专业队伍的中坚力量。在学术再生产机制的作用之下，进入教育社会学专业领域的研究人员呈现出以几何级数增长的态势。以南京师范大学、华东师范大学、北京师范大学、华中师范大学等为代表的几所较为重要的传统型师范大学，始终是教育社会学研究及人才培养的重镇。随着专业力量的扩散，以及教育学学科布局的扩展，教育社会学的专业力量逐步扩散到更多的高校，当然，并不局限于传统的师范院校，而是逐渐扩展到综合性大学，尤其是一些高水平的综合性大学（如北京大学、清华大学、南京大学、复旦大学等），乃至一些专业特色鲜明的大学（如中央民族大学等）。

吴康宁曾这样描述南京师范大学在教育社会学学科专业人员队伍的培养与辐射方面所发挥的作用（从 20 世纪 90 年代中后期至 2008 年底）："仅以南京师大为例，就已培养出教育社会学方向的博士 25 人，硕士 31 人，出站博士后 4 人。其中，博士与博士后已分布在京、辽、吉、鲁、鄂、湘、陕、渝、桂、苏等十多个省、市、自治区，活跃在北京大学、北京师大、东北师大、华中师大、陕西师大、沈阳师大、广西师大、江苏省教育科学研究院、南京师大等二十多所高等院校及科研机构。"①这只是截至 2008 年底的人才培养状况，考虑到最近 10 年来研究生培养规模的逐步加大，若是截至今天，上述统计数据至少会翻倍。另外，据北京师范大学杜亮的统计："以北京师范大学为例，自 2000 年以来，共计毕业教育社会学方向的博士 35 人，硕士 176 人。"②教育社会学专业人员队伍的逐年壮大也可通过中国教育学会教育社会学专业委员会历届学术年会的参会人数体现出来，参会人数在 90 年代时为三四十人，至 21 世纪初增加到 60 人，而到 2018 年时则增加到 300 人。

此外，教育社会学研究力量的壮大并不止于教育学科领域。进入 21 世纪以来，教育问题越来越多地引起社会学专业研究领域的关注，相关研究主要集中在以下几个方面：一是对教育与社会分层关系问题、教育机会均等问题的研究，如刘精明③、李春玲④、李煜⑤、吴晓刚⑥等人开展的相关研究；二是对农村教育发展及农民工子女教育问题的研究，如熊春文⑦、叶敬忠⑧等人开展的相关研究；

① 吴康宁：《我国教育社会学的三十年发展(1979—2008)》，载《华东师范大学学报(教育科学版)》，2009(2)。

② 杜亮：《改革开放 40 年中国教育社会学学科发展》，中国教育学会教育社会学专业委员会第十五届学术年会会议论文，南京，2018。

③ 刘精明：《国家、社会阶层与教育：教育获得的社会学研究》，北京，中国人民大学出版社，2005。刘精明：《扩招时期高等教育机会的地区差异研究》，载《北京大学教育评论》，2007(4)。刘精明：《中国基础教育领域中的机会不平等及其变化》，载《中国社会科学》，2008(5)。

④ 李春玲：《社会政治变迁与教育机会不平等——家庭背景及制度因素对教育获得的影响(1940—2001)》，载《中国社会科学》，2003(3)。

⑤ 李煜：《制度变迁与教育不平等的产生机制——中国城市子女的教育获得(1966—2003)》，载《中国社会科学》，2006(4)。

⑥ 吴晓刚：《1990—2000 年中国的经济转型、学校扩招和教育不平等》，载《社会》，2009(5)。

⑦ 熊春文：《"文字上移"：20 世纪 90 年代末以来中国乡村教育的新趋向》，载《社会学研究》，2009(5)。熊春文：《再论"文字上移"：对农村学校布局调整的近期观察》，载《中国农业大学学报(社会科学版)》，2012(4)。熊春文、史晓晰、王毅：《"义"的双重体验——农民工子弟的群体文化及其社会意义》，载《北京大学教育评论》，2013(1)。

⑧ 叶敬忠：《作为治理术的中国农村教育》，载《开放时代》，2017(3)。

三是从社会理论的角度对经典教育思想的解读及对教育根本性问题的思考，如渠敬东①的相关研究。

（二）教育社会学研究机构与交流平台的创立

随着教育社会学研究力量的日趋壮大，以及教育社会学学科地位的逐步提升，一些专门性研究机构成立起来。北京大学于 2006 年 3 月在中国社会与发展研究中心下成立了"教育社会学研究所"，南京师范大学于 2006 年 10 月成立"教育社会学研究中心"，北京师范大学于 2013 年 7 月正式成立"中国民族教育与多元文化研究中心"。

在教育社会学的专业交流平台方面，除了成立于 20 世纪 90 年代初的分别属于中国教育学会和中国社会学会的两个教育社会学专业委员会（研究会）定期开展的学术年会之外，一些有影响的教育社会学论坛（国际会议）也相继举办。北京大学中国社会与发展研究中心于 2006 年 3 月 18—19 日举办了"北京大学首届教育社会学国际研讨会"，来自英国、美国、中国海峡两岸暨香港地区的学者就经济全球化背景下的教育改革、农村教育、民族教育、教育平等以及学科发展等多方面的研究问题进行了广泛交流。北京师范大学教育学院于 2007 年 11 月 16—18 日举办了"北京师范大学首届教育社会学论坛"，该论坛以"和谐社会与教育公平""教育社会学的新视野"为主题，来自教育学、社会学、人类学等学科的 100 余位专家学者就教育公平与学校教育、教育人类学与民族教育、农村教育与农民工子女教育等问题展开交流和探讨。由北京大学中国社会与发展研究中心主办的"北京大学第二届教育社会学国际研讨会"于 2012 年 7 月 7—8 日举行，来自日本以及中国海峡两岸暨香港地区的 30 余位学者

---

① 渠敬东：《卢梭对现代教育传统的奠基》，载《北京大学教育评论》，2009(3)。渠敬东、王楠：《自由与教育：洛克与卢梭的教育哲学》，载《北京大学教育评论》，2013(1)。渠敬东：《父道与母爱——裴斯泰洛齐教育思想中的政治与宗教基础》，载《北京大学教育评论》，2017(1)。

借助会议提供的跨学科、跨地区和国界、跨文化的学术平台，做了精彩的学术报告并展开了热烈的学术讨论，会议的主题包括三个方面：教育社会学的理论、方法与应用；民族教育与文化认同；高等教育研究的国际视野与最新动向。2013 年 12 月 6—7 日，"北京师范大学第二届教育社会学论坛"举办，论坛主题是"教育改革——中国问题与中国经验"，来自台湾地区教育社会学学会代表团、南京大学、吉林大学、清华大学、北京大学、中央民族大学、广西师范大学等的 100 余位学者参加了此次论坛。北京师范大学教育社会学论坛至 2019 年已举办四届。

(三)教育社会学研究两岸及国际交流机制的建立

进入 21 世纪以后，中国大陆与台湾地区的教育社会学研究建立起了较为稳定的学术界交流机制，学术交流活动日渐增多，两岸互派学者参会、讲学，相互砥砺合作，共同促进了中国教育社会学的繁荣。自 2000 年起，中国教育学会教育社会学专业委员会与台湾地区教育社会学学会共同商定互派代表团参加专业学术年会，此后双方学术交流不断。台湾地区教育社会学学者陈伯璋、李锦旭、张建成、姜添辉等人多次到南京师范大学、北京师范大学等高校讲学。2016 年起，台湾地区教育社会学学会前理事长姜添辉正式受聘于郑州大学，任该校教育学院首席教授。

在国际交流方面，我国与日本、美国、英国等国家在教育社会学领域的学术交流也逐渐拓展，并日渐常规化。近年来每届中国教育学会教育社会学专业委员会学术年会以及一些教育社会学专题论坛或国际会议均邀请海外学者参与，且已经逐渐与日本教育社会学学会形成固定的年会交流机制，相互派员参加各自举办的学术会议，极大地密切了教育社会学界的同行交流。

我国同教育社会学发达的国家之间在教育社会学研究总体水准上的差距在逐步缩小。这种缩小的态势在进入 21 世纪后开始逐渐清楚地显现出来。2006 年与 2007 年举办的两次国际研讨会可为例证。
（一次是 2006 年 3 月 18—19 日举办的"北京大学首届教育社会学国
际研讨会"，另一次是 2007 年 11 月 16—18 日举办的"北京师范大学
首届教育社会学论坛"。）从某种意义上说，这两次会议意味着中国教
育社会学界与国际学术同行的对话和交流不再局限于学者个人，而
是开始有群体行动。

　　此外，一些高校尝试引进更多的国外学者前来开展一些常规性
工作，如讲学、交流乃至实质参与教学科研等。英国知名教育社会
学家麦克·扬、杰夫·惠迪，美国知名教育社会学家阿普尔等多次
受邀到访中国，并在华东师范大学、北京师范大学、南京师范大学、
北京大学、清华大学等高校开展了一系列讲座。2014—2017 年，北
京师范大学聘请保罗·威利斯来校任教，参与教育社会学方向常规
的教学、科研和学生培养等工作。东北师范大学近年来则聘请美国
知名批判教育社会学家彼得·麦克拉伦担任"东师学者讲座教授"，
并定期为学生开设"国际名家论教育"课程。所有这些举措促进了中
外教育社会学研究之间的对话与交流，也大大地提高了中国教育社
会学学科的国际化水平。

　　（四）国外教育社会学专业文献的翻译出版

　　2000 年之后，国外教育社会学专著的翻译出版明显出现增多、加
快的势头。其中，尤以由袁振国、谢维和、徐辉、张斌贤主编，由华
东师范大学出版社从 2001 年起出版的《影响力教育理论译丛》最具规
模，收入该译丛的国外教育社会学著作有：美国教育社会学家阿普尔
的《意识形态与课程》①、《官方知识——保守时代的民主教育》②、《教

---

　　①　［美］迈克尔·W. 阿普尔：《意识形态与课程》，黄忠敬译，上海，华东师范大学出
版社，2001。
　　②　［美］迈克尔·阿普尔：《官方知识——保守时代的民主教育》，曲囡囡、刘明堂译，
上海，华东师范大学出版社，2004。

科书政治学》①、《国家与知识政治》②、《被压迫者的声音》③、《教育与权力》④、《教育的"正确"之路——市场、标准、上帝和不平等》(第 2版)⑤、《教育能够改变社会吗?》⑥等系列著作,巴西著名批判教育理论家保罗·弗莱雷的《被压迫者教育学》⑦,当代批判教育理论的代表人物、美国教育社会学家亨利·A. 吉罗克斯(吉鲁)的《跨越边界——文化工作者与教育政治学》⑧,英国著名教育社会学家麦克·扬的《知识与控制——教育社会学新探》⑨和《未来的课程》⑩,英国教育社会学家艾沃·F. 古德森的《环境教育的诞生:英国学校课程社会史的个案研究》⑪,英国教育社会学家斯蒂芬·鲍尔的《政治与教育政策制定——政策社会学探索》⑫,美国新制度主义教育社会学学者约翰·古得莱得

---

① 　[美]M. 阿普尔、[美]L. 克丽斯蒂安-史密斯:《教科书政治学》,侯定凯译,上海,华东师范大学出版社,2005。

② 　[美]W. 阿普尔等:《国家与知识政治》,黄忠敬、刘世清、王琴译,上海,华东师范大学出版社,2007。

③ 　[美]迈克尔·W. 阿普尔:《被压迫者的声音》,罗燕、钟南等译,上海,华东师范大学出版社,2008。

④ 　[美]迈克尔·W. 阿普尔:《教育与权力》,曲因因、刘明堂译,上海,华东师范大学出版社,2008。

⑤ 　[美]迈克尔·W. 阿普尔:《教育的"正确"之路——市场、标准、上帝和不平等》(第 2 版),黄忠敬、吴晋婷译,上海,华东师范大学出版社,2008。

⑥ 　[美]迈克尔·W. 阿普尔:《教育能够改变社会吗?》,王占魁译,上海,华东师范大学出版社,2014。

⑦ 　[巴西]保罗·弗莱雷:《被压迫者教育学》(30 周年纪念版),顾建新、赵友华、何曙荣译,上海,华东师范大学出版社,2001。

⑧ 　[美]亨利·A. 吉罗克斯:《跨越边界——文化工作者与教育政治学》,刘惠珍、张弛、黄宇红译,上海,华东师范大学出版社,2002。

⑨ 　[英]麦克·F.D. 扬:《知识与控制——教育社会学新探》,谢维和、朱旭东译,上海,华东师范大学出版社,2002。

⑩ 　[英]麦克·扬:《未来的课程》,谢维和、王晓阳等译,上海,华东师范大学出版社,2003。

⑪ 　[英]艾沃·F. 古德森:《环境教育的诞生:英国学校课程社会史的个案研究》,贺晓星、仲鑫译,上海,华东师范大学出版社,2001。

⑫ 　[英]斯蒂芬·鲍尔:《政治与教育政策制定——政策社会学探索》,王玉秋、孙益译,上海,华东师范大学出版社,2003。

的《一个称作学校的地方》①，唐娜·伊·玛茜的《学校和课堂中的改革与抗拒——基础学校联合体的一项人种志考察》②，以及美国教育社会学学者莫琳·T. 哈里楠的《教育社会学手册》③，等等。

这一时期由其他出版社翻译出版的国外教育社会学重要专著还有：英国教育社会学家杰夫·惠迪等的教育政策社会学著作《教育中的放权与择校：学校、政府和市场》④，北美批判教育理论代表性著作《社会理论与教育：社会与文化再生产理论批判》⑤，亨利·A. 吉鲁的《教师作为知识分子——迈向批判教育学》⑥，英国文化社会学学者保罗·威利斯的《学做工：工人阶级子弟为何继承父业》⑦，英国著名教育社会学家巴兹尔·伯恩斯坦的《教育、符号控制与认同》⑧，美国批判教育社会学代表人物伊万·伊利奇的经典著作《去学校化社会》⑨，等等。

另外，一些社会理论大师的堪称在教育社会学领域的经典性著

---

① ［美］约翰·I. 古得莱得：《一个称作学校的地方》，苏智欣、胡玲、陈建华译，上海，华东师范大学出版社，2006。

② ［美］唐娜·伊·玛茜、［美］帕特里克·杰·麦奎兰：《学校和课堂中的改革与抗拒——基础学校联合体的一项人种志考察》，白芸等译，上海，华东师范大学出版社，2005。

③ ［美］莫琳·T. 哈里楠：《教育社会学手册》，傅松涛、孙岳、谭斌等译，华东师范大学出版社，2004。

④ ［英］杰夫·惠迪、［英］萨莉·鲍尔、［英］大卫·哈尔平：《教育中的放权与择校：学校、政府和市场》，马忠虎译，北京，教育科学出版社，2003。

⑤ ［加拿大］雷蒙德·艾伦·蒙罗、［美］卡洛斯·阿尔伯特·托雷斯：《社会理论与教育：社会与文化再生产理论批判》，宇文利译，上海，上海人民出版社，2012。

⑥ ［美］亨利·A. 吉鲁：《教师作为知识分子——迈向批判教育学》，朱红文译，北京，教育科学出版社，2008。

⑦ ［英］保罗·威利斯：《学做工：工人阶级子弟为何继承父业》，秘舒、凌旻华译，南京，译林出版社，2013。

⑧ ［英］巴兹尔·伯恩斯坦：《教育、符号控制与认同》，王小凤、王聪聪、李京等译，北京，中国人民大学出版社，2016。本书引用的资料中，有采用"巴西尔·伯恩斯坦"这一译名的情况。

⑨ ［美］伊万·伊利奇：《去学校化社会》，吴康宁译，北京，中国轻工业出版社，2017。

作也在这一时期出版，如法国社会学思想大师同时也是教育社会学的重要开创者涂尔干的《道德教育》(含《教育与社会学》)①、《教育思想的演进》②，法国当代社会理论家福柯的《规训与惩罚：监狱的诞生》③，法国当代社会学家也是教育社会学家的布尔迪厄的《再生产——一种教育系统理论的要点》④、《继承人——大学生与文化》⑤、《国家精英——名牌大学与群体精神》⑥，美国社会学家柯林斯的《文凭社会：教育与分层的历史社会学》⑦等。这些专著对进入 21 世纪以来我国教育社会学理论的发展产生了相当深远的影响。

　　进入 21 世纪以来，翻译出版的国外教育社会学教材主要有：美国珍妮·H. 巴兰坦的《教育社会学：一种系统分析法》(第 5 版)⑧及其与弗洛伊德·M. 海默克合著的《教育社会学——系统的分析》(第 6 版)⑨，美国丹尼尔·U. 莱文和瑞依娜·F. 莱文的《教育社会学》

---

①　[法]爱弥尔·涂尔干：《道德教育》，陈光金、沈杰、朱谐汉译，上海，上海人民出版社，2001。

②　[法]爱弥尔·涂尔干：《教育思想的演进》，李康译，上海，上海人民出版社，2003。

③　[法]米歇尔·福柯：《规训与惩罚：监狱的诞生》，刘北成、杨远婴译，北京，生活·读书·新知三联书店，1999。

④　[法]P. 布尔迪约、[法]J.-C. 帕斯隆：《再生产——一种教育系统理论的要点》，邢克超译，北京，商务印书馆，2002。本书引用的布尔迪厄的相关文献，有的采用"布尔迪约""布尔迪厄"等译名。除引文、注释和参考文献外，本书在行文中统一使用"布尔迪厄"这一译名。

⑤　[法]P. 布尔迪约、[法]J.-C. 帕斯隆：《继承人——大学生与文化》，邢克超译，北京，商务印书馆，2002。

⑥　[法]P. 布尔迪厄：《国家精英——名牌大学与群体精神》，杨亚平译，北京，商务印书馆，2004。

⑦　[美]兰德尔·柯林斯：《文凭社会：教育与分层的历史社会学》，刘冉译，北京，北京大学出版社，2018。

⑧　[美]珍妮·H. 巴兰坦：《教育社会学：一种系统分析法》(第 5 版)，朱志勇、范晓慧主译，南京，江苏教育出版社，2005。

⑨　[美]珍妮·H. 巴兰坦、[美]弗洛伊德·M. 海默克：《教育社会学——系统的分析》(第 6 版)，熊耕、王春玲、王乃磊译，北京，中国人民大学出版社，2011。

（第 9 版）①，澳大利亚 L. J. 萨哈的《教育社会学》②，等等。

（五）教育社会学研究著作的出版

进入 21 世纪以来我国教育社会学逐渐呈现出这样一种态势，即一方面继续努力开拓新的分支领域，另一方面尝试不同分支领域之间的贯通与融合。分别于 2003 年、2005 年开始推出的《现代教育社会学研究丛书》③（北京师范大学出版社出版）与《社会学视野中的教育丛书》④（南京师范大学出版社出版）便体现了编写者的这两种努力，尤其是后一种努力。于 2010 年推出的《中国教育改革的社会学

———————————

① ［美］丹尼尔·U. 莱文、［美］瑞依娜·F. 莱文：《教育社会学》（第 9 版），郭锋、黄雯、郭菲译，北京，中国人民大学出版社，2010。

② ［澳］L. J. 萨哈：《教育社会学》，刘慧珍译审，重庆，西南师范大学出版社，2011。

③ 该套丛书包括：马维娜：《局外生存：相遇在学校场域》，北京，北京师范大学出版社，2003。张行涛：《必要的乌托邦：考选世界的社会学研究》，北京，北京师范大学出版社，2003。郭华：《静悄悄的革命：日常教学生活的社会构建》，北京，北京师范大学出版社，2003。张义兵：《逃出束缚："赛博教育"的社会学解读》，北京，北京师范大学出版社，2003。王有升：《理想的限度：学校教育的现实建构》，北京，北京师范大学出版社，2003。楚江亭：《真理的终结：科学课程的社会学释义》，北京，北京师范大学出版社，2005。齐学红：《走在回家的路上：学校生活中的个人知识》，北京，北京师范大学出版社，2005。周润智：《力量就是知识：教师职业文化的生产与再生产》，北京，北京师范大学出版社，2005。马和民：《从"仁"到"人"：社会化危机及其出路》，北京，北京师范大学出版社，2006。刘云杉：《从启蒙者到专业人：中国现代化历程中教师角色演变》，北京，北京师范大学出版社，2006。

④ 该套丛书包括：胡金平：《学术与政治之间的角色困顿——大学教师的社会学研究》，南京，南京师范大学出版社，2005。庄西真：《国家的限度："制度化"学校的社会逻辑》，南京，南京师范大学出版社，2006。杨跃：《匿名权威与文化焦虑——大众培训的社会学研究》，南京，南京师范大学出版社，2006。周宗伟：《高贵与卑贱的距离——学校文化的社会学研究》，南京，南京师范大学出版社，2006。闫旭蕾：《教育中的"肉"与"灵"——身体社会学研究》，南京，南京师范大学出版社，2007。高水红：《共用知识空间：新课程改革行动案例研究》，南京，南京师范大学出版社，2008。程天君：《"接班人"的诞生——学校中的政治仪式考察》，南京，南京师范大学出版社，2008。刘猛：《意识形态与中国教育学：走向一种教育学的社会学研究》，南京，南京师范大学出版社，2008。庄西真：《权力的滞聚与流散：地方政府教育治理模式变革的研究》，南京，南京师范大学出版社，2008。石艳：《我们的"异托邦"——学校空间社会学研究》，南京，南京师范大学出版社，2009。王晋：《一个称作单位的学校——基于对晋东 M 中学的实地调研》，南京，南京师范大学出版社，2012。

研究丛书》①（广西师范大学出版社出版）则体现了对全新的研究领域——教育改革社会学——研究的拓展。这三套丛书均由吴康宁主编，体现了进入 21 世纪以来教育社会学研究领域的拓展与研究不断深化的历程，以及相对独到的理论言说风格、研究风格。

此外，一些专题性学术著作先后出版，如吴刚的《知识演化与社会控制——中国教育知识史的比较社会学分析》②，杨昌勇的《新教育社会学：连续与断裂的学术历程》③，余秀兰的《中国教育的城乡差异——一种文化再生产现象的分析》④，郑新蓉的《性别与教育》⑤，魏曼华等的《当代社会问题与青少年成长》⑥，杨东平的《中国教育公平的理想与现实》⑦，王有升的《理念的力量：基于教育社会学的思考》⑧，胡春光的《规训与抗拒：教育社会学视野中的学校生活》⑨，黄庭康的《批判教育社会学九讲》⑩，许甜的《从社会建构主义到社会

---

① 该套丛书包括：王海英：《常识的颠覆：学前教育市场化改革的社会学研究》，桂林，广西师范大学出版社，2010。彭拥军：《精英的合法性危机：高等教育改革的社会学研究》，桂林，广西师范大学出版社，2011。马维娜：《集体性知识：中国教育改革的社会学解释》，桂林，广西师范大学出版社，2011。齐学红：《在生活化的旗帜下：学校道德教育改革的社会学研究》，桂林，广西师范大学出版社，2011。杨跃：《"教师教育"的诞生：教师培养权变迁的社会学研究》，桂林，广西师范大学出版社，2011。周元宽：《情境逻辑：底层视阈中的大学改革》，桂林，广西师范大学出版社，2012。

② 吴刚：《知识演化与社会控制——中国教育知识史的比较社会学分析》，北京，教育科学出版社，2002。

③ 杨昌勇：《新教育社会学：连续与断裂的学术历程》，北京，中国社会科学出版社，2004。

④ 余秀兰：《中国教育的城乡差异——一种文化再生产现象的分析》，北京，教育科学出版社，2004。

⑤ 郑新蓉：《性别与教育》，北京，教育科学出版社，2005。

⑥ 魏曼华等：《当代社会问题与青少年成长》，福州，福建教育出版社，2005。

⑦ 杨东平：《中国教育公平的理想与现实》，北京，北京大学出版社，2006。

⑧ 王有升：《理念的力量：基于教育社会学的思考》，北京，教育科学出版社，2007。

⑨ 胡春光：《规训与抗拒：教育社会学视野中的学校生活》，武汉，华中师范大学出版社，2011。

⑩ 黄庭康：《批判教育社会学九讲》，北京，社会科学文献出版社，2017。

实在论：麦克·扬教育思想转向研究》①。这些著作显示着教育社会
学人在各个领域中的学术创新与研究积淀。

在这一时期，一些个人或研究团队的学术研究文集陆续出版，
共同助推着教育社会学研究局面的繁荣。将个人学术研究成果结集
的著作有：陈振中等的《社会学语境中的教育弱势现象》②，厉以贤
的《教育·社会·人：厉以贤教育文集》③，贺晓星的《教育·文本·
弱势群体——社会学的探索》④，钱民辉的《教育社会学研究：学
科·学理·学术》⑤。将研究团队成果结集的著作有：吴刚以研究生
课程中的主题研讨为基础主编的《教育社会学的前沿议题》⑥，钱民
辉以 2015 年北京大学举办的全国范围内首届教育社会学暑期学校中
的讲座及研讨为基础主编的《教育社会学专题研究选集：社会学视野
中的教育与现代性》⑦，高水红基于"教育改革的社会学研究"课题研
究成果主编的《社会学视角下的中国教育改革》⑧，以及南京师范大
学教育社会学研究中心基于教育社会学沙龙历年来的主题研讨所出
版的系列图书（至 2018 年底已出版三部）⑨。

---

① 许甜：《从社会建构主义到社会实在论：麦克·扬教育思想转向研究》，北京，清华大学出版社，2018。

② 陈振中等：《社会学语境中的教育弱势现象》，桂林，广西师范大学出版社，2007。

③ 厉以贤：《教育·社会·人：厉以贤教育文集》，北京，人民教育出版社，2010。

④ 贺晓星：《教育·文本·弱势群体——社会学的探索》，北京，中国社会科学出版社，2012。

⑤ 钱民辉：《教育社会学研究：学科·学理·学术》，北京，社会科学文献出版社，2014。

⑥ 吴刚：《教育社会学的前沿议题》，上海，上海教育出版社，2011。

⑦ 钱民辉：《教育社会学专题研究选集：社会学视野中的教育与现代性》，北京，人民日报出版社，2016。

⑧ 高水红：《社会学视角下的中国教育改革》，北京，教育科学出版社，2016。

⑨ 具体包括：吴康宁：《教育与社会：实践　反思　建构——博士沙龙百期集萃》，桂林，广西师范大学出版社，2008。胡金平：《教育与社会：阅读、思考、对话（2009—2012）》，南京，南京师范大学出版社，2016。贺晓星：《教育与社会：学科、记忆、梦想（2007—2012）》，南京，南京师范大学出版社，2016。

在教材编写方面，2001 年以来涌现出 10 多本教育社会学教材，其中主要有：钱扑的《教育社会学的理论与实践》①，马和民的《新编教育社会学》②，杨昌勇、郑淮的《教育社会学》③，钱民辉的《教育社会学——现代性的思考与建构》④和《教育社会学概论》⑤，董泽芳的《教育社会学》（修订本）⑥，徐瑞、刘慧珍的《教育社会学》⑦，等等。这些教材在基本内容体系方面是对 20 世纪 90 年代所形成体系的丰富与深化，尚未见有大的突破。

**二、主要研究的开展**

进入 21 世纪以来，我国的教育社会学研究呈现出以下几个方面的显著特点。

从研究视野方面来看，我国的教育社会学研究更为开放、包容。一是注重与社会理论研究的相互融通。教育社会学研究不再局限于传统的理论框架，而是积极地吸纳并运用社会理论研究的最新视界以反观教育问题，以此实现教育社会学研究的理论创新。与此同时，处于社会理论研究前沿的学者也开始关注并探讨教育问题，并能直指教育问题的本质。由此，教育社会学研究与社会理论研究实现了相互融通。二是更为注重与其他国家及地区教育社会学研究的交流与对话，将教育社会学研究置于更具全球性的学术话语体系之中，同时注重面向本土问题开展研究，以此实现教育社会学学术话语的创造性转换。

---

① 钱扑：《教育社会学的理论与实践》，南宁，广西教育出版社，2001。
② 马和民：《新编教育社会学》，上海，华东师范大学出版社，2002。
③ 杨昌勇、郑淮：《教育社会学》，广州，广东人民出版社，2005。
④ 钱民辉：《教育社会学——现代性的思考与建构》，北京，北京大学出版社，2004。
⑤ 钱民辉：《教育社会学概论》（第 2 版、第 3 版、第 4 版），北京，北京大学出版社，2010，2015，2017。
⑥ 董泽芳：《教育社会学》（修订本），武汉，华中师范大学出版社，2009。
⑦ 徐瑞、刘慧珍：《教育社会学》，北京，北京师范大学出版社，2010。

　　从研究主题方面来看，主题领域进一步拓展，与现实问题关系密切的宏观层面的研究受到更多关注。第一，教育公平问题以及社会阶层分化与教育的关系问题——比教育公平问题更具根本性——成为备受关注的问题；第二，现代化进程中的乡村教育处境、教育问题，以及城乡教育差异问题，引起关注；第三，教育改革本身成为教育社会学反思的主题；第四，随着对社会阶层分化与教育的关系问题的关注，家庭教育越来越进入教育社会学研究的核心视域；第五，针对教师与学校这二者的教育实践的社会学研究逐步展开。

　　从研究方法方面来看，研究方法的规范性日益受到强调，同时学者对研究方法的本土适切性也有了更深的反思与体认。一方面，基于大数据的量化研究逐渐成为一种主导性的研究范式，这尤其体现在主要于社会学研究领域就教育与社会分层、社会流动等的关系问题所进行的较大规模数据分析上。另一方面，尤其是在教育学研究领域，教育社会学研究越来越注重质性研究方法的使用，包括进行实地研究、人种志研究、叙事研究、观察访谈、文本分析等，并且更为注重深度的理论反思与理论建构。

　　以下从主要研究主题方面予以进一步的分析与呈现。

（一）教育公平问题成为教育社会学研究的重要主题

　　进入 21 世纪以来，教育公平问题研究开始成为教育社会学的一个重要领域。中国教育学会教育社会学专业委员会于 2002 年召开的第七届学术年会，其主题之一便是"社会变迁中的教育公平问题"。其后，教育公平研究日益增多，有分量的成果不时出现。不仅实证研究成果大量涌现，而且相关理论探讨也逐步走向深入。杨东平针对我国教育公平问题，从理论梳理、历史考察及实证分析三个层面入手，探析了如下具体问题：教育机会中的特权，教育资源分配的失衡，教育产业化与教育市场化导致的教育高收费与乱收费，高中教育机会获得中的经济资本、社会资本及文化资本等因素，高等教育入学机会的城乡差异、阶层差异等。① 董泽芳等人考察了高等教育公平观的演变，将"教育公平"看成一个与时俱变的历史范畴，探讨了处于急剧转型期的当下我国社会的教育公平观及相应的高等教育分流问题。② 谢维和等人则针对 20 世纪 90 年代到 21 世纪初我国教育发展的新情况与新特点，应用词频统计、理论减法、规范与实证相结合等多种方法，发现和说明了中国教育公平现象中不能为传统教育公平理论所完全解释的残余，提出并初步证明了在发展中国家的社会改革与转型过程中，教育发展在一定条件下会在某个时期内带来教育公平状况的恶化，而这同教育发展程度不高条件下的教育不公平在表现形态与主要层次上都存在差异。③

最近 10 余年来，教育公平问题持续成为社会关注的焦点，教育社会学对教育公平问题的探讨也进一步深入。南京师范大学教育社会学研究中心承担了"新教育公平的理论建构与实践探索"项目，其中，程天君对新教育公平的理念进行了阐发。他认为，教育公平观的变化，实质是"什么要平等"这一评估域的转换。自新中国成立以来，我国教育公平的评估域从强调关于政治、经济等方面的"社会"的片面需求逐渐转向侧重"人"的全面发展。当前，"效率优先，兼顾公平"的政策话语虽已让位于"更加注重社会公平，大力促进教育公平"，但"效率优先"的路径依赖与实践惯性依然强劲。新教育公平观旨在使以"人"为核心的评估域实现视角转换，主张从注重效率优先到强调公平正义，从注重教育公平的外延到关注教育公平的内涵。依靠发展、通过改革和增加创新，则是实现新教育公平的可行路径。④

① 杨东平：《中国教育公平的理想与现实》，北京，北京大学出版社，2006。
② 董泽芳、李晓波：《高等教育公平观与高等教育分流》，载《中国地质大学学报(社会科学版)》，2003(5)。
③ 谢维和、李乐夫、孙凤等：《中国的教育公平与教育发展(1990—2005)——关于教育公平的一种新的理论假设及其初步证明》，北京，教育科学出版社，2008。
④ 程天君：《新教育公平引论——基于我国教育公平模式变迁的思考》，载《教育发展研究》，2017(2)。

随着市场经济改革的深入推进，社会阶层分化的趋势日益明显，关于教育机会的社会阶层差异与城乡差异的研究日益受到关注。大量证验性研究相继开展。李春玲基于对 12 个省 73 个区县的抽样调查数据，描述与分析了 1978 年之前近 30 年与之后近 20 年我国教育机会分配形态的变化趋势，指出意识形态与政府相关政策的变动是导致教育机会分配方向发生变化的主要因素。[1] 刘精明基于全国人口普查等大型调查的数据，呈现了我国基础教育与高等教育领域中的机会不平等及其变化的事实，审视了国家、社会阶层和个人围绕资源与机会的分配权而在一个复杂社会关系模式中展开的各种竞争与合作，探讨了国家和社会阶层对教育平等、教育选择的影响方式。[2] 李煜基于一份全国性综合社会调查资料，提出了一种关于代际教育不平等传递的理论分析框架，强调教育不平等的产生机制、具体制度设计和社会状况背景这三者间的关系。[3]

城乡二元分割的体制是我国社会结构分化的重要特征，也是社会不平等的重要产生机制之一。城乡教育机会差异问题一直是教育社会学关注的焦点之一。城乡学生教育的不平等表现在诸多方面，如高等教育的区域、高等学校的类型和层次、专业类型的选择、学历层次的追求以及教育分流的结果等。[4] 影响因素有社会结构、制

---

[1] 李春玲：《社会政治变迁与教育机会不平等——家庭背景及制度因素对教育获得的影响(1940—2001)》，载《中国社会科学》，2003(3)。

[2] 刘精明：《国家、社会阶层与教育：教育获得的社会学研究》，北京，中国人民大学出版社，2005。刘精明：《扩招时期高等教育机会的地区差异研究》，载《北京大学教育评论》，2007(4)。刘精明：《中国基础教育领域中的机会不平等及其变化》，载《中国社会科学》，2008(5)。

[3] 李煜：《制度变迁与教育不平等的产生机制——中国城市子女的教育获得(1966—2003)》，载《中国社会科学》，2006(4)。

[4] 张意忠、黄礼红：《城乡家庭的社会资本与高等教育需求关系实证分析》，载《国家教育行政学院学报》，2017(3)。杨宝琰、万明钢：《城乡社会结构变动与高中教育机会分配——基于甘肃 Q 县初中毕业教育分流的分析》，载《华东师范大学学报(教育科学版)》，2013(4)。

度变迁、市场转型和家庭背景等。城乡二元结构的存在，严重制约城乡教育的均衡发展，导致教育的不公平。[①] 我国不同历史时期的教育制度对教育不平等产生的影响不同。[②] 当下的高校招生考试制度对城乡学生高等教育入学机会差异的影响表现为类型结构和层次结构两大特征。[③] 重点中学制度和课外补习分别是计划经济时代、市场转型的产物，那些既没有足够的智力进入重点中学又没有足够的财力购买优质师资的学生更容易处于不平等的教育地位。[④] 家庭的经济资本、文化资本和社会资本都是影响学生高等教育入学机会的重要因素。[⑤] 农民工随迁子女遭遇的教育不平等体现在起点、过程和结果三方面。农民工随迁子女"入学门槛"的设置存在种类繁多、权重不一、随意性较大等问题，不同区域之间的"入学门槛"也存在显著差异。[⑥] 并且，农民工随迁子女在进入城市公立学校之后依然面临着诸如学业困难、人际交往不和谐等问题，造成了学校融入困境。[⑦] 流动儿童的学业失败是由其面对的弱势的家庭地位和强势的学校文化之间的冲突导致的，城乡二元结构造成的城乡教育差异、

① 李淼、王岩：《城乡二元结构下的社会分层与教育公平的相互影响》，载《理论与改革》，2010(4)。

② 李煜：《制度变迁与教育不平等的产生机制——中国城市子女的教育获得(1966—2003)》，载《中国社会科学》，2006(4)。

③ 罗立祝：《高校招生考试制度对城乡子女高等教育入学机会差异的影响》，载《高等教育研究》，2011(1)。

④ 庞圣民：《市场转型、教育分流与中国城乡高等教育机会不平等(1977—2008)兼论重点中学制度是否应该为城乡高等教育机会不平等买单》，载《社会》，2016(5)。

⑤ 金久仁：《家庭背景与教育获得的代际传递公平性研究》，载《教育学术月刊》，2009(2)。杜桂英：《家庭背景对我国高等教育入学机会的影响——基于2009年高校毕业生的调研报告》，载《国家教育行政学院学报》，2010(10)。

⑥ 雷万鹏、汪传艳：《农民工随迁子女"入学门槛"的合理性研究》，载《教育发展研究》，2012(24)。

⑦ 秦洁：《农民工子女学校融入困境解析——基于文化资本的视角》，载《基础教育》，2009(12)。

社会阶层差异是根本原因。①

有研究者对 1980—2008 年城乡学生高等教育机会的演变轨迹进行研究后发现，我国城乡学生高等教育机会的不平等长期存在，结构性差距凸显，优质高等教育机会更多被城市学生占据，这一现象在 1999 年高校扩招之后更加明显。② 从社会资本的视角来看，城市家庭的社会资本优于农村家庭，能够获得的社会资源和信息更多、更广。③ 从社会分层的视角来看，城乡二元结构加大了社会成员之间的贫富差距④，收入差距是导致教育不平等的重要因素⑤。

刘云杉等人以 1978—2005 年北京大学录取新生中的农村学生为对象，从身份、地域与资本的视角，分析了精英选拔的社会运行逻辑。他们彰显出国家精英选拔中的制度与文化、结构与秩序，进而质疑精英选拔用形式公正的贤能主义遮蔽了招生中繁复的权力因素，并指出精英养成中的文化资本缺失、文化链条断裂更为堪忧。⑥

针对中学阶段的相关研究表明，城乡之间的高中教育机会差别在数量上已不明显，性别之间仍存在数量上的差别，但在质量上，城乡之间和性别之间的差别都依然明显，优质教育资源倾向于城市孩子和男孩子。⑦

---

① 修路遥、高燕：《流动儿童教育公平问题的社会学分析》，载《河海大学学报（哲学社会科学版）》，2011(3)。

② 马宇航、杨东平：《城乡学生高等教育机会不平等的演变轨迹与路径分析》，载《清华大学教育研究》，2015(2)。

③ 张意忠、黄礼红：《城乡家庭的社会资本与高等教育需求关系实证分析》，载《国家教育行政学院学报》，2017(3)。

④ 李淼：《城乡二元结构下的社会分层因素和教育公平》，载《高教发展与评估》，2010(5)。

⑤ 宋善炎：《城乡教育不平等对收入分配影响的实证分析——以湖南省为例》，载《湖南师范大学社会科学学报》，2012(5)。

⑥ 刘云杉、王志明、杨晓芳：《精英的选拔：身份、地域与资本的视角——跨入北京大学的农家子弟(1978—2005)》，载《清华大学教育研究》，2009(5)。

⑦ 杨宝琰、万明钢：《城乡社会结构变动与高中教育机会分配——基于甘肃 Q 县初中毕业教育分流的分析》，载《华东师范大学学报（教育科学版）》，2013(4)。

还有研究表明，城乡教育的不平等不仅存在于家庭之间，在家庭内部共享着相同父母资源地位的兄弟姐妹之间也同样存在教育不平等，即家庭内部的教育不平等，而父母受教育程度和子女数量则是重要影响因素。[①]

余秀兰从城乡教育差异角度，考察我国教育中的文化再生产现象，而且主要讨论普通中小学教育中具有较深隐蔽性的文化再生产现象。她认为，从城乡教育差异来看，我国教育中存在着一定程度的文化再生产现象，它使大部分农村孩子被教育淘汰而返回农村，并最终形成两个封闭的循环圈：城市优势文化圈与农村劣势文化圈。所以，可以说教育中的文化再生产是强化我国城乡二元结构更隐蔽的文化因素。[②]

教育是农村学生实现社会流动和阶层跨越的重要途径。但当前农村学生通过高等教育实现的主要是生存性水平流动，地位性垂直流动非常微弱。与父辈相比，农村大学生并没有从根本上改变自己的命运，阶层地位仍然较低，出现了代际继承、代际复制的现象。教育社会分层功能的弱化也使部分农村学生做出弃考或辍学的选择。[③] 在高等教育的选择上，农村学生也表现出与城市学生不同的特点，他们在学历层次上的需求相对较低，对开展应用型人才培养的普通本专科高校需求强烈；重视专业本身，希望掌握一门技术，力图有谋生的本领。[④]

---

① 陈立娟：《城乡家庭内部教育不平等的影响机制与演变》，载《南京农业大学学报（社会科学版）》，2016(5)。
② 余秀兰：《中国教育的城乡差异——一种文化再生产现象的分析》，北京，教育科学出版社，2004。
③ 曹晶：《教育社会分层功能的失衡：转型期农村教育的主要危机》，载《教育科学》，2007(1)。王小红：《基于教育社会分层视角的农村学生社会流动与教育选择》，载《中国农业大学学报（社会科学版）》，2013(4)。
④ 张意忠、黄礼红：《城乡家庭的社会资本与高等教育需求关系实证分析》，载《国家教育行政学院学报》，2017(3)。

2012 年 1 月,《中国社会科学》刊登的《无声的革命:北京大学与苏州大学学生社会来源研究(1952—2002)》(简称《无声的革命》)一文引发媒体热议。该文考察了 1952—2002 年北京大学与苏州大学这两所国内一流大学学生的社会来源,结果发现,在这两所大学中,来自农村的学生和来自工农家庭的学生这二者的人数比例在明显上升后维持稳定,这说明一流大学的学生选择变得更加开放和平等化,作者称之为"无声的革命"。[①] 然而,2012 年 4 月 16 日,《中国青年报》刊登的《寒门子弟为何离一流高校越来越远》一文做出如下结论:"农村生源离一流大学越来越远是不争的事实"[②]。这场争论实际涉及对中国教育不平等趋势的总体判断:是否的确发生了一场"无声的革命",来推进教育机会分配越来越开放平等? 以往的研究证实,改革开放前的 30 年,家庭背景对教育机会的影响不断减弱,工农子弟的受教育机会明显增加。[③] 但是,改革开放以来,尤其是进入 21 世纪以来,这场"无声的革命"是否还在持续? 城乡教育不平等是弱化了还是强化了? 此外,这场争论还关注:进入一流大学——教育等级体系的象牙塔顶端——所遭遇的机会不平等,是否要比进入普通大学或其他较低层次教育机构所遭遇的机会不平等更严重? 权力因素是否在其中发挥了作用? 李春玲基于全国抽样调查数据,对"80后"的教育经历及教育机会不平等状况进行深入探讨,重点考察教育机会的城乡差距和阶层不平等,并回应由《无声的革命》一文所引发的争论,通过数据分析得出结论:尽管教育机会数量增长明显,但

---

① 梁晨、李中清等:《无声的革命:北京大学与苏州大学学生社会来源研究(1952—2002)》,载《中国社会科学》,2012(1)。

② 叶铁桥、田国垒:《寒门子弟为何离一流高校越来越远》,载《中国青年报》,2012-04-16。

③ 李春玲:《社会政治变迁与教育机会不平等——家庭背景及制度因素对教育获得的影响(1940—2001)》,载《中国社会科学》,2003(3)。

城乡教育差距加剧、优质教育资源分配不均衡等问题依然存在。[①]

（二）现代化进程中的乡村教育处境与变迁研究

在过去的一个多世纪里，中国社会经历了从传统农业社会向现代工业社会乃至后工业社会的转型，这一现代化的进程在进入 21 世纪后进一步加速推进，并集中体现为城市化进程的加速。在此过程中，农村社会的发展变化在相当程度上体现着中国社会转型性变革（从传统社会转型为现代社会）的秘密，教育是其中的一种重要构成要素。进入 21 世纪后，中国社会经历着城镇化的快速推进，农村教育也经历着前所未有的大变局。对农村教育问题的关注，不仅仅出于对相对落后区域或社会弱势群体的关心，更蕴含着对从传统到现代的转型以及教育现代性自身这二者的深入思考，是对教育发展、社会发展乃至文明发展的一种自觉反观。因此，对农村教育发展变迁的关注理应是教育社会学研究的一个重要主题，并且这相对而言是更加具有中国本土特色的教育社会学研究。

对乡村学校的社会学反观在 20 世纪 90 年代后半期即已出现，如王铭铭对"教育空间的现代性与民间观念"的社会人类学分析[②]，李书磊对"文化变迁中的乡村学校"的描述与刻画[③]。进入 21 世纪以来，教育社会学在这方面的探讨逐步走向深入。

司洪昌通过对一所乡村学校的历史变迁过程及现状进行描述、分析，揭示出如下内容：处于村落之中的学校实际上处在村落规范、外部空间（如国家、政治等）等制造的紧张之中，其不仅仅是一种深入村落之中的国家力量；村落中的学校在很多方面延续着传统，显

---

① 李春玲：《"80 后"的教育经历与机会不平等——兼评〈无声的革命〉》，载《中国社会科学》，2014(4)。

② 王铭铭：《教育空间的现代性与民间观念——闽台三村初等教育的历史轨迹》，载《社会学研究》，1996(6)。

③ 李书磊：《村落中的"国家"——文化变迁中的乡村学校》，杭州，浙江人民出版社，1999。

示出一种在地色彩，而且直到现在依然处在本土与西洋、历史与现实、乡村与城市、国家与地方等多重张力的网络结构之中。他认为，学校在村落社会之中，逐渐占据了村落儿童所有的时空，对村落儿童生命史的影响日益明显，成为外部生活在村落社会中的拓殖，挤压了民间规范的存在空间。村民经受学校教育的历程，实际上是学校和民间规范为争夺主导权而进行斗争的过程。①

高水红从"时空"的视角分析并指出了城乡时空结构与学生符号系统之间的关系。乡村学生基于乡土社会循环的时间观形成了以"现在"为时间取向的"看"的世界，其符号表达感性、生动、具体，具有特殊性、罗列性和武断性；城市学生基于都市社会变化的时间观形成了以"未来"为时间取向的"想"的世界，其符号表达明确、理性、抽象，具有普遍性、系统性和逻辑性。两者的表达差异与思维差异将会影响相互之间的理解、交往和共处，更会让前者游离于社会转型的结构之外。② 在后续研究中，她通过考察乡村学校教育的变迁过程，揭示出学校如何通过各种制度设计完成对现代时空意识——"钟表时间意识"与"抽象化空间意识"的植入，从而排除了乡土时空意识——"生物时间意识"与"情境化空间意识"在现代乡村教育体系里存在的可能，并分析指出这使乡村学生在时空意识层面产生了潜在的冲突和紧张，以此反思乡村教育在自上而下的国家现代化进程中的问题与局限，指出乡土文化在教育现代性建构中可能的价值和出路。③

熊春文通过对始于 20 世纪 90 年代中后期的农村中小学布局大

① 司洪昌：《嵌入村庄的学校——仁村教育的历史人类学探究》，博士学位论文，华东师范大学，2006。
② 高水红：《学生符号世界的城乡区隔——时空的视角》，载《教育研究与实验》，2011(4)。
③ 高水红：《乡村学校教育变迁与时空意识的变革》，载《北京大学教育评论》，2012(4)。

调整进行深入分析，认为，我国农村教育发展所表现出的新进程不同于百年来以"文字下乡"为特征的教育现代化过程，而呈现出一个相反的"文字上移"的新趋向，这一进程与"村落的终结"同步，并比村落终结的速度更快。"文字上移""村落学校加速终结"是在人口因素、城乡关系、规模效益以及政策驱动等多重因素的综合影响下发生的。[①] 在后续研究中，他进而就农村学校布局调整的运行逻辑及其对几个关键社会群体的深度影响进行了分析。他发现，农民的离土趋向与政府的土地财政是驱动"文字上移"的双重动力；离土趋向与土地财政构成当前中国经济社会发展整体格局的一体两面，尽管国家出台了规范农村学校布局调整的相关意见，但"文字上移"在实践中的真正转折点还得依赖于中国经济社会发展的整体运行趋势。[②]

叶敬忠对"作为治理术的中国农村教育"进行了深度揭示，认为农村劳动力城乡流动造成的留守儿童和农村中小学布局调整引发的教育上移是中国目前农村教育中存在的两大主要问题。研究发现，结合劳动力城乡流动的政策设计与政策安排，教育已经成为能够理性地调节和配置农村人时间和空间的重要因素，影响着他们的生命过程，包括迁移、定居、工作和生活等方面。教育变成了对人施加影响的生命政治，是以城市化和工业化为特征的发展主义的治理术。农村中小学布局调整并非农村城镇化的必然结果，而恰恰是推动城镇化的重要手段，是追求以经济增长为核心的发展主义的战略安排。[③]

（三）教育改革的社会学研究

20世纪90年代中期之后，且主要是进入21世纪后，教育改革的社

---

① 熊春文：《"文字上移"：20世纪90年代末以来中国乡村教育的新趋向》，载《社会学研究》，2009(5)。

② 熊春文：《再论"文字上移"：对农村学校布局调整的近期观察》，载《中国农业大学学报(社会科学版)》，2012(4)。

③ 叶敬忠：《作为治理术的中国农村教育》，载《开放时代》，2017(3)。

会学研究开始在我国兴起；2006 年以来，教育改革的社会学研究出现较大发展。吴康宁认为，从社会学角度来研究中国教育改革，其面对的基础性问题便是：教育改革——谁的改革？当然，这一基础性问题是总体意义上的，在此之下至少可有三个基本问题：谁赞同教育改革(以怎样的程度)？谁参与教育改革(以怎样的互动)？谁从教育改革中获益(以怎样的方式)？第一个问题指向教育改革的社会基础，第二个问题聚焦于教育改革的博弈过程，第三个问题关注教育改革的人群效果。围绕这三个基本问题进行审视与分析，中国教育改革之"谜"能够被揭示出来。[1]

在吴康宁的主持下，中国教育改革的社会学研究系列成果自2010 年开始由广西师范大学出版社陆续出版。[2] 其涉及对学前教育、中小学教育、高等教育、教师教育、道德教育等诸多领域的教育改革所进行的实证分析与深入探讨。

教育改革的具体社会学研究将在本书第二章中被呈现。

(四)教育社会学学科元研究的深化

进入 21 世纪以来，随着教育社会学研究的日趋繁荣，对教育社会学学科自身问题的反思也逐步走向深化。

1. 对教育社会学学科发展历程的回顾与反思

自 2000 年以来，对教育社会学学科发展历程的回顾与反思逐渐出现并增多。2001 年，张人杰就中国教育社会学自恢复重建后 20 年的发展历程进行了系统回顾[3]；2001—2005 年，马和民等人每年都对中国教育社会学的学科发展进行梳理并撰写年度进展报告[4]；

---

①　吴康宁：《专题：教育改革的社会学分析——揭示"中国教育改革"之谜》，载《教育学报》，2011(4)。

②　该系列成果包括的具体书目详见本书正文 65 页注释①。

③　张人杰：《中国大陆教育社会学的二十年建设(1979——2000 年)》，载《华东师范大学学报(教育科学版)》，2001(2)。

④　马和民等：《教育社会学》(年度发展报告)，见叶澜：《中国教育学科年度发展报告》(2001、2002、2003、2004、2005)，上海，上海教育出版社，2002、2003、2004、2006、2007。

2003 年，杨昌勇、李长伟对我国教育社会学 20 年的发展进行了回顾与反思①，并首次对中国教育社会学的 30 年停滞进行了较为深入的分析②。2004 年，杜时忠等人发表文章来对我国教育社会学研究进行回顾与前瞻。③ 2006、2007 年，中国教育社会学研究空前活跃，钱民辉曾专门就这两年左右的教育社会学研究动向及主题做追踪与述评。④

董泽芳、张国强通过分析教育社会学重建以来的 18 本概论性著作认为，中国教育社会学研究具有以下特点：在研究范式上，功能论一直居于主导地位；在研究思路上，主要围绕教育与社会的关系而展开；在研究目的上，重"体系"构建；在研究方法上，以"定性"为主。就教材发展中所体现出的研究趋势来说，他们认为，目前教育社会学已由体系意识转向问题意识，在方法上由二元对立走向多元综合，在价值取向上则由价值中立走向批判参与、由只重学术使命到学术使命与社会使命并重。⑤

在改革开放 30 年之际，刘精明和吴康宁先后分别就我国教育社会学 30 年的发展进行了回顾与反思。刘精明重点就教育社会学的学科定位、学科自觉意识、学科知识体系及主要学术研究进行了一定的梳理。他认为，我国教育社会学的学科知识体系已经建立，其分支领域、分支学科的研究得到较快发展，教育社会学研究的三个主

---

① 杨昌勇、李长伟：《中国大陆教育社会学二十年：回顾与反思》，载《教育理论与实践》，2003(3)。

② 杨昌勇、李长伟：《中国大陆教育社会学三十年停滞沉沦之反思》，载《教育理论与实践》，2003(1)。

③ 杜时忠、卢旭：《我国教育社会学研究的回顾与前瞻》，载《高等教育研究》，2004(3)。

④ 钱民辉：《中国教育社会学研究的最新动向及评述》，中国教育学会教育社会学专业委员会第十届学术年会论文，桂林，2008；又载《北京大学学报(哲学社会科学版)》，2009(3)。

⑤ 董泽芳、张国强：《我国大陆教育社会学研究的特点与演变(1979—2005)——基于对教育社会学重建以来概论性著作的文本分析》，载《高等教育研究》，2007(7)。

要方面——注重实际问题的"规范性研究"、关于教育与社会分层的研究以及解释性教育社会学研究——都取得了较大成就，而具有独特学科性格、学科知识构型的系统性理论研究应是该学科未来发展的首要内容。① 作为中国教育社会学恢复重建以来重要的参与者和引领者，吴康宁审视了我国教育社会学开始学科重建时的基础，从"基本建设的开展"与"学术研究的进展"两个方面回顾了我国教育社会学 30 年的主要发展，并对"学科使命的担当""学科视角的确立""学科资源的选择"这三个缠绕于整个发展过程中的重要问题进行了讨论。②

进入 21 世纪后，中国社会发展的百年历程成为学术界反思的话题，教育学科的百年发展历程在教育学界也引起了自觉反思。侯怀银、王晋对 20 世纪中国教育社会学的学科建设进行了追溯，提出了我国教育社会学的发展必须解决的四个问题：教育社会学要利用"后发优势"，克服"后发劣势"；教育社会学要处理好与相关学科的关系；中国教育社会学学派的建立；中国教育社会学要有"开放意识"。③ 程天君也对中国教育社会学近百年发展历程中的"学科论"进行了梳理。④

在改革开放 40 年之际，杜亮对改革开放 40 年中国教育社会学的学科发展进行了较为系统的梳理，侧重于梳理每一个阶段教育社会学研究主题的变迁特点以及各个领域取得的重要研究进展。⑤

---

① 刘精明、张丽：《改革开放三十年来我国教育社会学的发展》，载《清华大学教育研究》，2008(6)。

② 吴康宁：《我国教育社会学的三十年发展(1979—2008)》，载《华东师范大学学报(教育科学版)》，2009(2)。

③ 侯怀银、王晋：《20 世纪中国学者对教育社会学学科建设的探索》，载《华东师范大学学报(教育科学版)》，2008(3)。

④ 程天君：《中国教育社会学"学科论"百年概要》，载《北京大学教育评论》，2011(4)。

⑤ 杜亮：《改革开放 40 年中国教育社会学学科发展》，中国教育学会教育社会学专业委员会第十五届学术年会会议论文，南京，2018。

　　另外，值得注意的是，从 2007 年起，对 1949 年之前我国教育社会学研究的梳理与反思连续出现。周勇以陶孟和为例分析了民国时期形成的中国教育社会学的学术文化与精神遗产①；胡金平分析了雷通群在中国教育社会学建设早期对教育社会学"中国化"的追求及对中国教育社会学学术传统的影响②；闫广芬等人对中国教育社会学的发端进行了全景式的追溯，从中国教育社会学产生时的"运命"、"译介与中国化并行"的研究特点、研究者群体所具有的多元知识视野与丰富教育实践，以及教育社会学发端的开拓之功与奠基之功等方面分析了中国教育社会学创生时的整体风貌，以期能为当今中国教育社会学的发展提供反思参照③。民国时期中国教育社会学的学术传统与精神遗产在学科恢复重建将近 30 年之后首次引起学界的真正关注，这无疑是中国教育社会学研究开始走向成熟的一个标志。近年来，肖朗、许刘英等人从学术史的角度对民国时期教育社会学的发展状况又进行了系统的梳理与追溯④，形成了一个独特的研究领域。

　　2. 对教育社会学学科面临困境与发展方向的探讨

　　教育社会学的"学科自觉"还体现在对学科困境的清醒认识以及对发展路向的探寻中。有学者撰文指出，当前教育社会学既遇到了前所未有的发展机遇，同时也面临一些重要的困境或问题，比如，如何确立新时期的学科使命，将专业化知识反思性地运用到对中国

---

①　周勇：《中国教育社会学的学术文化与精神遗产：以陶孟和为例》，载《华东师范大学学报（教育科学版）》，2007(3)。

②　胡金平：《论雷通群对教育社会学中国化问题的探讨》，载《教育学报》，2007(5)。胡金平：《雷通群与中国教育社会学的学术传统》，载《南京晓庄学院学报》，2008(2)

③　闫广芬、芷庆辉：《中国教育社会学的发端——一种知识社会学的视角》，载《河北师范大学学报（教育科学版）》，2008(5)。

④　相关研究列举如下：肖朗、许刘英：《陶孟和与中国大学教育社会学学科的发端》，载《高等教育研究》，2010(1)。许刘英：《近代中国教育社会学"本土化"的兴起、进展与实践——基于学术史的考察》，载《南京师大学报（社会科学版）》，2009(1)。

教育事实的研究中；如何摆脱目前学界存在的理论、概念、思想甚至问题意识均被"西化"的桎梏，根据中国社会与教育领域的重大变迁来建构有特色的教育社会学研究范式；教育理论与教育实践之间的关系如何，等等。此外，目前教育社会学研究缺少理论传统的传承，缺少持续性的研究规划，也妨碍着学术研究的进一步深入。[1]另有学者通过对研究方法的考察认识到"教育社会学一直陷于事实研究与想象研究、社会批判与社会建构、类型研究与整体研究的两难困境"，主张着眼于个人化社会事实的界定、建构性社会批判和问题研究来寻找出路。[2] 有的学者则从教育社会学学科的性质、功能、方法论、价值取向、体系化等方面分别探讨该学科发展中存在的不足之处，并提出应重视对不同教育社会学思想、流派、观点的批判和统整。[3] 有的学者还批评了目前研究中存在的某些急功近利、盲目追随热点的现象。[4] 还有学者对某些教育社会学研究中浮泛、空洞或不切实际的政策建言等颇有微词。[5]

有学者认为，在社会转型期，我国教育系统出现的各种各样新的教育社会问题，对研究教育社会现象的教育社会学提出了新的挑战，赋予了教育社会学新的使命。他们通过对 2005 年教育社会学研究成果的分析，发现研究取向上发生了根本性的改变，主要表现为研究主题的变化、问题意识的觉醒和研究方法的转变。在研究取向上，中国教育社会学业已由以学科为中心的研究转向以问题为中心

---

[1]　马和民、何芳：《中国教育社会学面临的问题及取舍》，载《教育研究与实验》，2007(1)。

[2]　胡宗仁：《教育社会学研究的困境》，载《南京师大学报(社会科学版)》，2005(3)。

[3]　楚江亭：《教育社会学研究与发展的困境及应重视的问题》，载《当代教育论坛》，2003(1)。

[4]　明庆华：《关于教育社会学研究价值取向的反思》，载《湖北大学学报(哲学社会科学版)》，2001(5)。

[5]　程天君：《教育社会学的学科发展及其生存困境》，载《教育研究与实验》，2007(1)。

的研究，立足于解决中国自身的教育现实问题。2005 年公开发表的260 余篇教育社会学论文，其中有 177 篇是讨论教育中的社会问题的。[①]

　　有学者分析了社会转型期教育社会学的发展机遇、困境与选择，认为，当前社会整体转型的时代背景使我国的教育社会学获得了全新的发展机遇，同时也面临一系列发展困境和挑战：学科性质与学科认同的窘境、"价值无涉"与"价值关怀"的选择、"西化意识"与"中国特色"的取舍、研究范式借鉴与重构的迷惘、理论研究与实践应用的脱节、社会批判与社会建构的困扰。只有实现研究主题从体系建设转向问题研究，研究视角从二元对立转向多元融合，研究方式从价值中立转向批判建构，教育社会学才能实现其学术使命与社会责任。[②] 有青年学者认为，教育社会学一直以来都被认为是在理论建设上非常薄弱的学科，教育社会学的"弱语法"体现了其作为"领域性"（region）学科的特征，从而超越了传统"学科模式"（discipline）的框架，形成了多种知识体系的融合。目前教育社会学的主要问题或困境是，多学科要素之间还没有得到很好的融合、整合与统整。[③]

　　周勇从"理论建构、学术共同体与社会基础"这一分析框架着眼对中国教育社会学的前沿进展展开分析，认为中国教育社会学学者在本土问题意识与理论建构方面的发展颇为显著，但同时指出，他们在学术共同体建设，尤其是社会基础积累方面，仍未取得突破性进展。因此，未来中国教育社会学学者在深化理论建构的同时，还需进一步拓展视野与关系网络，增强学术共同体和社会基础，如此才可能提高教育社会学的体制实力与公共声誉，为中国教育与社会

---

　　① 曾颖、郑淮：《略论教育社会学研究取向的转变》，载《现代教育论丛》，2007(7)。

　　② 孙自强、许刘英：《社会转型期教育社会学的发展机遇、困境与选择》，载《东北师大学报（哲学社会科学版）》，2017(5)。

　　③ 胡雪龙：《教育社会学研究与发展的学科特征——兼论"强语法"建设的可能路径》，载《高等教育研究》，2017(9)。

进步贡献更多实质性力量。[1] 在教育社会学的研究旨趣方面，周勇认为，教育社会学最初曾十分关注剧烈的现代社会变革及其导致的人生难题，同时努力开展应对人生难题的启蒙教育。但之后教育社会学却因追求"社会学化"，日益看重以社会理论来剖析学校教育，以福柯、布尔迪厄等社会学大师的理论来研究学校教育由此变成当代教育社会学的主流进路。依靠社会理论剖析学校教育，有助于教育社会学在学术上超越一般意义的教育学，但被社会理论束缚也会使教育社会学远离现代社会现实及人生难题，使其淡忘自身当初为应对人生难题而生的启蒙教育努力。要想克服这些局限性，教育社会学须重建直面现代社会人生难题的学术视野及教育关怀。[2]

王有升对中国教育社会学的学科发展路向进行了反思性探讨，提出如下观点：中国教育社会学研究经历了 20 世纪 20、30 年代学科初创时以社会启蒙与教育改造为取向的研究，80 年代学科重建，以及 90 年代至 21 世纪初具体领域研究的蓬勃发展，最近 10 余年则出现了较为明显的决策研究转向并且面临着转型发展的困境。教育社会学研究的每一次推进，都离不开对其研究特质认识的进一步深化。事实研究的方法论、批判取向的研究立场以及对教育公平问题的关注均有其自身的限度与问题，教育社会学独到的学科之眼及研究视域有必要被进一步明确。对教育实践行动的关注理应位于教育社会学研究视域的核心，教育社会学研究旨在达成对教育实践行动的深度理解。[3]

吴康宁指出，当前我国教育社会学的发展需要解决三个基本问

---

① 周勇：《理论建构、学术共同体与社会基础——当代中国教育社会学的前沿进展反思》，载《教育学术月刊》，2013(1)。

② 周勇：《教育社会学与现代社会的人生难题》，载《贵州师范大学学报（社会科学版）》，2017(3)。

③ 王有升：《把教育实践行动带回研究的核心视阈——教育社会学学科发展路向反思》，载《华中师范大学学报（人文社会科学版）》，2019(2)。

题，即指导方针的确立、学科性质的选择、研究层面的贯通。这三个基本问题不解决，我国教育社会学很难在已有基础上取得总体上高效的、有深度的发展。为此，我国教育社会学应确立"建设适合于中国的教育社会学"的指导方针，选择"基于现实、揭示事实、通向实践"的学科性质，贯通宏观、中观及微观三个研究层面。①

3. 对教育社会学学科特质的全新把握

教育社会学研究的独到之处，即教育社会学的学科特质，不仅体现在研究对象、研究方法等方面，而且体现为较为独到的研究视角。这需要诉诸研究者个人的体认和把握，与研究者个人的学术积淀与修炼密切相关。

吴康宁提出了教育社会学的学科之眼问题，认为学科之眼是学科得以相对独立的一个首要条件，学科视野是学科之眼所"看到的空间范围"。社会学的学科之眼是"社会平等"，以此来审视教育，社会学所看到的便是影响着教育、发生在教育中及受制于教育的各种各样的平等问题。② 后来，吴康宁进一步将社会学的学科之眼界定为"人群差异"。"在笔者看来，社会学的学科之眼是'人群差异'。用这一学科之眼来审视，社会学所关注的便是具有不同的社会特征或文化特征的各种人群，是这些人群之间的差异问题，尤其是达到不平等程度的差异问题。……用这一学科之眼来审视教育，所看到的便是影响着教育、发生在教育及受制于教育的各种各样的差异问题。'影响着教育的人群差异'，指的是'教育之前的人群差异'；'发生在教育的人群差异'，指的是'教育之中的人群差异'；'受制于教育的人群差异'，指的是'教育之后的人群差异'。事实上，人群差异问题在教育几乎无处不在，从宏观的教育制度、教育政策，中观的教育

---

① 吴康宁：《当前我国教育社会学发展的三个基本问题》，载《教育研究与实验》，2008(6)。

② 吴康宁：《社会学视野中的教育》，载《教育研究与实验》，2006(4)。

管理、教育组织，直到微观的教育内容、教育方法等，都与人群差异问题有密切关联，或者说，都可以通向人群差异问题。"①

在钱民辉看来，教育社会学就是研究"教育与现代性"的，从动态中研究教育与现代化运动的关系，从静态中研究教育与现代性问题。之所以说现代性是教育社会学理论建构的逻辑起点与核心主题，首先是因为考虑到了社会学与现代性之间的内在关系。社会学研究领域的界定、学科主题的建构和适当方法论的发展，都是为了系统说明现代社会的现象，说明社会技术（这种技术既是为社会生活现行形式的规则或统治而提供的，又会对它们有一定程度的"合理性"控制）。正是基于这些术语和假定，社会学才在现代事物的秩序中以及在"现代性方案"中占有一席之地。社会学可以解释为社会现代化的一种意识。由于教育社会学的学科属性是社会学，其方法、意图及实质性议程必然是以现代性为切入点的。现代教育体制完全是现代化的产物，与此相应的是，现代教育社会学理论是现代性的产物。一方面，教育社会学的三种理论取向（功能论、冲突论、解释学）无不是在现代性工程中建构的，这是因为教育组织最能反映现代社会制度的属性和特征。在现代社会中，教育变迁的动因基本来自现代性的作用。另一方面，教育社会学研究的内容和事实是，现代的学校教育体制和具有现代性特征的人与人之间的互动。教育社会学理论建构的逻辑起点与研究主题正是围绕现代性而展开的。只不过现代性正在向世界范围扩展，同时，现代性也招致了后现代主义的抨击，在这种背景下，教育社会学已有的三种理论被质疑、被消解，建立一种新的教育社会学理论的努力正在进行。我们可以从后现代性的视角探寻教育社会学核心主题的延伸与反思，从全球性的视角

---

① 吴康宁：《我国教育社会学的三十年发展（1979—2008）》，载《华东师范大学学报（教育科学版）》，2009(2)。

探寻教育社会学核心主题的扩展与强化。①

　　贺晓星强调，社会学首先是一种思考问题的方式，对问题不做本质性的追问，而是做关系性的思考。从社会学的角度讲，一切被思考的对象都并非雷打不动的某物，只有在流变不居的关系中，问题才能得到更深层次的挖掘。因此，社会学不是关于社会的学问，也不是回答社会问题以及提供解决方案的学问，而首先是一种思考问题的方式。由此，教育研究的社会学视角首先乃是如下这样一种视角：追问作为现象、观念存在在那里的教育行为、教育思想何以可能，然后才是何以可为。贺晓星援引韦伯在《以学术为业》一文中表述的观念：在信仰已遭到理性"除魅"的当今世界，一个以学术为志向的知识人，绝对不可以再去充当新时代先知的丑角，他应当做的，也是唯一能够做到的，仅仅是力求保持"头脑的清明"并努力传播这种清明。由此，教育社会学也只有在传播"头脑的清明"的意义上，才值得作为一种志业（"作为一种志业"有两个层面的意思，一是作为一份职业；二是作为一种志向，成为道德献身的对象）。一味地追问教育如此这般能够做什么，很有可能让我们在价值的灌输、社会效应的追求中，失掉一份学术真诚。教育社会学在成为一门成熟的、实用性的应用学科之前，它首先应该是一门彻底追问"为什么"、对现象或观念能够进行多角度剖析的分析性的基础学科，而分析性的基础学科的学科性质，决定了它需要在时代与社会面前保持一种严格的禁欲精神。所谓禁欲并不是要求教育社会学面对社会的转型和时代的改革无动于衷、不去参与，而是说它在参与的方法上应该选择一种更为理智的态度，对价值的多元化更为宽容，对问题的解决不急功近利，对学科的社会贡献不盲目自信。以实证、分析、批判、反思为特征的学术冷静，应该取代急吼吼地四处寻找问题解决

---

　　①　钱民辉：《教育社会学——现代性的思考与建构》，76～93页，北京，北京大学出版社，2004。

方案的热血冲动。冷静地拉开距离看问题，学会与所谓的社会热点和主流风潮保持距离，应该说是作为志业的教育社会学这门学科所设定的职业道德和各种方法技巧所模塑出来的人格这二者的最根本特征。在这个意义上，教育社会学不是一门将社会学的方法运用到教育中去解决教育问题的学问，它首先是一门追问教育现象、教育观念的知识社会学。以追问"为什么"为主要特色、以传播"头脑的清明"为主要宗旨的教育社会学之学科使命在于，厘清当下时代的本质性特点，对当下时代中显现出来的各种教育现象、教育概念进行深层次的分析，使得人们能够注意到问题的另外一面，使得那些具备领悟力的年轻头脑能够理解这些问题，继而能对它们进行独立的思考。[①]

　　熊春文曾借用法国社会学家布尔迪厄在《国家精英——名牌大学与群体精神》一书中所表述的观点，强调如下这一点：教育社会学是知识社会学和权力社会学的一个篇章，而不是一个微不足道的部分——更不用说它对权力哲学的社会学意义了。教育社会学远不是那种运用型的末流学科，它不像人们习惯上所认为的那样，仅仅是一门有益于教学的科学。事实上，教育社会学构成了关于权利和合法性问题的普通人类学的基础：因为它能够引导人们探索负责对社会结构和心智结构进行再生产的"机制"的本原。[②]

### 三、对国外教育社会学理论的深度研究与本土阐释

　　教育社会学的学科发展离不开对国外教育社会学理论研究的参考借鉴。进入 21 世纪以来，不仅各种国外教育社会学最新理论被引

　　① 贺晓星：《作为志业的教育社会学》，见《教育·文本·弱势群体——社会学的探索》，3～12 页，北京，中国社会科学出版社，2012。贺晓星：《志业的眼睛与头脑清明》，见金生鈜：《教育：思想与对话》第 1 辑，267～278 页，北京，教育科学出版社，2005。
　　② 熊春文：《"文字上移"：20 世纪 90 年代末以来中国乡村教育的新趋向》，载《社会学研究》，2009(5)。

介、大量国外教育社会学著作被翻译出版，而且对国外教育社会学理论的深度研究与本土阐释被日益发展出来。其中既有对国外经典教育社会学理论的阐发，也有对在当今世界产生重要影响的教育社会学家的专题研究。

在这方面，做出深入研究且持续努力的，当首推贺晓星。他发表了系列文章对经典社会学理论（如涂尔干、韦伯的社会学理论）的教育社会学意蕴进行阐发，对新兴教育社会理论以及年鉴学派影响下的教育社会史研究这二者进行探讨，为中国教育社会学研究的开展开拓理论生长空间。在对韦伯与教育社会学的探讨中，他指出：论述韦伯的教育社会学，就绝非是描述韦伯社会学中一些处于边缘的非体系性的关于教育的散论；我们更应看到的是，它内含着丰富的问题意识和思想性。在"韦伯的教育社会学"层面，我们可以讨论韦伯就教育究竟著述了些什么；在"韦伯式的教育社会学"层面，我们可以着重探讨后人在韦伯的理论和方法论的影响下进行了怎样的教育社会学研究；在"韦伯的社会学与教育"层面，我们要讨论的是，从韦伯的社会学著作中，或者从关于韦伯社会学的研究中，我们可以发掘出什么样的具有深层次启发意义的教育研究命题。[①] 在对涂尔干的实证主义与教育社会学的探讨中，贺晓星指出，涂尔干在教育社会学研究中积极倡导实证主义精神，体现出了"科学"与"社会"两种责任情结。教育社会学对涂尔干思想的营养汲取存在着偏颇，仅在涂尔干早期、中期社会学理论框架下思考他的教育社会学贡献，未能以一种整体的、发展的眼光看待涂尔干的研究。涂尔干对教育社会学的一个重要贡献，在于他为教育社会学与知识社会学的有机联结，在思想上提供了丰富的可能性。[②]

---

[①] 贺晓星：《马克斯·韦伯与教育社会学研究》，载《广州大学学报（社会科学版）》，2006(5)。

[②] 贺晓星：《涂尔干的实证主义与教育社会学》，载《南京社会科学》，2016(1)。

贺晓星关注在年鉴学派影响下兴起的教育社会史研究，认为，与传统的教育史研究注重史料的挖掘、考证、解读不同，在年鉴学派第三代和第四代影响下发展起来的教育社会史、生活史研究，强调具有想象力、激情、情感而鲜活存在的能动者，以及这些能动者的意义创造。由此，他阐发了"叙事资本"这一概念，认为，与布尔迪厄等人的诸多资本概念一样，叙事资本也是解释当代社会、理解当代社会的切入点和关键词，而且，相比于其他的资本概念，这一关键词并非仅仅具有学理性意义，并非仅仅提供理解社会、解释社会的方法论视角，而是可以并且应该提高到实践性的思想高度来认识的：在透彻地解释社会、理解社会的基础之上，它也在试图建设社会、改造社会。这一概念尤其反映了当下教育社会学领域的教育社会史、生活史研究的本质特点。对于叙事资本，迄今少有人做过系统的阐述和梳理，但这一概念，具有重大的学术价值与实践价值，厘清其所指称的意义，有助于我们理解教育社会史、生活史研究的独特贡献——既包括学术意义上的又包括实践意义上的。教育社会史、生活史研究不只是一门学术意义上的学问，也不只是一种视角或方法，还是一种事关人之力量成长的研究，应被看作一项赋权或解放的运动。[①] 他通过梳理、介绍日本学者中内敏夫的教育思想史、社会史研究，指出 18 世纪早期至明治维新时期的日本民众在养生的意义上理解教育，认为这一现象有助于深入思考家庭和教育之间的关系。教育研究的视线要深入家庭生活内部，父亲、母亲、亲子关系，以及生育、人口、情感等，应该成为教育研究的关注焦点。由此，家庭应该成为教育研究的新视角。[②] 他还关注到教育社会理论的兴起对教育社会学研究所可能具有的意义，认为教育社会理论，

---

[①]  贺晓星：《叙事资本：对教育社会史、生活史研究的一种深度理解》，载《高等教育研究》，2013(3)。

[②]  贺晓星：《作为方法的家庭：教育研究的新视角》，载《教育学术月刊》，2014(1)。

其特点除了开放、兼容并蓄，还表现为它是一种教育研究文学化的现象。教育社会理论不仅仅注重对文学之概念、思想、理论的汲取，更关键的是，其谈论问题的方式，从对认识论层面的关注上升到了对存在论层面的关注。在二元对立的理性世界，人们习惯于追求深层次的意义，而意识不到表层的存在价值。教育社会理论强调表层的鲜活，但并不满足于华而不实的美学批判，而是在注重表层华丽的同时，追求严密的经验性解释分析。[①]

　　对我国当前教育研究影响最大的当代社会学家（或社会理论家）当推法国的布尔迪厄和福柯，前者所提出的"场域""惯习""文化资本"等概念，后者所提出的"规训""考古学""谱系学"等概念，已成为我国教育社会学研究中的重要概念。其中以布尔迪厄理论的影响尤甚。有研究者就布尔迪厄对中国教育研究的影响进行了较为系统的回顾，认为，布尔迪厄的社会学思想自 20 世纪 70 年代末传入中国后，对中国社会科学包括教育研究的诸多领域都产生了广泛的影响。在教育研究领域，布尔迪厄社会学思想所产生的影响大致可被划分为三个阶段：初步介绍阶段（1979—2001 年）、广泛探讨阶段（2002—2009 年）以及深入探讨阶段（2010—2017 年）。这些阶段的形成与中国改革开放大的社会背景密不可分。从具体的理论内容来说，布尔迪厄的"场域""惯习""文化资本""实践"四个概念及相关理论表述对中国教育研究的影响最大，被广泛运用于从学前教育到高等教育、从教师教育到课程研究、从教育改革到教育理论与教育实践之间的关系等学术研究领域。整体来看，布尔迪厄的社会学思想已经成为自 1979 年以来影响中国教育研究的重要西方社会思潮之一，尤其是对中国教育公平问题研究影响巨大。但实事求是地说，中国教育研究领域在接受布尔迪厄社会学思想的影响时还主要停留在介绍和选

---

① 贺晓星：《表层分析宣言：教育社会理论的文学张力》，载《教育学报》，2012(6)。

择性利用的阶段，整体理解和把握不够，立足于中国立场进行的质疑、批判更不够。例如，布尔迪厄社会学思想对教育研究的方法论意义，虽然已被中国教育研究者注意到，但其还没有被充分地重视，也没有动摇中国教育研究的惯习、体制和评价行为。[①]

在对当今国外教育社会学思想的专题研究与评介方面，受到关注较多的主要有：形成于美国的新制度主义教育社会学，美国批判教育社会学代表人物阿普尔的思想，英国著名教育社会学家麦克·扬的课程社会学等。

闫引堂对美国新制度主义教育社会学曾进行过较为深入的研究，批判性地总结了 20 世纪 70 年代以来美国教育社会学界兴起的新制度学派的发展轨迹。新制度学派提出如下三个基本的理论命题：第一，现代教育是伴随世俗个人主义而出现的一种独特的社会实体，本质上是一种制度神话和理性仪式；第二，教育组织是松散联结的系统；第三，现代教育的效果主要是实现对人和知识的合法化分类。在对经典社会学家韦伯和涂尔干的继承上，新制度学派与美国当时盛行的结构功能理论、冲突论有明显的差异，前者认为现代教育不是维持地方管理或者特殊阶层之需要的地域性事业，而是超越民族—国家和特殊群体利益的世界性制度。新制度学派对教育社会学的贡献，不仅体现在其对教育组织和教育效果的深度理论分析上；而且体现为，其对教育扩张和课程内容的经验研究已经成为当代教育社会学中一个重要的学术传统，在问题意识上其具有独特的价值。在借鉴新制度理论时，我们必须坚持中国经验本位，避免简单地套用和比附新制度理论，应解释和揭示中国教育经验内隐的深层机制，

---

① 李春影、石中英：《布迪厄社会学思想对中国教育研究的影响：回顾与评论》，载《比较教育研究》，2018(8)。

以中国经验丰富和发展新制度理论。①

关于阿普尔思想的研究非常多，其中较为深入系统的当数王占魁的相关研究，他深入探讨了阿普尔批判教育研究的理论来源与批判逻辑。他分析指出，20 世纪 70 年代以来，秉承美国进步主义教育的文化传统，通过将分析哲学、现象学、知识社会学、批判理论与新马克思主义理论相融合，阿普尔开辟了批判教育研究的新领域。②阿普尔作为美国新马克思主义教育哲学的创立者和最早在北美倡导批判教育运动的领军人物之一，对由右翼保守势力主导的市场化的、私有化的教育改革进行了长达 40 多年的批判研究。在批判立场上，阿普尔表现出对社会草根群体的现实关怀；在批判方法上，他采取了情境化的关系分析进路；在批判旨趣上，他致力于民主社会的教育重建，其实践策略包括"非改革主义的改革"——将批判性反思、学校变革、对民主实践的捍卫与对教育改革中赤裸裸的经济逻辑的抵制相结合，"厚民主"的教育——将教师、社区和社会活动家等众多教育利益相关方动员起来积极参与学校教育变革，以及身份重塑——旨在将教育领域的知识分子从单纯以知识生产为目的的"学者"转变为能够基于自己所发现的知识在政治和教育两个层面上为追求经济、社会和教育的平等与民主而开展行动的"活动家"。③

作为英国新教育社会学曾经的旗帜性人物，麦克·扬自 20 世纪 90 年代以来，尤其是进入 21 世纪以来，在课程社会学研究领域所实现的从社会建构主义到社会实在论的转向，在我国的教育社会学研究中也产生了较大的影响。一些研究者对此给予了关注，其中研究最为深入的当数许甜。她以麦克·扬 40 年间的学术思想为研究对

---

① 闫引堂：《教育社会学中的新制度学派：基于问题史的研究》，载《北京大学教育评论》，2011(2)。

② 王占魁：《阿普尔批判教育研究的理论来源》，载《华东师范大学学报（教育科学版）》，2012(2)。

③ 王占魁：《阿普尔批判教育研究的批判逻辑》，载《教育研究》，2012(4)。

象，分别阐述了三个不同时期他对知识的态度变化，以及由此导致的他对课程、教学、学校制度、教育公平等在认识上的变化。麦克·扬在 20 世纪 70 年代西方尤其英国社会的左翼化背景下，以马克思主义、现象学、文化人类学为基础，提出了社会建构主义的知识与课程理论。许甜对这一时期社会建构主义理论的主要内涵及其世界影响进行了评述，并指出了该理论的主要缺陷。20 世纪 90 年代，麦克·扬在英国及南非大量从事教育政策咨询工作，并参与、主导了南非在废除种族隔离制度之后的基础教育课程改革，促使自身从批判的教育理论家转变为试图重建教育体系的建设者。进入 21 世纪之后，麦克·扬不断反思，开启了社会实在论的知识研究。许甜详细分析了他提出社会实在论观点的主要背景，论述了这种新观点的理论基础——涂尔干、伯恩斯坦、维果茨基的知识分化理论，并阐述了这一理论对知识的主要看法，分析了这一理论的实践形式——"强有力知识"的提出、主要内涵、应用情况以及所受到的评论与批判，深入评论了他的学术贡献与意义，指出了其理论的学术渊源与局限性。[1]

---

[1] 许甜：《从社会建构主义到社会实在论：麦克·扬教育思想转向研究》，北京，清华大学出版社，2018。

# 第二章

# 宏观领域教育社会学的
# 拓展

教育社会学研究大致可区分为宏观与微观两大领域。宏观领域的教育社会学研究着力于从总体上探讨教育与社会之间的关系，并从宏观社会结构、宏观社会分层及宏观社会变迁的角度探讨教育问题，其实践旨趣指向教育事业的发展以及教育决策与教育政策的改进。微观领域的教育社会学研究则指向学校教育实践本身，包括对学校教育组织（学校与班级）、教育内容（课程）、教育过程（管理与教学）、教育者（教师）、受教育者（学生）等的研究，其实践旨趣直接指向教育实践行动的改进。

## 第一节 对教育与社会之关系的探索历程

不管教育社会学的研究对象被如何界定，教育与社会的关系问题都是不可回避的。从相当宽泛的意义上来说，教育社会学往往被理解为研究教育与社会之关系的一门学科。并且，不论教育社会学学科是否存在，教育与社会的关系问题对任何一个社会来说都是一个相当重要的、需要认真思考与面对的问题。梳理教育社会学的发展脉络，不得不阐明各个不同时期对教育与社会之关系的主导性认识。

在中国教育学的学科发展历程中，教育与社会的关系问题一直是一个极为重要的探讨主题，在一种社会本位的教育观影响下，就重要性而言，对这一问题的探讨有时甚至远远超过对人的发展问题的探讨。尽管现在看来，后者对教育学来说才是一个更具根本性的问题。随着教育学理论的逐步发展，今天的教育学已越来越多地回归到对如何促进人的生命成长这一问题的探讨上来，对教育与社会之关系问题的探讨被越来越多地划入教育社会学研究的领域。另外，中国教育社会学学科的发展，尤其是改革开放后的恢复重建，基本是从教育学学科中分化出来的，把教育社会学界定为对教育与社会之关系的研究被看作理所当然的，典型如厉以贤对教育社会学的学科性质和研究对象的界定①。

新中国成立以来，伴随着政治与社会发展进程的跌宕起伏以及具有根本性意义的转型性社会变革，对教育与社会之关系的认识几经变迁，这一过程本身值得从教育社会学意义上被予以系统的回顾、总结与反思。本书将新中国成立以来在这方面的探索历程大致划分为三大阶段：新中国成立至改革开放前夕、改革开放之始至新旧世纪之交、进入 21 世纪以来。不同的历史时期，分别形成了对教育与社会之关系的不同的主导性的认识与表述，体现着不同的理论认识范式。

## 一、从新中国成立至改革开放前夕对教育与社会之关系的探索

从新中国成立至改革开放前夕近 30 年的时间，尽管教育社会学作为一门学科并不存在，但对教育与社会之关系的探讨却始终是教育研究的一个主题，并形成了较为独特的认识范式。

---

① 厉以贤：《试谈教育社会学的学科性质和研究对象》，载《北京师范大学学报(社会科学版)》，1985(2)。

（一）新中国成立初期关于教育与社会之关系的认识范式的确立

新中国成立后，在对教育与社会之关系的认识方面经历了一场认识范式上的转换。在新中国成立以前，一直追溯到清朝末年，贯穿于 20 世纪上半叶，知识界对教育与社会之关系的认识在很大程度上受"教育救国"思潮的主导。这样一种改良主义的教育救国主张重启蒙、崇人才，力图通过教育改变中国社会"民品劣、民智卑"的状况，挽救国家、民族于危亡之中。① 但历史证明，在当时复杂的社会情况下，只有"革命"才能从根本上拯救中国。

新中国成立后，社会主义制度的建立使中国社会发生了翻天覆地的变化。一方面，以迅速实现工业化、富国强兵为主要目标，教育成为实现国家目标的强大工具；另一方面，为了贯彻新的国家意识形态，学术理论话语需要实现再造。

新中国成立初期，在社会建设及学术知识这两个领域，全力学习苏联。中国教育理论界深受苏联学者的影响。当时苏联教育理论界正在开展关于"教育的专门特点"的争论，该争论是在斯大林发表《马克思主义和语言学问题》来否定语言是社会上层建筑以后开展起来的。当时，苏联社会科学领域的理论工作者分别就各自研究的社会现象探究"教育的专门特点"。《人民教育》1952 年 5 月号对这场争论进行了介绍。争论涉及如下 10 个问题：教育这个社会现象的专门特点；教育与经济基础之间的关系；教育与上层建筑之间的关系；教育是永恒的范畴还是历史的范畴；教育中的阶级的、民族的以及全人类的东西；教育与发展；教育与遗传性；对过去的教育遗产的态度；教育研究的方向与任务；教育学方面的理论工作与教育实践

---

① 张良才、孙传宏：《从"教育救国"到"科教兴国"——中国教育社会价值观的百年嬗变》，载《华东师范大学学报（教育科学版）》，2001(1)。

之间的关系。在经过 1951—1952 年的一年多的讨论之后，《苏维埃教育学》杂志编辑部发表了《关于作为社会现象的教育的专门特点的争论总结》一文，《人民教育》随即于 1952 年 7、8 月号翻译刊发该文，认为：教育是社会上层建筑，教育又具有自己的专门特点；教育无疑是与生产力相联系的，因为它是劳动力再生产的手段之一，但作为上层建筑的教育同生产力没有直接关系，教育必须通过经济基础这一中介才能发挥作用，教育不直接反映生产力的发展水平。[①]这对中国当时以及后来关于教育学理论问题的探讨起到了重要的引领与示范作用。这把对教育学理论问题的探讨纳入马克思主义社会理论的概念架构中，突出强调教育与社会之关系，突显教育的社会性。这确立起了探讨教育问题的基本理论范式，从而也为探讨教育与社会的关系问题确立起了基本认识范式。

1957 年 6 月，曹孚在《新建设》上发表了《教育学研究中的若干问题》一文，在肯定教育是上层建筑的前提下，认为"教育之反映社会生产力发展水平是比一般上层建筑更为直接"，还指出，教育是历史的范畴，具有阶级性，同时又是一个永恒的范畴，我们对永恒范畴这方面的注意少了。[②] 对教育的相对独立性与历史永恒性的关注旨在于作为当时主流理论认识框架的马克思主义的社会结构理论框架中为教育找到一种独到的位置，为教育学自身范畴的探讨开辟出一点儿空间。但这一见解却在当时受到了不应有的批判。

在这一时期，教育救国论开始受到批判。有学者认为，教育救国论否认了革命，起了缓和与消除阶级斗争的作用，从而成为帝国

---

① 瞿葆奎：《中国教育学百年——"述往事，思来者。"》，见《教育学的探究》，79页，北京，人民教育出版社，2004。

② 曹孚：《教育学研究中的若干问题》，载《新建设》，1957(6)。

主义和国内反动派的工具，因此，"教育救国论是反动的"。[①]

(二)教育从"为无产阶级政治服务"转变到"作为无产阶级专政的工具"——教育政治性的突显与放大

1956年我国社会主义改造基本完成，也正是在这一年，中苏关系开始明显发生变化。我国教育步入了一个新时期，致力于探寻中国自己的教育发展道路，这需要相应的理论。当时一方面批判"无产阶级教条主义"(即围绕照搬苏联问题进行批判)，另一方面批判"资产阶级教条主义"(即当时教育界围绕全面发展与个性发展问题进行讨论)。1958年的"教育大革命"是新中国教育史上的一个重要转折点。这一年，《中共中央、国务院关于教育工作的指示》提出了一个新的教育方针："党的教育工作方针，是教育为无产阶级政治服务，教育与生产劳动相结合；为了实现这个方针，教育工作必须由党来领导。"教育的政治性受到前所未有的重视。1959年，时任教育部部长的杨秀峰讲话称，1958年的"教育大革命"主要解决"教育与政治的关系问题"，其目的"就在于使我国的教育事业能够更好地为社会主义革命和社会主义建设服务，为消灭一切剥削阶级和一切剥削阶级的残余服务，为将来向共产主义社会过渡、逐步消灭脑力劳动与体力劳动的差别服务"，"教育大革命的中心问题，是把教育和生产劳动结合起来"。[②]

1966年，"文化大革命"开始。"文化大革命"时期的"教育大革命"有其特定的内容，包括教育基本价值和教育发展重点的改变、教育管理体制和教育格局的改变、学制和学校教学的重大改变等，从而在20世纪六七十年代的中国，造成了一种特殊的教育格局和教育

---

① 黄学溥：《试论教育兴国》，载《西北师大学报(社会科学版)》，1989(3)。
② 杨秀峰：《我国教育事业的大革命和大发展》，载《人民教育》，1959(11)。

面貌。[①]

由于当时政治的原因，列宁的"学校应当成为无产阶级专政的工具"的原义被曲解，"教育是阶级斗争的工具"这一命题被绝对化，教育被看作实施"无产阶级专政下继续革命"的工具，被看作斗"走资本主义道路当权派"的工具，从而极端地歪曲和夸大了教育的上层建筑属性，把教育促进受教育者身心发展的职能降为从属职能，甚至把"发展生产力"的职能纳入被无限放大了的"政治"职能之中。这一切，严重摧残了中国的教育事业，严重阻碍了教育科学的发展，使人们对教育的社会属性的认识仅限于上层建筑，对教育的职能的认识只囿于极端狭隘的所谓"阶级斗争"的藩篱。[②]

从 20 世纪 50 年代后期开始，教育的政治性被逐渐放大，教育变得日益政治化。教育从起初的"为无产阶级政治服务"，到 60 年代初"以阶级斗争作为主课"，最后在"文化大革命"中沦为"无产阶级专政的工具"，完全背离了教化陶冶、树人育人、传承和发展人类文明的功能与使命。[③]

## 二、改革开放以后对教育的社会属性与社会功能的探讨

改革开放之初一直持续到 20 世纪 90 年代，教育理论研究领域先后开展了关于教育本质的大讨论（实际上在相当程度上是关于教育的社会属性的大讨论）及对教育功能的探讨。它们主要是在社会理论的框架内展开的，在一定意义上也可被看作一种特殊形态的教育社会学研究。

---

① 杨东平：《艰难的日出：中国现代教育的 20 世纪》，185 页，上海，文汇出版社，2003。

② 瞿葆奎、沈剑平：《四十多年来对教育的社会属性和职能的探讨》，载《华东师范大学学报（教育科学版）》，1991（1）。另见瞿葆奎：《教育学的探究》，78～94 页，北京，人民教育出版社，2004。

③ 杨东平：《艰难的日出：中国现代教育的 20 世纪》，191 页，上海，文汇出版社，2003。

## （一）对教育的社会属性的探讨

1978 年，教育理论界掀起了关于教育本质的大讨论。[①] 引发这场大讨论的背景主要有三个方面：一是从 1978 年 5 月起开展的关于真理标准问题的大讨论，活跃和解放了理论界的思想；二是教育学界通过对"文化大革命"中教育的反思，认识到把教育只看作上层建筑是不正确的，至少是不全面的；三是党的十一届三中全会以后，党中央把实现社会主义现代化的战略目标放在首位，这必然引起教育学界，乃至经济学界、哲学界，思考教育与生产力的关系问题。[②]

于光远率先开启了这场讨论的先河。他于 1978 年发表了《重视培养人的研究》一文，认为："现在流行着一个观点，认为教育完全是上层建筑，这是不完全确切的。""在教育这种社会现象中，虽然包含有某些属于上层建筑的东西，但是整个说来，不能说教育就是上层建筑。"[③]这激起了此后 10 多年时间里关于"教育本质"的大讨论。

---

① 这场关于教育本质的大讨论围于马克思主义社会结构理论的框架探寻教育的本质，往往把所谓的本质问题理解为究竟应把教育归结为马克思主义社会结构理论中的"经济基础"还是"上层建筑"，这其实是对教育的社会属性的探讨，并不能被称为对真正意义上的本质的探讨。对此，瞿葆奎曾有深刻的阐发："在许多论文中，把 1978 年以来的这场论争，称为'教育本质的讨论'。本质是指一个事物区别于其他事物的特殊的属性，是一事物具有的特殊矛盾，也就是指事物的根本属性，是事物的现象的根据和基础。本质规定了事物的整个发展过程，并体现在过程之中。从这场论争所提出的各种观点看，它们似乎还远未达到这样的深入程度。'上层建筑说'和'生产力说'都试图把教育'放进'马克思、恩格斯所揭示的社会结构理论。但以'上层建筑说'为例，如果认为教育的本质是上层建筑，那么，政治、法、艺术的本质是不是上层建筑呢？如果是，那就说明上层建筑是它们的共有的属性，不是教育的本质属性，还没有揭示教育的本质。'生产力说'也是如此。'特殊范畴说'和'实践说'都是作为'社会属性说'的悖论而提出的，因此它们可以作为悖论而纳入本文标题的范围。论争中所提出的'传授知识'、'促进个体社会化'、'促进人类自身的生产'、'社会劳动能力的生产'等观点，是对教育职能的探讨。"[瞿葆奎、沈剑平：《四十多年来对教育的社会属性和职能的探讨》，载《华东师范大学学报（教育科学版）》，1991(1)。另见瞿葆奎：《教育学的探究》，78～94 页，北京，人民教育出版社，2004。]

② 瞿葆奎、沈剑平：《四十多年来对教育的社会属性和职能的探讨》，载《华东师范大学学报（教育科学版）》，1991(1)。另见瞿葆奎：《教育学的探究》，78～94 页，北京，人民教育出版社，2004。

③ 于光远：《重视培养人的研究》，载《学术研究》，1978(3)。

这场讨论中提出的并在一定程度上引发冲突的观点主要有："上层建筑说""生产力说""特殊范畴说""实践说"等。"上层建筑说"的论据主要有两个方面：一是从教育史上看，"教育总是为政治经济所决定，教育反映政治经济，也为政治经济服务"，所以，教育是社会的上层建筑。教育是通过培养人来为政治经济服务的一种社会上层建筑。[①]还有论者就作为上层建筑的教育所具有的特点展开了专门论述。[②]二是从现实层面来看，尽管教育中有不属于上层建筑的因素，但教育中不属于上层建筑的部分是次要的；教育中有非上层建筑的因素，这并不妨碍"教育是上层建筑"这一结论的得出。教育的目的、方针和政策是统治阶级的根本利益在教育上的集中反映。居于教育体系中的核心地位的教育目的，对教育的内容、方法和形式都起着制约作用。所以从根本上来说，教育属于上层建筑。[③]"生产力说"的立论依据主要有两个方面：一是教育作用于人，而人是生产力的一个要素，从而教育也就成为直接的生产力。[④] 二是教育是知识形态的生产力转化为直接生产力的途径。[⑤]"上层建筑说"和"生产力说"都试图把教育"放进"马克思恩格斯所揭示的社会结构理论中，以为如此便可揭示出教育的本质。现在看来，这只不过是对教育的社会属性的探讨，也可被看作一种对教育与社会之关系的揭示，而从根本上无关于教育的真正本质。真正意义上的教育本质理应是就对教育实践行动的内在洞明而言的，直接指向实践行动本身，而当时所有相关探讨尚都围绕在教育实践行动的外围，也正是在这些彼此论争的观念中，我们可以看到

---

① 李放：《教育是社会的上层建筑》，载《教育研究》，1979(1)。陈信泰：《教育还是上层建筑》，载《新杏坛》，1990(1)。

② 石佩臣：《作为上层建筑的教育的特点》，载《教育研究》，1979(3)。

③ 郭笙：《辩证地认识教育同生产力和生产关系的联系——兼谈教育是否属于上层建筑》；陈信泰：《教育是社会的一种上层建筑》，见全国教育学研究会：《关于教育本质问题的论争》，11～31 页、48～56 页，北京，人民教育出版社，1980。

④ 于光远：《关于教育是生产力的问题》，载《教育研究》，1980(5)。

⑤ 孙喜亭：《对教育的再认识》，载《教育研究》，1986(1)。

对教育的社会属性的理解，并且误把教育的社会属性当作教育的本质。论争后期出现的"特殊范畴说"和"实践说"都是作为"社会属性说"的悖论而提出的，所提出的"传授知识""促进个体社会化""促进人类自身的生产""社会劳动能力的生产"等观点是对教育职能的探究。[①]

### （二）对教育的社会功能的探讨[②]

1978 年以来，与关于教育本质的大讨论相并行且持续时间更长的是对教育功能的探讨。在最初的几年里，从对阶级斗争工具职能的分析逐步转向对生产斗争工具职能（经济功能）的关注，教育功能研究的"主旋律"是经济功能，该研究主要分析教育与经济增长、教育与劳动力再生产、教育与经济效益提高等问题。在 20 世纪 80 年代，"教育先行"成为讨论的热点话题。[③] 众多论者纷纷从以下几方面立论：从国外发展的经验来看，世界上较发达的国家（尤以德国、日本为代表）都十分重视教育；从国外的教育经济理论来看，教育投资比物资投资有更大的效益；从经济发展来看，现代经济发展从本质上讲是以划时代的创造发明为基础的，而创造和发明需要以一定的知识和技术为基础，从而需要教育；从生产方式的变革来看，教育的发展（即人类自身的发展）必须先于经济，从而为物质生产和精神生产的变革准备足够的合格人才；从人才培养与人才需求之间的矛盾来看，解决这个矛盾的最好方法就是超前发展教育事业，为未

①　瞿葆奎、沈剑平：《四十多年来对教育的社会属性和职能的探讨》，载《华东师范大学学报（教育科学版）》，1991（1）。另见瞿葆奎：《教育学的探究》，78～94 页，北京，人民教育出版社，2004。

②　本部分关于 1978—1995 年对教育功能研究状况的综述主要参阅郑金洲：《教育功能研究十七年》，载《高等教育研究》，1995（6）。

③　于光远：《教育要力争走在前面》，载《北京师范大学学报（社会科学版）》，1983（1）。黄学溥：《试论教育兴国》，载《西北师大学报（社会科学版）》，1989（3）。曾成平：《论教育的杠杆作用——兼论现代社会的教育必须先行》，载《西南师范大学学报（哲社版）》，1987（2）。杨新益：《现代教育的先导性探索》，载《广西师范大学学报（哲学社会科学版）》，1987（1）。张岂之：《"教育兴国"论》，载《光明日报》，1989-05-26。王逢贤：《现代教育先行论再探》，载《东北师范大学学报（教育版）》，1986（3）。

来新的生产发展超前培养人才；从教育自身的性质来看，教育发展
的滞后性，决定了相较于社会其他行业的发展，教育必须是适当超
前的。① 总体而言，教育的经济功能受到高度强调，与此同时或稍
后，关于教育的政治功能、文化功能、社会筛选功能、个体社会化
功能等的探讨也逐渐展开。

关于教育的政治功能的探讨，主要是围绕对"文化大革命"时期
阶级斗争工具职能的分析、批判，以及对 20 世纪 80 年代中期"过于
强调教育的经济功能"这一点的反对而展开的。教育的政治功能可被
归纳为以下几个方面：传播一定的政治观点、意识形态和法律规范，
使受教育者达到政治社会化；根据一定的社会政治需要，培养一批
符合一定价值标准的、特定阶级政治需要的政治人才；产生进步的
政治观念，促进社会的发展与革新。②

与教育的经济功能研究、政治功能研究相比，教育的文化功能
研究起步较晚，大致在 80 年代中期才引起人们的注意。③ 相关探讨
包括：探讨教育在文化发展历程中的作用，即从文化选择、文化传
播、文化融合、文化变迁等方面分析教育的作用；探讨教育在不同
文化形态中的作用，即分析教育在文化传统、文化构成中所起的
作用。④

教育的社会筛选功能研究，是从对教育特别是学校教育的筛选
功能的分析开始的。有论者指出，教育的筛选功能应成为其政治功

---

① 郑金洲：《教育功能研究十七年》，载《高等教育研究》，1995(6)。
② 周志超、张文超：《教育价值观的历史评判与现实反思》，载《教育理论与实践》，
1990(3)。永清、育正：《论学校教育的政治社会化功能》，载《青年探索》，1993(2)。陈敬
朴：《教育的功能、目标及其特性》，载《教育研究》，1990(11)。
③ 肖川：《文化与教育关系浅探》，载《教育研究与实验》，1986(4)。
④ 鲁洁：《文化变迁与教育》，载《教育研究》，1990(8)。鲁洁：《试论文化选择与教
育》，载《华东师范大学学报(教育科学版)》，1991(1)。杨斌：《试论教育对文化的选择》，
载《教育理论与实践》，1988(5)。傅维利：《教育与文化》，载《东北师大学报(教育版)》，
1987(3)。纪大海：《文化三元结构与教育》，载《教育研究》，1991(10)。

能、经济功能之外的第三个社会职能，要根据学生的特长给予他们不同的教育，为社会输送不同的人才①；必须承认社会分层的客观性和人们力图提高自己社会地位的合理性，必须加强我国学校教育的社会选择功能②。对教育的社会筛选功能的研究是伴随着我国社会运行方式的变革而展开的。有论者指出，教育作为社会有机体的一个特殊组织，在社会变革中承担着其他子系统无法取代的重要作用。③

（三）教育社会学研究中对教育的社会功能的深入系统阐发

对教育功能问题进行探讨的初衷无疑是突显教育的重要性，以引起社会对教育的重视，同时也是要明确教育自身所承担的职能或者说所应发挥的作用。这样一种探讨在认识方式方面更多地体现着当时较为盛行的系统功能论的范式，把教育作为社会中的一个子系统进而探讨其与社会大系统及其他子系统之间的关系。至20世纪90年代，对教育功能问题的探讨转向更为客观理性的分析，研究不仅指向教育的正向功能，而且深入分析教育的负向功能④，还对教育功能的形成机制进行日益深入的阐发，并越来越多地体现出功能主义社会学理论及新功能主义社会学理论的影响。

对教育功能之生成机制的分析大体有以下内容。有论者分析了影响教育功能由期望转向实效的因素，认为对教育功能的期望要科学、合理、符合实际；教育活动质量的高低，涉及面的宽窄，直接决定着教育功能发挥作用的程度大小；教育的内部结构以及教育与

---

① 施良方：《新时期教育的社会职能》，载《教育研究》，1986(8)。

② 扈中平：《社会分层与教育的社会选择功能》，载《教育研究》，1989(5)。

③ 项贤明：《论我国社会运行方式的变革与教育改革》，载《教育研究》，1994(8)。

④ 张人杰：《教育与社会变迁的关系的理论之质疑——兼论教育的负功能》，载《华东师范大学学报(教育科学版)》，1992(3)。蒋凯：《试论教育的负功能》，载《江西教育科研》，1994(1)。

社会的结合部（如用人制度等），影响着教育功能的转化。① 有论者指出，现代教育功能的形成与释放，都是相互联系、整体构成的；现代教育功能表现为一种整合功能，体现出强烈的整合性。② 也有论者认为，教育功能的形成与释放分属两个不同的过程，功能的形成主要存在于教育活动过程中；功能的释放则渗透于其他社会活动过程中。教育功能形成后有两种基本形态：凝固形态和流动形态。前者指教育功能形成之后，用以承载和储存教育功能的形式，表现为人才和精神产品；后者指教育功能的形成和释放同时或接连发生，中间不存在明显的滞缓状态，它表现为对社会舆论的辐射和渗透。在许多情况下，教育功能可以从流动形态转变为储存形态。③ 有论者把对教育功能的期望（教育的期望功能）与教育功能的实际效果（教育的实效功能）区分开来，认为两者分别有以下一些性质和特点：主观性与客观性；超前性与滞后性；指导性与调节性；正面性与多面性；单层性与多层性。④ 这种区分有助于人们认识到教育功能的预期效果与实际效果之间的区别，注意到实际效果的多样性。有论者对此又进一步进行了具体分析，提出了负功能的问题，认为负功能是教育实施所产生的期望效应之外的不良功能。⑤ 这种不良功能造成的负效应主要有：教育与经济发展不和谐导致的负效应；扩充教育不当引起的负效应；教育失当引起的负效应。⑥

---

① 杨斌：《教育的期望功能与实效功能》，载《教育评论》，1991(4)。李诚忠、李忠民：《论教育功能》，载《教育管理》，1991(4)。

② 周志超：《试论教育文化功能的形成、释放与完善》，载《江西教育科研》，1991(1)。周志超：《论现代教育功能的整合与发展》，载《江西教育科研》，1991(5)。郑金洲、李复新：《教育职能研究中的若干问题》，载《浙江教育科学》，1992(1)。

③ 傅维利：《论教育功能的释放与阻滞》，载《教育科学》，1989(1)。

④ 杨斌：《教育的期望功能与实效功能》，载《教育评论》，1991(4)。

⑤ 蒋凯：《试论教育的负功能》，载《江西教育科研》，1994(1)。

⑥ 林良章：《教育负效应探微》，载《教育评论》，1993(1)。

　　1996—1997 年，吴康宁先后发表了《教育的社会功能诸论述评》①、《教育的社会功能新论》②和《教育的社会功能形成问题再审思——兼答赵婷婷同志》③几篇文章，并将它们整合进其所著的《教育社会学》④一书，对教育的社会功能问题进行了系统深入的阐发。他力图从方法论反思的角度，厘清教育社会功能理论的发展逻辑，阐明体现这一逻辑的一些代表性理论（"唯正向功能论""有条件的正向功能论""负向功能论"）的贡献与缺陷，从而为寻觅教育的社会功能研究的新的生长点提供必要的科学基础，并且对教育的社会功能从方向（正负、强弱）及层面（从作用对象层面分为初级功能和次级功能，从作用性质层面分为生存性、游离性、发展性三类功能）两个维度进行深入细致的区分，对教育的社会功能形成的过程进行深入系统的分析，力求回答以下两个基本问题：教育到底有哪些社会功能？教育的社会功能究竟是如何形成的？对于第一个问题，既有的探讨很多，但普遍的不足是缺少较为严密的科学逻辑，论者往往满足于贪细求全地罗列教育的各种具体的社会功能，其结果非但难以使人对教育的社会功能获得整体性认识，还使人感到有"教育万能论"之嫌。第二个问题，在既有的教育功能研究中多半处于"黑箱"状态，很少受到关注。这导致的结果是：当教育的社会功能"卓著"时，人们往往会对教育倾尽赞誉之辞；一旦教育的社会功能变得"低劣"，则人们易于对教育施以不分青红皂白的指责。出于这样一些考虑，他对教育之社会功能的存在形态、层面构成以及形成过程进行了较为细致的分析（见图 2.1）。

---

　　① 吴康宁：《教育的社会功能诸论述评》，载《华中师范大学学报（哲学社会科学版）》，1996(3)。

　　② 吴康宁：《教育的社会功能新论》，载《高等教育研究》，1996(3)。

　　③ 吴康宁：《教育的社会功能形成问题再审思——兼答赵婷婷同志》，载《高等教育研究》，1997(6)。

　　④ 吴康宁：《教育社会学》，北京，人民教育出版社，1998。

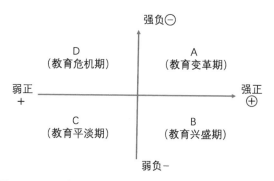

**图 2.1　不同教育时期教育功能总体状况的基本格局①**

　　图 2.1 中的四种基本格局分别主要存在于教育的四种特征性时期。在教育变革期,教育系统多半既会因"大破大立"的改革而产生诸多较强的正向社会功能,也会因这种改革通常(甚至必然)具有许多矫枉过正的现象或非科学性与非规律性的因素而出现广度与深度均不可低估的负向社会功能。在教育兴盛期,教育系统开始真正"享受"改革成果,坚决而又有条不紊地按照经尝试、比较与筛选后形成的新的价值取向、框架结构及制度规范去运行,因而仍会产生较多且较强的正向社会功能,并因其运行的相对科学性与合理性而较少产生负向社会功能。在教育平淡期,教育系统的运行开始逐渐失去前两个时期显露出的"激情"与"活力",而更多地带有"日常事务活动"的色彩;同时也开始遇到不少新问题,使得教育系统的价值取向、框架结构及制度规范开始逐渐显露出一些趋于陈旧的迹象,此时教育的社会功能在正负两个方向上都相对较弱。在教育危机期,教育系统几乎在其所有领域中及所有层面上都遇到前所未有的挑战,其现有的价值取向、框架结构及制度规范所存在的"陈旧"问题开始迅速地、全方位地暴露出来,且程度日趋严重。在这一时期,教育系统终于陷入危机状态,其所产生的社会功能总体来说负强正弱。

---

　　①　吴康宁:《教育社会学》,396 页,北京,人民教育出版社,1998。

它呼唤着新的教育变革期的到来。[①]

　　将"作用对象"与"作用性质"这两个维度相组合，教育的社会功能便可从"层面"上被区分为六种基本类型（见表2.1）。一般来说，教育的具体社会功能基本上均可归入其中某一类之中。譬如，撇开功能的"方向"不论，迄今人们常常论及的所谓的"个体社会化功能""社会筛选功能""创造性精神与能力培养功能"当分属"文化认同""文化标定""文化反思"这三种功能类别，而"社会秩序维持功能""社会结构再生产功能""社会发展促进功能"则分属"社会控制""社会分层""社会变迁"这三种功能类别。[②]

表 2.1　教育的社会功能的层面区分[③]

| 社会功能　作用性质<br>作用对象 | 生存性的 | 游离性的 | 发展性的 |
|---|---|---|---|
| 初级<br>（个体的"文化形成"） | 文化认同 | 文化标定 | 文化反思 |
| 次级<br>（社会的"运作状况"） | 社会控制 | 社会分层 | 社会变迁 |

　　从动态的观点来看，教育的社会功能的形成是一个漫长的过程（见图2.2）。若按时间顺序，教育从其承受社会期待到最终对社会系统产生作用（次级功能）至少经历四个分段过程，即功能取向的确立，功能行动的发生，初级功能结果的产生，以及次级功能结果的衍生。教育的社会功能的形成过程是四个分段过程逐次联结、依序展开的过程，我们通过分析，至少可得出如下两点基本结论。

---

①　吴康宁：《教育社会学》，396~397页，北京，人民教育出版社，1998。
②　吴康宁：《教育社会学》，400页，北京，人民教育出版社，1998。
③　吴康宁：《教育社会学》，400页，北京，人民教育出版社，1998。

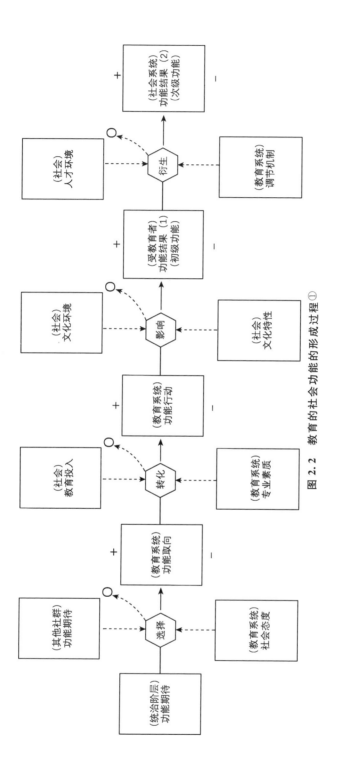

图 2.2　教育的社会功能的形成过程①

① 吴康宁:《教育社会学》,412 页,北京,人民教育出版社,1998。

第一，教育的社会功能的形成总体来说同时受到"教育"与"社会"两方面因素的制约。由于受教育自身因素的制约（当然也受外部社会因素的制约），教育的社会功能未必总能满足统治阶层的功能期待；由于受外部社会因素的制约（当然也受教育自身因素的制约），教育的社会功能也未必总能实现教育者的理想。教育既不是无能的，也不是万能的，这是中外教育实践反复呈现的一个事实。这一事实可从此处就教育的社会功能的形成过程所做的理论分析中得到充分解释。

第二，若以统治阶层的功能期待为参照系，则教育的社会功能的任何一个分段形成过程都存在着三种可能的结果状态，即"正向的"结果、"负向的"结果以及"无结果"。这实际上向教育工作者提示了两个易被忽视的事实。其一，教育产生负向社会功能的可能性存在于教育的社会功能形成的整个过程之中；其二，教育的社会功能的形成过程虽然总体来说是逐次联结、依序展开的，但就具体教育事项来说，其社会功能的形成过程可能是完整的，也可能是残缺的，当任何一个分段过程出现"无结果"状态时，其社会功能的形成过程也就随之终止了。[①]

这样一种对教育功能的系统阐发，以功能主义社会学理论为依托，把对教育功能的探讨推上一个高峰，可谓集当时教育功能研究之大成。这可以被看作教育社会学研究对当时被当作教育基本理论研究之重大课题的教育功能问题所做出的独到贡献，也正是在这样一种研究中，教育社会学首先找到了其"用武之地"。然而，随着社会的发展变革、教育改革大潮的兴起，以及理论研究的主题转换与范式转换，对教育功能问题的关注很快被对其他问题的关注取代。

### 三、进入 21 世纪以来对教育与社会之关系的新探索

进入 21 世纪以来，中国的社会转型性变革日渐加速，教育改革

---

① 吴康宁：《教育社会学》，413 页，北京，人民教育出版社，1998。

也以轰轰烈烈之势展开，教育理论研究蓬勃发展，学界对教育与社会之关系也有了全新的思考与探索。自 21 世纪第一个 10 年的中后期开始，"当代中国社会的教育基础"问题、"社会发展的教育尺度"问题以及"社会教育力"的概念被相继提出，关于教育改革的社会支持与社会制约问题被更加深入地探讨，关于教育与社会之关系的全新思考被不断推进。

（一）社会发展的"教育自觉"以及对教育与社会之关系的理念重构

2008 年前后，叶澜提出了"当代中国社会的教育基础及其改造"问题，旨在从教育基本理论的思考出发，突破对教育与社会之关系进行认识的传统思维方式，突显教育对当今社会而言的基础性意义。这体现着一种真正意义上的"教育自觉"。徐冬青曾对此进行过较为深入的阐发。他认为，在当代社会变革背景中，教育在社会发展中的地位发生了越来越带有根本性的变化，这种变化触及了"社会是教育的基础"这一传统认识，如今，教育已越来越对社会具有基础性意义，因此，我们需要改变传统在教育与社会的关系认识模式上的决定论、二元论思维方式，从二者相互作用、相互构成、动态生成的角度，突出教育作为社会存在与发展的基础所应具有的价值。当今社会的教育已经不再停留在一般工具或一般手段的意义上，不再成为被决定的一方，而是越来越成为社会生活乃至社会发展的基础。随着学习化社会、知识经济或知识社会的到来，当某社会资源或某资本构成中知识要素占据主导地位的时候，教育就成为社会资本积累乃至社会财富积累的前提和重要途径。教育知识与观念在社会文化精神结构中越来越具有基础性意义，重塑当代社会的教育观念基础，重新找回社会发展的生命实践基点，是社会文化精神结构变化的根本。此外，学习型组织已日益成为当今社会组织变革的范式，这意味着社会组织在性质和运作逻辑上的根本性变革。[①]

2011 年 6 月，叶澜在"当代中国社会的教育基础及其改造"的研讨会上正式提出"社会发展的教育尺度"这一概念。李政涛于 2012 年发表了《中国社会发展的"教育尺度"与教育基础》一文，认为当代中国社会发展需要一把教育尺度来衡量，并以此作为判断当前社会发展状态的基本标尺之一。对社会发展而言，教育尺度的缺失表明，社会缺乏对教育的责任，前者总是强调教育要为社会服务，却忽略了社会如何为教育提供更好的服务来使教育在社会转型与发展中发挥更有利的价值；同时也意味着，每个社会细胞缺少对教育价值和教育功能的把握。教育尺度是一种基于教育立场的眼光、视角和参照系。"能否促进并实现人的生命成长和发展"，是教育尺度衡量世间万事万物的基本参照系和标准。教育尺度的引入体现着一种新的思维方式。社会发展对教育的关注，不应仅仅聚焦于"教育应当为发展提供什么"，更需要深入思考的是"社会的发展需要怎样的教育基础""目前的教育基础，是否能够支撑起社会发展和国家繁荣的宏观设计与整体实践"。[②]

2016 年，叶澜在前期理论探索的基础上，提出了"社会教育力"这一概念并进行了深入的阐发与论证。她指出，"社会教育力"问题的提出，是当代中国发展对教育更高需求的表现，是中国教育实现深度转型的必然要求，也是当代中国教育学"教育与社会"关系研究的突破口。当代中国发展需要用"终身教育"的价值、原则和路径等尺度来衡量和推进社会改革与教育变革，重构关于教育与社会之关系的理论与实践。读懂"当代中国"的发展理念、时代精神，才能在矛盾、转型中构建现代教育大格局。这需要全社会的力量，全社会也蕴含着尚未完全开发的教育力量。在"终身教育"视界和"当代中

---

① 徐冬青：《当代中国社会的教育基础之变革初探》，载《基础教育》，2008(3)。
② 李政涛：《中国社会发展的"教育尺度"与教育基础》，载《教育研究》，2012(3)。

国"时空中，建构出具有内在构成和层次结构的"社会教育力"概念，以之为分析框架，可以发现当代中国社会教育力的实存状态、成因及其改进策略与路径，并呈现未来方向。唯有人人自觉承担起"社会的教育责任"，中国教育和社会教育力才有更好的明天。当代中国社会教育力尚处于"半梦半醒"的存在状态中，整个社会尚未形成对教育力的真正自觉，改进策略在于走向聚通与提升，进而实现发展自觉。①

（二）为教育改革寻求"社会支持"及对教育与社会之关系的现实审视

自进入 21 世纪以来，中国教育改革的浪潮可谓"一浪高过一浪"，在世纪之交启动的基础教育课程改革力图在教育教学专业领域掀起一场实质性的变革，由课程的改革引发课堂教学的变革，再到学校制度的重构、教师教育体系的变革等，逐步推进。至 2010 年《国家中长期教育改革和发展规划纲要（2010—2020 年）》的颁布，舆论普遍认为，中国教育改革已经进入"深水区"。教育改革面临重重阻力。这种情形引发了对教育与社会之关系的新的思考。问题首先是从反思社会对教育改革的制约展开的。

1. 社会对教育改革的制约

从 2012 年起，吴康宁及其研究团队承担了"我国教育改革和发展的社会支持体系研究"课题，力图对影响教育改革和发展的外在社会因素展开系统的研究，并探寻为教育改革提供"社会支持"的现实路径。2016 年，吴康宁发表了《社会对教育改革的制约》一文，阐发了在教育改革处于"高原期"的情境下如何通过重新认识与外部社会的关系来破解困局。

吴康宁指出，在过去相当长的一段时间里，对教育改革的思考

---

① 叶澜：《终身教育视界：当代中国社会教育力的聚通与提升》，载《中国教育科学》，2016(3)。

与研究往往容易把视线仅仅聚焦于教育改革本身，偏好于审视与琢磨教育改革的取向本身是否正确、思路本身是否科学、方式本身是否合理、效果本身是否明显等，而忽略了对外部社会因素的关注与强调。人们很容易忘记，教育的依附性特征——依附于社会（政治、经济、文化）——依然存在，而且在任何时候都不可能被完全消除；人们也疏于提醒自己，所谓"教育自身"的一些重要方面其实并非为教育自身所特有，它们也是甚至首先是外部社会在教育领域中的特定延伸（教育意识形态、教育管理体制、教育评价制度等）；人们还很少留意到，在中国当下极为复杂、极为曲折的社会转型过程中，教育改革的几乎所有领域（从高等教育改革到学前教育改革）、所有层面（从宏观层面的教育体制改革到微观层面的课堂教学改革）都受到外部社会的强力制约，其制约程度都远甚于以往阶段。有鉴于此，在深入推进教育改革的当下境况中，我们有必要对教育改革的社会制约问题予以强调，有必要对教育改革发生于、运行于其中的社会土壤予以关注。

　　教育改革是整个社会改革的一个组成部分和具体领域。社会是教育改革挣不脱也离不开的生存土壤，教育改革必然要受社会的全方位制约。社会需要是启动教育改革少不了的动力，社会环境是推进教育改革切不断的根基，社会认可是评价教育改革绕不开的标准。强调教育改革的社会制约，意在提请高度关注教育改革的社会合法性问题，积极寻求并设法增强教育改革的社会支持因素，合理选择教育改革的恰当时机与有效方式。

　　从根本上讲，教育改革和发展之所以需要社会支持系统，是由教育与社会之间的关系决定的。任何社会，都不会允许教育界随心所欲地启动、推进与评价教育改革和发展。社会是教育改革和发展的现实土壤，教育改革和发展能否正式启动、能否顺利推进、能否最终成功，在很大程度上取决于社会向它提供的现实土壤的好坏。

大量经验事实表明，即便社会对教育改革和发展有着强烈需要，即便正是社会的强烈需要这一巨大压力才促发了关于教育改革和发展的行动，然而，当教育改革和发展正式启动之后，一旦要真刀真枪地实施关于教育改革和发展的方案，一旦要深入地、实质性地推进教育改革和发展，却未必能得到所需要的社会大力支持，未必能从教育改革和发展所处外部社会环境中得到充分助力。于是，几乎所有重要的教育改革和发展无一例外都困难重重、举步维艰。于是，起初轰轰烈烈、其后冷冷清清、继而徒有虚名、最终偃旗息鼓的现象相当普遍，三心二意、空喊口号、虚与委蛇、忽悠作秀乃至借改革和发展之机谋名逐利等也成为混杂于教育改革和发展中的一些常态现象或准常态现象，以至于我们很难仅凭各种公开的文件、仪式、会议、活动以及相应的媒体报道，便可准确判断教育改革和发展的实际进程与实际效果。① 社会的政治、经济、文化等所有领域的状况都制约着教育改革和发展的推进过程，社会的思想、制度、物质等所有层面的条件都影响着教育改革和发展的推进过程，社会的历史背景、现实场景、未来前景等所有时空图景也都牵扯着教育改革和发展的推进过程。

在深入推进教育改革和发展的今天，我们需要特别强调教育改革和发展的社会制约。我们绝不能把教育改革和发展仅仅理解为只是在"教育"的边界内、"学校"的围墙里发生的、被推进并被评价的一种封闭的活动；应时时意识到教育改革和发展植根于现实社会的土壤之中，教育改革和发展的启动、前行及效果，都挣不脱、离不开社会的影响。强调这一点，并非是要诉说教育改革和发展的无奈，而是要提请高度关注教育改革和发展的社会合法性问题，积极寻求并设法增强教育改革和发展的社会支持因素，合理选择教育改革和

---

① 参见吴康宁为由广西师范大学出版社出版的《中国教育改革的社会学研究丛书》所做的总序。

发展的恰当时机与有效方式。①

2. 对教育与社会之关系的现实审视

2016 年吴康宁在《教育研究》上发表了《教育究竟是什么——教育与社会的关系再审思》一文，对教育与社会之关系的现实层面进行了深入系统的分析。他在该文中指出，对教育与社会之关系进行再审思后发现，从教育的社会属性来看，纯而又纯的教育并不存在；教育的职责履行，需要相应的保障条件；教育的地位形成不仅仅取决于外部社会，教育的自身状态也是影响因素；教育的角色扮演，是教育对社会发展进程的态度及其实际社会地位共同作用的产物；在教育的功能结构中，"显性负功能"已成为一种严峻的新挑战。该文在两个方面实现了对教育与社会之关系认识的突破。②

一是突破了传统在探讨教育与社会之关系时将教育与社会"二元分立"的认识方式。

教育与社会之关系是教育面对的两大基本关系之一，充分认识与把握教育与社会之关系是确保教育在社会中正常、顺畅地发展的思想前提。改革开放以来，我国教育学界对教育与社会之关系的基本认识大体上可归结如下：教育既受社会制约，又反作用于社会。③关于教育与社会之关系的林林总总的论述可以说都是这一基本认识的具体展开。实事求是地讲，这一基本认识确实是辩证的。但不可否认的是，迄今关于教育与社会之关系的许多论述客观上又有将教育与社会"二元分立"之嫌。原因在于，人们在谈论教育受制于社会时，通常会忽略教育对自身"受制"状态的"贡献"；在谈论教育对社会的反作用时，则又很少关注这种反作用本身在现实社会中的"可

①　吴康宁：《社会对教育改革的制约》，载《教育研究》，2016(3)。

②　吴康宁：《教育究竟是什么——教育与社会的关系再审思》，载《教育研究》，2016(8)。

③　南京师范大学教育系：《教育学》，40～70 页，北京，人民教育出版社，1984。

能"与"限度"。这就导致现有理论对教育与社会之间极为错综复杂的关系状态缺乏足够的穿透力和解释力。

教育本身是一个复杂的大型场域，而教育置身于其中的社会更是一个不知要复杂多少倍的"巨型场域"，是一个极为复杂的场域之网。社会作为场域之网，其真正复杂之处在于，其所涵盖与涉及的众多场域纵横交错、交叉重叠，以至于其形成了你中有我、我中有你的相互牵绊、相互纠缠的错综格局。这意味着，在人们通常所理解与谈论的似乎有着明确边界的诸如政治、经济或文化等领域中，其实并非只有政治、经济或文化等成分本身，而是同时蕴含着或渗透着其他成分。即是说，纯而又纯的政治、经济、文化等其实并不存在。同理，纯而又纯的教育也不存在，任何教育都不可避免地刻有政治、经济、文化等社会因素的深深印记。进一步而言，任何教育中都有政治、经济、文化等社会因素近乎天然的"介入"或"加盟"。

二是在从教育的实际角色看教育与社会之关系这一方面，突破了"社会决定论"与"教育能动论"的简单化倾向，区分了教育与社会之关系的基本类型。

在现实的社会发展进程中，教育究竟扮演着怎样的角色？它究竟为什么会扮演如此这般的角色？若是依据我国教育学界迄今关于教育与社会之关系的探讨中不时呈现的两种相互对立的观点，答案会非常简单。一种观点可被称为"社会决定论"。这种观点认为，教育说到底是社会的产物，教育服务于社会且受制于社会；在教育与社会之关系中，社会始终是强势的，教育总归是弱势的。按照这一观点，面对社会提出的要求（期待、希望），教育应当且唯有服从。也就是说，在现实的社会发展进程中，教育的角色扮演取决于社会，教育必须扮演如此这般的角色。另一种观点可被称为"教育能动论"。这种观点认为，教育并不纯粹是社会的工具和附庸，而是一种能动的社会主体。按照这种观点，不论社会向教育提出怎样的要求，教育都有它自己的判断与选择。即是说，在现实的社会发展进程中，教育的角色扮演取决于教育自身，是教育自身的"自由意志"的产物，教育自主地扮演着如此这般的角色。教育的实际角色扮演并非如上述"社会决定论"与"教育能动论"所以为的那么简单。在现实社会中，对教育的角色扮演进行制约的因素是多方面的，其中最主要的因素有两个。第一，教育的态度，即教育基于自身的价值取向与利益权衡而形成的对社会发展进程的态度。这是教育自身所持有的，是主观的。第二，教育的地位，即教育在现实社会中的实际地位，这是教育被赋予的，是客观的。如果把教育对社会发展的态度大致分为"赞同""漠然""反对"三种性质，并把教育的实际社会地位大致分为"高""中""低"三种情况的话，那么，教育的实际角色便有九种可能（见表 2.2）。

表 2.2　教育的实际角色的基本类型①

| 教育的实际角色＼教育的实际社会地位＼教育对社会发展的态度 | 高 | 中 | 低 |
|---|---|---|---|
| 赞同（推动者） | 启蒙者 | 协助者 | 顺应者 |
| 漠然（逍遥者） | 超脱者 | 旁观者 | 逃避者 |
| 反对（抵制者） | 逆行者 | 批判者 | 拖延者 |

### 结　语

教育与社会的关系问题是教育理论研究的一项重要主题。对教育与社会之关系的认识既会在宏观层面上影响到国家教育发展的战略抉择与方针政策，也会在较为微观的层面上影响到具体教育实践活动的开展。回顾新中国 70 年教育理论研究中对教育与社会之关系认识的演进历程，我们可以清晰地感受到不同的历史时期在主导性的理论认识范式、教育价值观这两方面的显著变化。

---

① 吴康宁：《教育究竟是什么——教育与社会的关系再审思》，载《教育研究》，2016(8)。

　　在主导性的理论认识范式方面，新中国成立后，在苏联教育理论的引领与示范之下，对教育与社会之关系的探讨主要是通过马克思主义社会结构理论的范畴展开的，即把教育归入上层建筑的范畴，通过明确教育的社会定位及其与基本社会范畴之间的关系来把握教育的"专门特点"与规律，突显教育的政治性。这样一种理论认识范式对中国教育理论研究影响相当深远，直到改革开放初期关于教育本质的大讨论，关于教育究竟是上层建筑还是生产力的论争，依然是在这样一种理论认识范式中展开的。当然，改革开放后所强调的重点已发生了显著的改变，争论的起点便是反对把教育仅仅看作上层建筑，而更为强调教育与生产力之间的关联，教育的经济性受到空前的强调，当时有关"教育优先发展"的主张基本也都是从强调教育对经济发展的作用这一角度展开的。随着关于教育本质及教育功能的探讨与论争的深入开展，主导性的理论认识范式也逐渐发生改变。一方面，对教育本质的探讨逐渐从经典的马克思主义社会结构理论范式过渡到教育学的理论范式，如在教育本质探讨后期出现的"特殊范畴说"与"实践说"逐渐实现了从社会理论向教育学理论的过渡；另一方面，对教育功能的探讨则逐渐更多地借助一些新兴的社会学理论，尤其是当时主导性的系统论与结构功能论，或者说系统功能论的理论认识范式逐渐成为一种探讨教育与社会之关系的主导性的认识范式。进入 21 世纪以来，随着中国本土教育学理论的日渐成熟以及教育社会学研究的深入推进，探讨教育与社会之关系的理论认识范式又一次发生了深刻的转变。一方面，中国本土教育学理论的成熟唤醒了社会发展的"教育自觉"以及教育学意识的觉醒，教育不再被看作仅仅被决定之物，而是一种能动的独特的存在，教育学也由此摆脱了对社会理论的依赖，关于教育与社会之关系的认识进一步突显出教育自身的力量；另一方面，教育社会学研究也逐渐超越了先前系统功能论乃至冲突论的理论认识范式，以场域论为代表的新兴社会理论带来对教育与社会之内在关联的深刻洞察。

在教育价值观方面，在相当长的时期内，教育都被看作旨在实现某种社会目标的"工具"，即或者被看作"阶级斗争的工具""为政治服务的工具"，或者被看作"生产斗争的工具""经济建设的工具""文化发展的工具"等。直到进入 21 世纪以后，这样一种工具论的教育价值观才开始在教育理论研究中被深刻地反思与解构。由此，对于教育与社会之关系，认识范式发生了深刻变化。在与社会的关系方面，教育就其价值定位而言绝不只是"工具"，教育本身就是社会的功能与目的，教育本身就是衡量社会发展的一种重要尺度。在社会发展日新月异的当今时代，在社会转型性变革日益深入的今天，在由知识创新所驱动的学习型社会全面来临之际，教育正在成为社会变革的一种主导性力量。这也正是我们重新思考教育与社会之关系的核心意义所在。

## 第二节　社会变革过程中的教育公平问题研究

教育公平问题或者说教育机会均等问题是教育社会学研究的一个重要主题。新中国自成立以来，在教育发展的不同时期，对教育公平问题有过不同的认识和实践。自 20 世纪 90 年代以来，随着我国社会发展的加速，以及不同地区之间、不同社会阶层之间差距的逐步拉大，教育公平问题进一步凸显，成为社会关注的热点，并逐渐成为教育社会学研究的一个焦点问题。

### 一、推进教育公平的基本经验与所面对的基本矛盾

（一）推进教育公平的基本经验

新中国的教育是面向人民大众的教育，这又被称为"教育的民主化"。新中国的教育机会均等实践不同于西方国家的独特之处在于，它始于一个半殖民地半封建国家政治革命成功之时。人民政权的诞

生标志着中国社会关系的根本变革，原先被压在社会底层的劳苦大众成了国家的主人，政治上的翻身必然伴随着文化教育上的翻身。由于政权性质和社会性质发生了根本改变，新中国必须对旧教育进行彻底的改造，进而为办崭新的人民教育事业探索道路。新中国在成立后的前 17 年，在实现教育民主化方面，主要做了如下努力。①

1. 确立"为工农服务"的教育方针

新中国的教育"应为全民族百分之九十以上的工农劳苦民众服务"，是由我国政权的社会主义性质决定的。这一指导思想首先由毛泽东在党的七大上提出。1949 年 9 月通过的《中国人民政治协商会议共同纲领》对此思想做了具有法律意义的规定。1949 年 12 月召开的第一次全国教育工作会议，确定新中国的教育是"新民主主义的教育"，是民族的、科学的、大众的教育，其方法是理论与实际一致，其目的是为人民服务，首先为工农兵服务，学校必须为工农开门；指出"发展教育要普及与提高相结合……在相当长时期内以普及为主"②。会议确定的具体的工作方针是"除了必须维持原有学校继续加以改进外，教育应着重为工农服务，而当前的中心环节，应是机关、部队、工厂、学校普遍设立工农中学，吸收大批工农干部及工农青年入学，培养工农知识分子干部，同时大量组织业余补习教育，准备开展识字运动"③。

2. 颁布"向工农开门"的学制

1951 年颁布的新学制，对旧学校制度做了根本改造，从我国学校的性质、任务、入学条件、修学年限等方面保证教育方针的贯彻，使各级各类学校向工农大众敞开大门。新学制具有三大特征：其一，

---

① 金一鸣：《教育社会学》，89~91 页，石家庄，河北教育出版社，1996。

② 教育大辞典编纂委员会：《教育大辞典》第 10 卷，420 页，上海，上海教育出版社，1991。

③ 王育民、薛文华、姜念东：《中国国情概览》，514 页，长春，吉林人民出版社，1991。

规定学校教育向工农开门，使广大劳动人民有优先受教育的机会；其二，把各类工农干部学校和各类工农群众学校列入学校系统，并使其与正规的中等学校、高等学校贯通，保证一切工农干部、职工和失学成人都有受各级教育的机会；其三，采取灵活多样的办学形式和步骤，如业余学校、夜校、冬学、广播、函授教育，以适应工农群众和干部的学习需要。

3. 实行"人民助学金制"

1952 年建立的助学金制规定：高级中学按学生总数 30％的享受面、每人每月 9.5 元的标准，初级中学按学生总数 20％的享受面、每人每月 8.5 元的标准编制人民助学金预算；高等院校学生一般享受标准为每人每月 12 元（高等师范院校学生为 14～16 元）的助学金（大致相当于全国非农业居民年均消费水平 148 元的标准）；干部进入工农速成中学、高校，全部享受每人每月 32 元的助学金。这一制度为工农青年和干部入学提供了有力的保障。工农成分的学生在中等以上学校中的比例明显上升。据统计，1953 年全国普通中学工农及其他劳动人民的子女所占的比例超过了 71.00％；高校工农成分的学生，其比例从 1952 年的 20.46％上升到 1957 年的 36.42％；高校新生中工农成分的学生，其比例从 1958 年的 55.28％上升到了 1965 年的 71.20％。工农成为受教育主体这一目标基本实现。

4. 推行"两条腿走路"的办学方针

这一方针意在调动中央和地方（包括厂矿、企业、农业合作社、学校和广大群众）两方面的办学积极性，争取实现统一性与多样性相结合、普及与提高相结合、全面规划与地方分散相结合。这一方针是根据我国人口基数大、国家经济实力有限、普及教育任务紧迫的国情提出的，对于加快普及教育尤其是初等教育的速度收效明显。以小学为例，1965 年，相较于 1949 年的 20.00％入学率提高到了 84.70％；由厂矿企业、人民公社创办的半工半读、半耕半读学校有

84.90 万所，在校生为 2518.10 万人，占全国小学生的 21.67%。

(二)以公平为取向的教育发展所面对的基本矛盾

新中国成立后，对旧教育的否定和改变，突出体现为向工农大众开放教育，用多种形式帮助工农大众学习文化、接受教育。这体现了新中国重视社会公平、教育公平的基本价值。但是，在一个人口众多、经济落后的发展中大国，教育的发展不仅受政治制度、意识形态的支配，而且为当时的社会发展水平、教育资源状况所制约。在新的政治理论指导下，以迅速实现工业化为目标，新中国的教育发展面对一些基本矛盾，必须做出艰难的选择。[①]

1. 不同社会群体的教育权利

为人民大众的教育，是当时教育政策的基点。20 世纪 50 年代掀起扫除文盲的全国性热潮，其规模之大、影响之深，前所未有。在工农速成中学、业余学校、夜校、政治学校、干部培训学校中，许多原先无缘接受教育的成人获得不同程度的文化教育。

但是，起点的教育公平问题随之产生，主要表现在两个方面。一是一些特殊群体的特殊利益开始呈现，其典型如享有某种特权的干部子弟学校的普遍设置。毛泽东等人对此产生警惕，干部子弟学校于 1955 年被通令取消。二是在扩大人民教育权利的过程中，"人民"这一概念逐渐被加以区别，人民被划分为劳动人民和非劳动人民；此外，还有一个不属于人民的剥削阶级、反动分子阶层。在"以阶级斗争为纲"逐步升级的背景下，家庭出身成为衡量一个人的政治先进性的重要标准，这演化出被称为"阶级路线"的一套相当制度化的政策：一个人在进入高校学习、毕业分配、出国、提拔任用时，被根据家庭出身予以不同的对待，剥削阶级子弟、非劳动人民子弟

---

① 杨东平：《对建国以来我国教育公平问题的回顾和反思》，载《北京理工大学学报(社会科学版)》，2000(4)。

接受高等教育和向上流动的机会被限制。

2. 在精英教育与大众教育之间的选择

除了恢复和扩大劳动人民的教育权利，新中国的教育还面临另一重要的任务：通过正规化、制度化的建设，为迅速实现工业化和建设强大的国防培养与输送人才。因而，面向工农大众的教育在关于"公平与效率"的两难选择中仍然存在现实的疑惑和冲突，并表现出了摇摆不定。这在当时体现了"普及与提高"的关系。

在 20 世纪五六十年代现实的发展中，我国教育实际走的是"精英教育"的路线。国家教育投资集中在高等教育领域，并且高校免收学费；响应优先发展重工业和国防科技工业的号召，高等教育的学校布局和学科专业结构呈现"重理轻文"的特征；我国实行重点学校制度，层层选拔尖子，培养少数英才。

1953 年 5 月，毛泽东主持中共中央政治局会议，决定"要办重点中学"。教育部确定"有重点地办好一些中学与师范"，以取得经验，指导一般。确定的重点中学，其分布情况是：北京 20 所，江苏 14 所，天津、上海、四川、安徽、福建各 10 所，其他各省份分别为 1～9 所，总计全国重点中学 194 所，占全国中学的 4.4%。[1] 在 20 世纪 60 年代初教育调整、整顿的过程中，重点学校建设又一次被提上议事日程。1963 年，27 个省份确定的重点中学共 487 所，占公办中学的 3.1%。重点中学的主要功能是为高等学校输送合格新生，以与高等教育的需要配套。1959 年，周恩来在二届全国人大一次会议上说："首先集中较大力量办好一批重点学校，以便为国家培养更高质量的专门人才，迅速促进我国科学文化事业的提高。抓住重点，带动一般，是符合教育事业发展规律的。"[2]1962 年教育部颁布《关于

[1]　本书中与中国省份相关的数据统计及地区划分等，均不涉及港澳台地区。
[2]　转引自温娇秀：《教育机会与收入分配》，77 页，上海，上海财经大学出版社，2012。

有重点地办好一批全日制中、小学校的通知》，提出如下要求：各地
选定一批重点中小学，这些学校的数量、规模与高一级学校的招生
保持适当比例，高中应全部包括在这类学校内，与高一级学校形成
"小宝塔"，并集中精力先办好一批"拔尖"学校。[①]

　　这一选择的作用主要是为我国 20 世纪五六十年代实现工业化和
国防建设提供智力支持和人才支撑。其问题是，教育资源配置严重
失衡，重高等教育，轻基础教育，致使基础教育尤其是农村教育长
期薄弱，城乡之间、地区之间的教育差距加大。这不仅严重损害了
教育公平，而且构成了对后来我国现代化建设的深刻制约。

　　3. 在教育发展路径上的冲突

　　新中国成立初期，面向工农大众的非正规的、普及型的教育，
立即与培养专家、发展大工业的目标发生冲突。随着对苏联的全
面学习，我国按照苏联模式建立计划经济体制和新的高等教育体
系，我国教育由此进入了制度化、正规化建设的新阶段。对教育
质量和业务标准的重视，导致了工农速成中学和调干生被取消，
大学、中学、小学普遍学习凯洛夫教育理论和苏联学校制度，建
立起一套严格、复杂的教学管理体系——后来被称为"无产阶级教
条主义"。

　　毛泽东对当时的这种教育持反对意见。他在 1958 年和 20 世纪
60 年代两度发起的"教育大革命"，包括许多复杂的层面，其中之
一，是对教育公平原则的强调和坚持。他关注的重心始终是面向
大多数人的教育和普及基础教育，尤其是农村教育。他仍然强调
广大劳动人民子弟普遍的教育权利，这一努力有两个方面：一是
突破考试制度、分数门槛对工农子弟的束缚；二是通过改革和缩
短学制，下放各级教育的管理权限，强调利用多种方式、多种渠

---

　　① 杨东平：《艰难的日出：中国现代教育的 20 世纪》，158 页，上海，文汇出版社，
2003。

道发展教育。

毛泽东的这一思路和改革教育的努力，一直延伸到"文化大革命"时期。其实"文化大革命"中在"教育大革命"方面的"新生事物"，如保送和考试相结合的招生办法、"社来社去"的分配改革，以及让有实践经验的工人进入"产业工人班"等，在"文化大革命"之前即已开始了。今天，我们可以认识到的是，尽管毛泽东关注工人、农民的教育权利，但用"革命"的手段使处于文化弱势地位的工农实现翻身式的突变，这一努力是不切合实际的。这否定了相对而言最为公平的统一考试制度，又未能提供更为公平、更为有效的做法。在"文化大革命"中高考制度被取消后，免试推荐制度演变为严重的权力交易，使公平竞争荡然无存，从而实际上损害了大多数人的教育权利。

**二、教育公平的不同阶段及其特征**

杨东平认为，新中国的社会发展和教育发展，可以被清晰地划分为如下四个各具特点的不同阶段。[①]

第一，"文化大革命"前的 17 年教育。这个时期的教育作为计划经济时代的产物，奠定和形成了我国基本的教育体制、教育价值和教育模式。其主要的制度特征是突出政治、阶级路线政策、城乡二元格局、优先发展高等教育、重点学校制度等主要体现精英主义的价值和路线。这一时期教育公平的特征是：基于政治歧视的权利不平等；从 20 世纪 50 年代初的大众主义教育转向精英主义教育。在"文化大革命"前的 17 年，基于革命理念和社会主义的公平价值与基于工业化和赶超模式的效率优先原则一直处于强烈的冲突之中，"教育大革命"的发动则为这一矛盾的总爆发。

---

① 杨东平：《中国教育公平的理想与现实》，57～58 页，北京，北京大学出版社，2006。

第二，"文化大革命"时期的教育。这一时期的"教育大革命"，除了在政治挂帅、贯彻阶级路线等政治化的方面继承"文化大革命"前的 17 年教育外，其他方面皆"反其道而行之"。它试图通过打击知识分子、下放教育权力、取消学校差别、取消考试制度等方式，推进教育公平。教育的重心下移至农村，重在普及教育，是一种低重心、公平优先和"平均主义"的发展模式。这一时期教育公平的特征是：权利不平等，教育面向大多数人，低水平的教育机会均衡。

第三，20 世纪 80 年代的教育。对"文化大革命"时期教育的拨乱反正，导致对"文化大革命"前的 17 年教育的全面恢复，区别在于废止了阶级路线政策，改变了打击、否定知识分子的政策。教育重新导入、体现国家主义目标的精英路线。教育公平问题主要表现为制度性原因造成的城乡差距、地区差距、学校差距等。这一时期教育公平的特征是：权利平等，能力主义取向的分数面前的平等，面向少数人的精英型教育。

第四，20 世纪 90 年代中期以来的教育。由于市场经济和教育市场化的发展，单一公立学校的格局被打破，入学机会的单一分数标准也被打破。教育在规模、数量上的大发展，使其具有全民教育的价值。但旧有的制度性障碍在市场环境中的演化，产生转型社会特殊的教育问题：教育机会、教育差距均扩大，即"不公平的增长"。

由于 20 世纪 80 年代的教育具有一种过渡性，在类型上与 20 世纪 50 年代相似，故可将其忽略，则新中国的教育公平主要为三种类型，其制度性特征见表 2.3。

表 2.3　我国教育公平不同阶段的制度性特征①

| | "文化大革命"前的 17 年(1949—1966 年) | "文化大革命"时期 (1966—1976 年) | 社会转型时期(20 世纪 90 年代中期以来) |
|---|---|---|---|
| 国家目标 | 工业化、赶超西方 | 革命化、政治化 | 现代化、赶超西方 |
| 教育价值 | 精英主义、效率优先 | 大众化、公平优先、平均主义 | 精英主义＋全民教育、效率优先 |
| 资源配置 | 城乡二元格局、高等教育优先 | 面向农村和基础教育 | 城乡二元格局、高等教育优先 |
| 发展路径 | 扶持重点 | 群众运动、群众路线、多种形式办学 | 扶持重点、多渠道筹资、学校经营创收 |
| 学校系统 | 重点学校制度 | 取消学校差别 | 重点学校制度＋民办教育 |
| 教育权利 | 阶级内的平等＋少数人特权 | 阶级内的平等＋少数人特权 | 平等权利＋少数人特权 |
| 教育机会获得 | 政治标准和能力标准：阶级路线政策＋分数 | 政治标准：阶级路线政策 | 多元标准：分数＋金钱＋权力 |
| 教育公平评价 | 权利不平等：精英教育 | 权利不平等：低水平的均衡教育 | 权利平等：教育机会扩大，教育差距扩大 |

　　这样一种划分将改革开放以来中国的社会发展与教育发展大致分为两个阶段，认为 90 年代中期是中国社会的一个鲜明转变时期。②

---

① 杨东平:《中国教育公平的理想与现实》,58 页,北京,北京大学出版社,2006。

② 社会学家把 80 年代与 90 年代中期以来的社会转型加以区分。这两个发展阶段之间既有联系,也有重要的区别。它们被区分为改革的"侵蚀阶段"和"转型阶段"。在"侵蚀阶段",改革的主要任务是消解旧体制、旧观念;市场改革的平等化效益能够比较明显地体现;社会结构和利益开始出现分化,但还没有造成严重的贫富差别;不同社会阶层都能从发展市场经济的改革中获益。在"转型阶段",新的社会结构相对定型,各不相同的利益集团出现,使改革的逻辑和机制发生了变化。由政府主导、"内部人"为主的改革形成的扭曲的市场,使强势阶层在社会转型中获得更多的利益,甚至出现"赢者通吃"的现象,社会财富迅速集中到少数人手中,从而致使社会贫富差距、城乡差距持续扩大。(孙立平:《转型与断裂:改革以来中国社会结构的变迁》,北京,清华大学出版社,2004。孙立平:《侵蚀阶段与转型阶段》,载《经济观察报》,2005-11-21。)

这一时期是中国开始全面实施市场经济的时期，也是教育公平问题逐渐凸显并日渐引起关注的时期。教育理论界对教育公平问题的真正关注也正是从这一时期开始的。从此之后，对教育公平问题的探讨日渐增多，进入 21 世纪之后，教育公平则多次成为教育研究的核心话题，成为关注的焦点，相关研究大量涌现。

杨东平的这样一种基于教育公平状况对教育发展阶段的划分是在 2005 年前后做出的。现在看来，自进入 21 世纪以来，中国社会发展、中国教育公平状况同时经历的另外一个重要转折期应发生在 2010 年前后。随着市场经济的全方位推进、经济全球化进程的加速、中国综合国力的迅速提升，中国社会经历着较为深刻的社会转型，社会阶层分化呈现出新的态势，社会治理问题引起较为普遍的关注，教育改革进入了深水区，对教育公平问题的探讨也逐渐走向深入，教育与社会阶层再生产的关系成为一个重要的探讨话题。

### 三、20 世纪 90 年代对教育公平问题的探讨

在中国，教育公平问题真正引起教育理论研究界的关注始于 20 世纪 90 年代初。一开始，理论界沿用国外教育社会学研究的概念，更多地使用"教育机会均等"这一概念，至 90 年代后期则越来越多地使用"教育公平"这一概念。

在 90 年代，对教育公平问题的关注主要集中于以下几个领域：由社会、经济发展不平衡造成的地区差别；由城市和农村巨大的发展差异造成的城乡差别；由贫富差距以及家庭社会、文化背景的不同造成的阶层差别；由历史和文化传统造成的性别差别；对少数民族来说的民族差别。关注的重点尤其集中在前三个领域。

（一）地区差别

中国是世界上地区差别最显著的国家之一。据胡鞍钢等人的研究，20 世纪 90 年代中国的地区差别比发达国家历史上出现过的最大值还要大。而且，"八五"期间，中国出现了地区经济发展的相对差

距和绝对差距同时扩大的趋势：各地区人均国内生产总值（GDP）相对差距呈扩大趋势，最富地区与最穷地区人均 GDP 相对差距出现扩大趋势；各地区人均 GDP 绝对差距进一步扩大，最富地区与最穷地区人均 GDP 绝对差距进一步扩大。①

　　我国省份可被大致分为东部、中部、西部三个地区，其中，东部地区经济最为发达，中部次之，西部则最不发达。王善迈等根据经济发展水平将我国省份做如下划分：京、津、沪为经济最发达地区，即一类地区；辽、苏、浙、鲁、粤为发达地区，即二类地区；冀、晋、吉、黑、皖、闽、豫、湘、鄂、川、新为不发达地区，即三类地区；其余省份为最不发达地区，即四类地区。他们通过对1988 年、1991 年、1994 年的教育发展状况进行数据分析发现，除了在儿童入学率、小学毕业升学率、初中毕业升学率等方面存在区域间的明显差别外，在人均教育经费及教育资源配置这两方面，地区之间的差别也相当显著。1988—1994 年，一类地区人均教育经费始终是三类、四类地区人均教育经费的 2～3 倍。1994 年，二类地区的人均教育经费约高出三类地区 45 个百分点。②

　　很多实证性研究揭示出经济发达程度不同的地区之间在教育机会方面的巨大差异。例如，1992 年，我国除西藏、港澳台地区外的省份，小学入学率低于 90％的县共 120 个，其中四川、青海、甘肃、贵州、云南和宁夏这 6 个省份占 116 个。如果加上辍学率、及格率等指标，地区之间的差别会更加悬殊。1992 年，小学辍学率全国为2.19％，沿海省份一般在 1.00％以下，而西部有 5 个省份超过5.00％，贵州高达 7.10％，贫困地区个别县高达 50.00％。那些人

---

　　①　胡鞍钢、王绍光、康晓光：《中国地区差距报告》，8 页，沈阳，辽宁人民出版社，1995。
　　②　王善迈、杜育红、刘远新：《我国教育发展不平衡的实证分析》，载《教育研究》，1998(6)。

均收入不足 300 元的贫困地区，由于经济落后，再加上居住分散、交通不便、住宿设施缺乏等原因，尚缺乏普及小学教育的必要条件。这些地区贫困农户的孩子与发达地区特别是大城市中富裕家庭的孩子，不论在入学机会上，还是在所享受到的教育条件、教育质量上，都存在着悬殊的差距。至于女童和男童之间在入学机会上的差距，在贫困地区也十分明显。在办学条件方面，地区间的差距也是显而易见的。例如，1991 年预算内全国生均教育经费小学为 114.79 元，中学为 254.63 元。按省份来看，除西藏外，小学生均费用最高的上海为 367.37 元，最低的河南为 59.66 元；中学生均费用最高的北京为 760.10 元，最低的江西为 166.47 元。沿海地区不少农村乡镇兴建了一批现代化的校舍，配备了先进的教学设备，吸引了拥有高学历的教师，而贫困地区连最起码的粉笔、备课纸等也难以保证。就小学和中学的理科教学仪器配备达标率来看，全国平均分别为 12.7%、29.5%，其中就小学达标率而言，上海为 62.9%，而另有 12 个省份还不到 5.0%；就中学达标率而言，上海为 91.0%，北京为 52.0%，天津为 65.2%，但广西、海南、西藏、青海四省份平均不到 10.0%。沿海地区一些省份准备由大专生担任小学教师，由本科生担任初中教师，而中西部地区有 6 个省份的初中专任教师学历合格率低于 50%，有些地区甚至还有同级教师参加同级毕业生考试不及格的现象。撇开社会环境的综合条件，就教育自身所需的这些办学条件看，教育质量上的悬殊是不言而喻的。[1]

（二）城乡差别

1990 年第四次人口普查显示，我国城镇人口所占比例为 26.23%；1995 年 1%人口抽样调查显示，该比例为 28.85%；1997 年 10 月，该比例为 29.92%，农村人口约占 70%。随着九年义务教

---

[1]　谈松华：《论我国现阶段的教育公平问题》，载《教育研究》，1994(6)。

育的逐渐普及，农村教育有了很大的发展，但整体仍然落后，教育机会不均等的现象依然严重存在。城镇和农村之间在适龄儿童的小学入学率、初中入学率、住校生比重上的差距明显。

1995年，农村义务教育适龄儿童占全国适龄儿童总数的80％以上，而按学段来看，在校生占全体总数的比例，小学在校生占70.5％，初中在校生占57.1％。以1998年我国城乡普通中学的状况看，初中阶段农村学生占这一学段在校生总数的一半多，但高中阶段农村学生仅占这一学段在校生总数的14.0％。城乡之间的差距，就高中教育而言，1998年比1995年上升了近4个百分点。

农村学生辍学率、流失率仍然较高，初中生辍学率上升。1998年全国初中在校生辍学率为3.23％，达167万人，比1997年上升0.09个百分点；农村学生辍学率为4.20％，高出全国平均水平0.97个百分点。有的地方农村辍学率甚至在10.00％以上。

此外，由于义务教育经费严重不足，至20世纪90年代末期，中西部的农村地区还有相当数量的学校危房存在，大面积拖欠教师工资问题仍然没有得到根本解决。据中国教育工会1999年上半年调查，全国有三分之二的省份拖欠教师工资。大量代课教师的问题尚未得到相应的重视和解决。①

（三）阶层差别

20世纪80年代以来，我国社会阶层逐渐分化，贫富差距逐渐拉大。1997年我国城乡居民家庭人均收入最高的1/5人口占有全部收入的51.40％，次高的1/5人口占有8.63％，收入最低的1/5人口占有4.06％，高收入群体占有总收入的比例大约是低收入群体的12.7倍。城乡居民家庭人均收入的基尼系数，1979年为0.31，1988年为0.38，1994年为0.434，1997年为0.4577，呈逐渐超过国际上

---

①　杨东平：《对我国教育公平问题的认识和思考》，载《教育发展研究》，2000(8)。

一般认为的适度范围的趋势。[1]

由于义务教育阶段实际的教育收费不断增加，高中阶段教育和高等教育实行收费制，社会弱势群体的教育权利受到不同程度的影响，校园中的"贫困生"群体成为社会关注的焦点之一。关于农村大量出现的学生辍学现象的调查显示，贫困仍然是许多人上不起学的第一位原因。但与以前不同的是，当前许多地方出现的令农民难以承受的教育负担，是由不规范的乱集资、乱收费造成的。在城市化的过程中，全国数千万流动人口及其子女的教育问题被忽视。由于非义务教育阶段的学校教育实行收费制，校园中出现了一个不断扩大的贫困生阶层。据以魏新等为代表的北京大学课题组的研究，即使在每年学费 1000 多元的条件下，全国普通高校在校生中尚有 25%左右的贫困学生。研究显示，1997 年入学学生组对普通高等教育需求的价格弹性系数为 1.095，这意味着学费增加 10%时，约有 11%的学生会因难以负担学费而放弃接受高等教育的机会。[2]

一些调查显示，在城市重点中学以及高等教育的入学机会上，来自不同阶层、不同家庭背景的学生之间存在明显差别。占人口90%以上的体力劳动者，其子女在分数面前人人平等的考试竞争中显然处于不利地位。北京市招生办统计：1990 年位于北京的高校录取新生 17248 人，其中干部、军人、职员的子女为 13474 人，占78%；工农子女为 3561 人，占 21%。[3] 名牌大学、重点大学和热门专业，来自干部家庭和知识分子家庭的子女比重越来越大。即便上大学，贫困家庭的学生以进入军校、师范、农林及一些冷门专业为多。在城市重点中学，干部家庭和知识分子家庭的学生占绝大多数，

① 杨东平：《对我国教育公平问题的认识和思考》，载《教育发展研究》，2000(8)。
② 北京大学课题组：《关于扩大高等教育规模对短期经济增长作用的研究报告》，载《经济学消息报》，1999-08-06。
③ 王一兵、周满生、王欣：《80 年代发达国家教育改革的趋势和启示》，载《教育研究》，1992(6)。

干部家庭的学生所占比例远远超过来自其他家庭的学生。不同阶层的子女在学业成功上的差异同样巨大，在各级学校教育中学习失败、辍学留级、中途弃学的，主要是家境贫寒、社会地位较低的阶层的子女。[①]

有研究也指出，由行业不同和职位不同所造成的差距扩大，人为地加剧了教育机会的不平等。改革开放以前，我国的社会结构比较简单划一，社会三大阶层之间的差异相对较小，干部、工人、农民在各自行业的职位级别上的收入、声望、权力等方面基本一致；随着改革开放的实行，我国强调发挥人力资源的作用，在人事劳动制度上改变职位终身制，在工资分配制度上打破"大锅饭"的平均主义，进一步体现按劳分配原则，促进了社会竞争和人才流动，拉开了个人劳动所得的差距。自"国家公务员制度"出台后，原来的干部被国家公务员和企业管理人员代替，后二者属于社会分层中的一个重要独立阶层，这个阶层内部也按职位分成权力、地位、收入、声望等不同的若干层次，职位不同意味着地位不同，子女的教育机会相应地也有差别。在市场竞争条件下，职位带来的特权也为子女受教育提供方便，于是有的以权谋学位，有的以权获得较好的教育条件，有的以权谋优越的教育结果和出路，使教育公平受到权力的干扰。行业差别和职业差别直接影响家庭经济条件的差别，间接影响子女受教育的机会。低职位的家长苦于生计，只能为子女选择方便就业的教育或使其提早完成学业；中层职位的家长，也各借行业及职业的特点和优势，谋求在这种条件下其子女的合适教育。这样，职位的因素渐渐渗透进教育领域，在教育机会上进行不正常的角力，使教育公平的理想在一定程度上被歪曲。[②]

---

① 杨东平：《对我国教育公平问题的认识和思考》，载《教育发展研究》，2000(8)。
② 郑淮：《略论我国的社会分层变化及其对教育公平的影响》，载《华南师范大学学报(社会科学版)》，1999(2)。

（四）女性教育和少数民族教育

在 20 世纪 90 年代，我国女性教育和少数民族教育在整体上有很大进步。与 1990 年相比，1998 年男童与女童在入学率上的差距由 1.28 个百分点降至 0.14 个百分点；少数民族聚居区与全国平均水平的差距由 3.7 个百分点降至 0.7 个百分点。[①]

女性教育的问题集中在贫困边远地区的农村，主要表现为女童教育不足。1995 年的一份调查数据显示，全国 200 万未入学学龄儿童中 2/3 是女童，近 300 万失学辍学儿童中 2/3 是女童，绝大多数都生活在贫困地区。[②] 1997 年，我国仍有 1.45 亿成人文盲，其中青壮年文盲为 3775 万人，70％为女性。[③] 在城市和高层次的教育中，性别差别主要表现为女大学生、女研究生在择业过程中受到歧视和不公正待遇，涉及用人制度和传统观念的改变，逐渐成为社会关注的问题。

在 20 世纪 90 年代，全国 55 个少数民族人口占总人口的 8％左右。比较而言，少数民族学生在各类学校在校生中的比例不低，但发展极不平衡，尚未普及初等教育的主要是西部贫困的少数民族自治县。

总体而言，20 世纪 90 年代对教育公平问题的关注尚停留在相对较为表面的层次，更为注重借助一些统计数据分析宏观层面教育不公平的基本状况，尚缺乏真正有深度的系统研究。并且，90 年代的相关研究中，也很少有真正意义上的教育社会学研究。

在教育社会学领域，对教育公平问题真正的关注与研究基本是进入 21 世纪以后才大量涌现的。以下着力对进入 21 世纪以来关于

---

① 杨东平：《对我国教育公平问题的认识和思考》，载《教育发展研究》，2000(8)。

② 郑淮：《略论我国的社会分层变化及其对教育公平的影响》，载《华南师范大学学报（社会科学版）》，1999(2)。

③ 杨东平：《对我国教育公平问题的认识和思考》，载《教育发展研究》，2000(8)。

社会差异与教育公平问题的研究的一些主要方面进行梳理。

### 四、进入 21 世纪以来对教育公平问题研究的深化

进入 21 世纪以来，随着市场经济的深入推进，社会阶层两极分化趋势日益明显，阶层差距逐渐扩大，社会阶层分化与教育公平问题成为学界以及社会大众关注的一个核心问题，相关研究也逐渐走向深入。

（一）对中国社会变迁过程中教育机会不平等状况的系统描述与全面分析

李春玲于 2003 年基于一份全国抽样调查数据，对 1940—2001 年中国教育机会不平等的变化趋势进行了系统描述和全面分析。[①] 她认为，自 1949 年以来，中国教育机会分配形态的变化趋势经历了两个截然相反的发展阶段。1978 年以前，教育机会分配从一种极度不平等的状态向着平等化的方向演变；1978 年之后，教育机会分配的不平等程度逐步增强，家庭背景及制度因素对教育获得的影响力不断上升。她得出如下结论：意识形态及政府相关政策的变动导致了教育不平等的弱化或增强。

她将影响个人教育获得或导致教育机会不平等的因素分为两大方面：家庭背景和制度因素。家庭背景包括家庭拥有的社会资本（父亲职业地位）、文化资本（父亲文化水平）、经济资本（家庭收入）和政治资本（家庭成分）。制度因素包括户籍制度和单位制。她研究指出，1940—2001 年，中国教育迅速发展，教育机会的供给量快速增长，人们的平均受教育年限不断上升。但在教育机会持续增加的同时，教育机会分配的平等化进程则并不持续平稳。教育机会平等化的走向被割裂为两个截然相反的发展阶段：第一个阶段是 20 世纪 50—70

---

① 李春玲：《社会政治变迁与教育机会不平等——家庭背景及制度因素对教育获得的影响（1940—2001）》，载《中国社会科学》，2003(3)。

年代，这一阶段的特征是教育机会猛增及教育机会分配平等化快速推进；第二个阶段是 20 世纪 80—90 年代，这一阶段则是教育机会供量与教育机会不平等共增长。这两个阶段的转折点都与社会政治经济变迁、政府政策转变紧密相关。家庭背景因素对个人教育获得影响程度的高低变化，充分体现了政府政策变动及意识形态变化对教育机会分配机制的强烈影响。特别是家庭成分与教育获得之间的关系随年代变化而发生的戏剧性转变，更证实了这一点。制度分割因素——户籍制度和单位制——对教育机会分配的影响，则反映出政府如何调整原有的制度设置以适应新的市场经济，并使其在新的形势下仍对资源分配产生重要影响。这表明，教育机会分配不平等程度的增强或弱化是与政府的相关政策紧密联系的。

梁晨、李中清等人利用 1952—2002 年北京大学和苏州大学学生学籍卡片的翔实材料，对一流大学的生源状况进行了深度分析。[①]他们认为，自 1949 年以来，中国高等教育领域出现了一场革命。一流大学的生源开始多样化，以往为优势社会阶层的子女所垄断的状况被打破，工农等社会阶层的子女逐渐在其中占据相当比重，并成功地将这一比重保持到 20 世纪末。这被他们称为"无声的革命"。基础教育的推广、统一高考招生制度的建立以及重点中学的设置等制度安排共同推动了"无声的革命"的出现。这场革命虽然不及社会政治革命那样引人瞩目，却同样意义深远。

他们强调，不仅在新中国成立初期，工农子女受惠于国家政策开始成比例地进入两所一流大学，进入改革时期后，虽然中国社会阶层间的贫富差距不断扩大，但到 2002 年两所大学中的工农子女仍保持着相对稳定的比例。两所大学中相当一部分学生来自普通家庭，是中国教育领域内这场"无声的革命"的最大成果和集中体现。总体

---

① 梁晨、李中清等：《无声的革命：北京大学与苏州大学学生社会来源研究(1952—2002)》，载《中国社会科学》，2012(1)。

上，50 年来两所大学中工农子女始终保持了相当比例，即便在改革开放后也并没有出现大幅下降，工人子女的比例在 20 世纪 90 年代还上升了。考虑到改革开放后，各类企业大量增加，很多农民离开土地进入工厂，成为没有城市户口的"打工"工人。因此，统计中部分工人子女可能就是以前的农民子女。也因此，农民子女比例下降和工人子女持续增多是同一现象的两种表达。父亲是工农，这类学生在两所大学中的总体比例如下：北京大学自 1981 年以来一直维持在 30％～40％；苏州大学自 1981 年以来只有 3 年是低于 39％的，1994 年以后则超过了 45％，1999 年以后更是接近 50％，2002 年甚至达到了 56％。因此，工农子弟在北京大学占据了重要位置，在苏州大学则已成为多数群体。

他们发现，两所大学的学生中干部子女的比例一直在提高：从开始的差不多最低发展到后来的最高。北京大学的学生中干部子女的比例从 1952 年的 11％上升到 1973 年的 22％。1974—1976 年，干部子女的比例下跌至 10％。此后，北京大学的学生中干部子女的比例持续上升，从 20 世纪 80 年代的 20％以上，发展到 20 世纪 90 年代初期的 30％以上，到 1997 年更是超过专业技术人员子女的比例，达到 39.76％，成为该校比例最高的一类学生。苏州大学的学生中干部子女的比例在"文化大革命"前基本在 8％以下，1972 年后蹿升到 20％以上。恢复高考后，苏州大学的学生中干部子女的比例从 20 世纪 80 年代的 20％以上达到 90 年代的 30％以上，成为该校比例最高的一类学生。干部子女类学生在这两所一流大学的辈出率均远高于父亲从事其他职业的学生。1995—1999 年，干部子女在北京大学的辈出率为 23.04，即约是干部人口在总人口中所占比例的 23 倍。专业技术人员子女的辈出率在北京大学和苏州大学均居第二位，且都有所下降。北京大学从 9.04 降到 6.88；苏州大学从 4.43 降到 1.59。相比之下，两所大学中，农民子女的比例远低于农民人口在全国或江苏人口中所占的比例。两个时期相比，北京大学中农民子女的辈出率有所下降，苏州大学则有所上升；北京大学中工人子女的比例迅速上升，突破 20％，工人子女的辈出率也从 1.04 上升到 1.31，苏州大学中工人子女的辈出率也有所上升。总体来看，北京大学中工农子女总体的辈出率略有提高，苏州大学中工农子女总体的辈出率则有较明显提高。

他们还肯定了重点中学制度、特定教学方式及考试制度对确保一流大学生源多样性的作用。他们指出，中国的教育革命，不仅仅在于中学教育领域保持了生源的多样性，更重要的在于形成了一套教学制度与方法，使得一部分家庭文化资源相对薄弱的工农子女能够和干部子女、专业技术人员子女一样，赢得高考，进入一流大学。与国外学校相比，中国中学广泛的住校制度与强化训练是两个突出的特点。许多中学，特别是县镇中学对学生实行住校制度。学生入校后，除了周末回家外，其余时间都在校内学习、生活。学校内浓厚的学习氛围有效地增强了学校教育的影响力而削弱了家庭背景对子女教育成功的影响。虽然这种教育方式可能存在应试教育的弊端，但在中国现行体制内，这种教育方式对"勤劳"和"投入"的强调确实最大化地弥补了城乡学生之间、不同家庭背景学生之间因出生环境不同而导致的命运差别，使得中国大学的生源多样性得以产生和延续。从这个意义上说，中国高等教育界的"无声的革命"，起点在基础教育。教育革命不仅体现在工农子女能够在一流大学保持一定比例，而且体现在他们首先能够在优质中学保持相当比例。另外，中国的高考制度本身对文化资本相对缺乏的工农子弟来说是相对公平的，工农子女可以通过勤学苦练在高考中取得好成绩，以考分作为高校招生的唯一标准在一定程度上保障了社会弱势阶层的子女接受高等教育的权利。

该研究指出，中国高等教育的这场"无声的革命"，可以看作中国共产党领导的"有声的"社会政治革命的延续和发展，在一定程度上体现和巩固了"有声的"革命的成果。"无声的革命"虽然平缓，但力量强大，影响深远。一流教育不仅决定学生个人的命运走向，而且基本决定了从地方到中央，各级各类干部和专业技术人员等的构成与来源。相当部分的领导干部、知识分子都出身于工农家庭，他们的聪明才智不但没有因为他们家庭的贫弱而被埋没，反而为教育机制所激发，使他们成为推动中国社会进步的重要力量。这种教育革命对社会结构转变的影响是空前的。加强一流教育并不必然导致社会的阶层化。一流教育必然为优势家庭子女所垄断，这种看法忽略了一个重要事实，即特定社会的制度与文化习惯有可能打破简单的文化间、职业间的代际传递。中国制度的一个大特色即是部分打断了代际优势传递，使得一流人才和"革命"可以并存，即一流教育能够实现多样性的人才培养。中国当前面临的一个挑战是在新的社会条件下巩固和扩大这种教育革命的成果。

　　《无声的革命》一文发表后，不仅引发了媒体的热议，而且引起了学界的关注与论争。应星与刘云杉联名发表了《"无声的革命"：被夸大的修辞》①一文，质疑梁晨、李中清等提出的关于新中国 1952—2002 年在高等教育领域完成了一场所谓"无声的革命"的观点。他们认为，工农子女上大学的比例在改革前与改革后呈现出两种不同的增减趋势，这不宜被简单地总结为"50 年里的一场革命"。改革前的高等教育平等处在浓厚的阶级斗争氛围的笼罩下，是一种"阶级内的平等"，诸多地方有违于真正的教育平等精神；改革后被强化的重点中学制度虽然构筑了少数农村学生进入重点大学的通道，但这种制度不但不是缓解城乡教育不平等的良方，反而是固化城乡教育不平等的机制。

---

　　①　应星、刘云杉：《"无声的革命"：被夸大的修辞》，载《社会》，2015(2)。

　　李春玲基于中国社会科学院社会学研究所 2006 年、2008 年、2011 年的全国抽样调查数据，对"80 后"的教育经历及其教育机会不均等分配状况进行分析①，旨在探讨教育机会分配的变化趋势，特别是城乡不平等和阶层不平等的变化，回应由《无声的革命》所引发的关于教育公平状况的争论。她认为，这场争论实际涉及对中国教育不平等趋势的总体判断：中国是否的确发生了一场"无声的革命"来推进教育机会分配越来越开放平等？以往的研究证实，改革开放前的 30 年，家庭背景对教育机会的影响不断减弱，工农子弟的受教育机会明显增加。但是，改革开放以来，尤其是进入 21 世纪以来，这场"无声的革命"是否还在持续？城乡教育不平等是弱化了还是强化了？此外，这场争论还关注如下问题：进入一流大学——教育等级体系的象牙塔顶端所要面对的机会不平等是否要比进入普通大学或其他较低层次教育机构所要面对的机会不平等更严重？权力因素是否在其中发挥了作用？李春玲通过对"80 后"的教育经历及其教育机会不均等分配状况进行分析，得出如下结论。

　　第一，对"无声的革命"的反思。改革开放前的 30 年，我国政府推行的促进教育机会均等化和扩大基础教育规模的政策，的确导致了教育领域的"无声的革命"，带来了教育机会分配平等化水平的提高，虽然它同时也导致了教学质量——尤其是高等教育质量的下滑。改革开放的最初 10 年，由于市场经济的冲击，小学和中学的教育成本上升(学费猛涨)，农民家庭的教育负担沉重，农村中小学学生大量辍学，从而导致教育机会分配的不平等程度有所提高。近些年，政府的普及九年制义务教育、扩大高等教育规模、减免中小学学费、增加大学助学金和奖学金数额等举措，为重新启动教育领域的"无声的革命"、促进教育公平提供了良好契机，但是，从"80 后"的教育经

———————

　　①　李春玲：《"80 后"的教育经历与机会不平等——兼评〈无声的革命〉》，载《中国社会科学》，2014(4)。

历来看，教育机会不平等状况没有明显改观。

第二，城乡教育差距明显。在"80后"中，城里人上大学的机会是农村人的4倍，城里人接受高级中等教育的机会是农村人的4.7倍；此外，在小学教育普及和初中教育趋于普及的情况下，一些来自农村的"80后"没有接受小学教育和初中教育。从小学升入初中、从初中到接受高级中等教育、从接受高级中等教育到升入大学等的层层关口（加上初中阶段和高中阶段的辍学），有大批农民子女被淘汰。多数最终突破层层关口的农民子女进入的是二、三流大学，即使获得大学文凭，还面临着更难突破的关口——找到有发展前途和稳定保障的工作。

第三，教育路径选择出现阶层分化。家庭条件优越的子女有更多机会获得优质教育机会，在初中毕业后，他们更多选择进入普通高中，为高考做准备；更有可能进入比较好的大学获得高附加值的大学文凭，为获得较好的工作岗位奠定基础。家庭条件一般及比一般略差的子女有较多机会考入二、三流大学，如果在初中阶段成绩太差而觉得考大学成功率较低，他们会选择中等职业教育，毕业后寻求技术工人岗位或低层白领工作。农民子女如果在初中阶段成绩太差，而考大学希望不大，只有部分人会选择中等职业教育，多数人则放弃升学机会，离开学校外出打工，或者停留在县城和乡镇无所事事。教育路径选择显示出明显的阶层分化。

在高级中等教育机会竞争和高等教育机会竞争中，管理人员子女显示出超越其他所有阶层的明显优势。不过，专业人员子女获得教育机会的比例与管理人员子女相差不多（略低于管理人员子女），其背后的机制是家庭文化资本发挥作用。排除家庭文化资本的作用，管理人员仍表现出很大的优势。

第四，教育机会不平等现象有可能加剧。目前"80后"基本已完成学校教育过程，对"80后"教育机会不平等状况的分析，反映的是这代人面对的高等教育机会分配情况。在"80 后"接受教育期间，民众对教育机会不平等的主要批评，针对的是高考录取分数线的地区差别以及由此导致的大学录取机会的地区不平等。但近些年人们对教育机会不平等的感知要强烈得多，这是否表明"90 后""00 后"遭遇的教育机会不平等比"80 后"更严重？

第五，教育改革虽有巨大成效但需要更加关注教育不平等问题。自 1977 年恢复高考以来，中国教育改革取得诸多成就。中国教育改革的一个重心是建立和完善一套制度体系——日益严格化的逐级考试制度和学校等级分类系统。这一制度体系选拔和培养了大批人才，但同时带来了一些不平等的后果。严格的考试制度虽然提供了公平竞争的途径——"分数面前人人平等"，但实际上竞争的过程值得探究。拥有较多资源的优势群体会通过各种方式为其子女争取更多的教育机会，帮助其子女在激烈竞争中获得成功；弱势群体，特别是农民子女，则处于劣势地位，他们更可能在层层考试选拔过程中被淘汰。如此竞争的结果很可能导致父辈中的阶层不平等和城乡不平等在子辈身上得以延续甚至强化，从而导致更加不平等的社会结果。

(二)对教育机会不平等产生机制的深入探讨

李煜通过对 1966—2003 年中国城市子女教育获得的相关数据进行分析，对制度变迁、教育不平等的产生机制进行了阐发。[①] 他尝试提出一个关于代际教育不平等传递的理论分析框架，强调教育不平等的产生机制、具体制度设计和社会状况背景这三者间的关系。他的研究围绕以下核心问题展开：家庭背景对子女的教育获得具有怎样的作用，作用机制是什么，作用过程又是如何随着社会历史的

---

① 李煜：《制度变迁与教育不平等的产生机制——中国城市子女的教育获得(1966—2003)》，载《中国社会科学》，2006(4)。

变化而变迁的？1949 年以来，中国教育制度经历多次变革，从"文化大革命"激进的平均主义到恢复高考，再到遭遇市场化冲击；与此同时，社会结构也从计划经济下的平均化社会向多元化分层社会转变。这些变迁对教育机会获得有着怎样的影响？家庭背景的作用是如何演化的？教育机会不平等的程度和机制如何随之而变化？未来发展的态势又会怎样？

李煜的研究区分了家庭背景对子女教育获得的不同影响模式：文化再生产模式、资源转化模式、政策干预模式。

第一，文化再生产模式。拥有较高文化教育背景的父母，其子女在教育机会上享有优势，于是，父辈的文化教育水平能被子辈继承和延续，这使家庭的文化再生产过程得以完成。实现文化再生产的机制主要有三个：教育期望、文化资本和人力资本。（人力资本是指，受教育程度较高的父母有能力对其子女的学习进行辅导、答疑，并改进其子女的学习方法和学习技巧。）这些作用机制的共性在于，家庭文化优势首先转化成子女个人的学习动力、学习表现，进而转化为教育机会。从学习表现到教育机会的转化，需要教育体制遵循绩效原则，确保教育机会分配以学习表现为依据。只有如此，这一转化才能顺利实现。否则，文化再生产模式的代际传递之链就会中断，家庭教育背景的效能也将大大降低。所以，教育选拔遵循绩效原则是文化再生产模式得以实现的制度前提。具体而言，入学和择校的筛选过程越是遵循择优录取的绩效主义原则，家庭教育背景对子女升学的作用就越大，文化再生产模式也就越成为教育不平等的主要成因。

第二，资源转化模式。家庭将其社会经济资源转化为子女在获取教育机会方面的优势，从而实现不平等的代际传递。家庭社会经济资源主要是指父辈拥有的经济能力、权力特权和社会网络资源等。与家庭教育背景相比，它们是外在的、易变的，更容易受到社会制度和社会状况的影响。家庭社会经济资源的作用机制在于优势阶层家庭利用其占有社会经济资源的优势，在升学和择校的过程中减少竞争烈度，将部分竞争者排斥在竞争之外，甚至垄断教育机会。具体体现在两个方面："直接"排斥和"隐性"排斥。"直接"排斥主要有两种机制——特权排斥和经济排斥，其具体的运作方式是机会垄断和"插队"。"隐性"排斥是指在进行升学决策时，因为弱势阶层对升学风险的承担能力差或对教育预期收益的评估低，其中一些人会过早地退出升学竞争。为了实现排斥，教育制度中需存有能实现资源转化的制度空间：基于特权和经济能力的机会垄断，靠教育制度提前为一部分人预留了位置；"插队"事件的发生表明了教育体制不能把绩效原则贯彻始终；"隐性"排斥使教育体制不能保障所有适龄儿童都有参加竞争的公平机会。这些制度空间都或多或少地损害了绩效原则。而且，教育机会分配过程的排斥机制越盛行，这一过程就越背离绩效原则，家庭资源的转化就越有效，相应产生的教育不平等也就越严重。

第三，政策干预模式。这是指，通过否定或部分否定绩效原则，采取照顾弱势群体的制度设计，来达到削弱代际不平等传递的效果。例如，以分配名额的方式优先录取工农子弟；又如，"文化大革命"时期采取激进的教育政策，即取消考试，根据政治成分和表现推荐升学；等等。政策干预模式虽然能在不同程度上达到削弱家庭背景影响的效果，不过其代价是破坏了机会公平原则。这也会产生一种制度性的不平等，只不过其选择的方向与资源转化模式相反，有利于弱势阶层家庭。

这三种模式之间的区别可通过表 2.4 体现出来。

表 2.4　家庭背景影响子女教育获得的模式类型

|  | 文化再生产模式 | 资源转化模式 | 政策干预模式 |
|---|---|---|---|
| 特征 | 促进子女的学习表现,进而使其得到教育机会 | 资源优势转化成子女额外的教育机会 | 直接分配教育机会 |
| 机制 | 教育期望和激励、文化资本、人力资本 | "直接"排斥和"隐性"排斥 | 政策干预 |
| 制度条件 | 遵循绩效原则 | 违背绩效原则 | 违背绩效原则 |
| 后果 | 教育不平等程度高 | 与社会分化程度正相关 | 教育不平等程度低 |
| 受益群体 | 高教育背景家庭 | 优势阶层家庭 | 一般工农家庭 |

　　三种模式分别依赖于不同的制度条件,当制度条件发生变化时,各模式的适用性和效能亦随之变化。在 1949 年后不同的历史时期,教育体制和教育政策不断调整,家庭背景和个人教育获得之间的关系也发生着变化。具体可见表 2.5。

表 2.5　不同历史时期制度变迁和家庭背景的影响模式

|  | "文化大革命"时期 | 1977—1991 年 | 1992 年至今 |
|---|---|---|---|
| 教育制度及其变迁 | 政治标准(非绩效主义) | 恢复高考(绩效主义) | 市场化冲击下的教育产业(绩效主义,但被侵蚀) |
| 社会分化程度 | 低 | 低,但有所提高 | 高 |
| 主导模式 | 政策干预模式 | 文化再生产模式 | 文化再生产模式和资源转化模式并存 |
| 教育不平等水平 | 低 | 高 | 高 |
| 家庭教育背景作用 | 小 | 大 | 有所减小 |
| 家庭阶层背景作用 | 小 | 小,但有所增大 | 大 |

　　资料分析的结果表明,在"文化大革命"时期,社会整体上差异小,"政治挂帅"的教育政策客观上使教育机会平均化,极大地削弱了阶层的再生产之链,不过是以牺牲机会公平的绩效法则为代价的。"文化大革命"后,出于现代化建设的需要,教育体制恢复了以高考

为标志的绩效原则，使家庭教育背景成为这一时期教育不平等的决定因素，代际继承的特征是文化再生产模式发挥作用，教育不平等程度因之而提高。1992 年以后，中国社会分化加剧，阶层间社会经济差异扩大，家庭阶层背景的效用显现，主要表现为在高等教育中管理阶层子女的优势迅速提升，以及家庭教育背景的作用机制被侵蚀，这意味着不平等的模式逐渐向资源转化模式与文化再生产模式并存转变。

该研究的一个重要发现是，管理阶层子女的大学升学优势在 1992 年后迅速提升，其原因主要有两个。第一，1992 年后的市场化改革的一个重要特征是，原来在再分配体制下得益的管理阶层，继续在市场体制中得到利益。社会分化的结果是该阶层拥有权力以及更多的社会网络资本，而且其在经济收入上也逐渐与其他阶层拉开差距。第二，市场化的发展使管理阶层的构成发生变化。体制外的企业经理、私营业主在管理阶层中的比例日增。他们在经济上的优势可能比体制内的干部更大。资源拥有相对优势的拉大，使得管理阶层成为资源转化竞争中的赢家。专业技术阶层和一般非体力阶层在经济优势上没有管理阶层那么突出，在权力和网络资源拥有上更是与后者相差甚远，这可能是他们在资源转化过程中没能进一步扩大升学优势的原因。这一发现表明，在代际教育不平等的模式上，管理阶层正逐渐将其在市场化过程中获得的资源优势转化成下一代的教育机会。如果这一进程得以顺利延续和扩展，那么我们可以预期，代际继承将进一步向资源转化模式转变，社会分层结构将因此日益以家庭的阶层归属为依据并固定化。显然，对教育体制进行更深入的改革和更适当的政策干预已经刻不容缓。

刘精明的研究[①]关注为什么在教育机会不断扩大的今天对教育

---

① 刘精明：《中国基础教育领域中的机会不平等及其变化》，载《中国社会科学》，2008(5)。

公平的呼声反而越来越高这一问题，力图揭示在教育发展过程中影响教育机会不平等状况发生变化的内在机制。他认为，教育扩展如何影响不平等的变化，并非"持续/非持续、增强/减弱"这样的表述可以完全捕捉的。大多数情况下，不平等的减弱、维持或增强，都是在一个国家或地区内部同时发生的。当我们面对如此复杂的研究主题的时候，需要更为深入地思考如下问题：当教育机会不平等面临某种平等化过程冲击的时候，哪种形式的教育不平等将会率先减弱，哪些教育不平等可能会坚韧地维持甚至增强？更进一步，为什么有些教育不平等会减弱，有些教育不平等则不容易发生变化？各种形式的教育不平等各自运作的基本机制与逻辑是什么？

他将影响个人教育成就取得的因素区分为自致因素与先赋因素两个方面。自致因素是指个体的自主性与努力程度；先赋因素则是个体外在的影响因素，家庭在其中处于举足轻重的位置。先赋因素主要通过三个路径对儿童的教育机会施加影响：一是通过促进儿童之间的能力分化而导致机会不平等；二是通过发挥个体或家庭的选择偏好的作用而导致机会不平等；三是通过直接改变机会配置结构而产生机会不平等。他进而将影响到儿童教育机会与学业成就的先赋因素区分为两个方面：一是家庭资源，二是非家庭的先赋条件。

家庭资源又可区分为内生性家庭资源与外依性家庭资源两种类型。内生性家庭资源是指一个家庭一经组成便自然固有的人口结构方式，以及内化于家庭成员之中的知性体系与情感体系。典型的内生性家庭资源包括家庭结构以及家庭文化资本。家庭成员对儿童的影响首先以"人力"支持的形式存在。家庭文化资本通常内化于家庭成员的知性结构与情感结构之中，通过多种方式改变儿童的自主性与努力程度，促使儿童产生能力分化。由于家庭结构与家庭文化资本较少受到外界社会力量的干预，它们所产生的不平等效应一般具有更强的持续性和稳定性。外依性家庭资源是就对外部社会的依赖

而言的。外依性家庭资源的不平等作用根源于外部制度环境和社会
环境。一般而言，家庭资源依赖的社会制度环境越多，它们发生作
用时所凭借的力量越大，所形成的不平等的强度也就越大；但也正
因为这类教育不平等受家庭以外的社会制度环境影响较多，当外部
制度环境发生变化的时候，特别是当一种平等化过程促使某些制度
环境发生改变的时候，这类教育不平等的维持机制就更容易受到冲
击，并率先表现出减弱的迹象。家庭的社会阶层地位以及与之相关
的经济资源、社会资源更多地属于外依性家庭资源，它们对儿童教
育机会的影响较为复杂：既可以通过影响儿童的学习自觉与能力分
化，从而改变教育机会的分配；也可能更主要地通过理性选择与资
源交换等方式而直接造成机会不平等；在严格的社会封闭体系中，
还可能表现为以阶级地位为标准的机会垄断或机会排斥。

非家庭的先赋条件是指家庭出身之外的其他社会结构条件，如
城/乡、贫困地区/非贫困地区，以及其他重要的制度性区隔等。非
家庭的先赋条件对儿童教育机会的影响更多地表现为一种纯粹的结
构效应，即因处于外部结构的某种位置，便自然地被授予附着在该
位置上的资源与机会。这种纯粹的结构效应外在于家庭养育过程，
通过位置授予或对他人的剥夺而产生机会不平等。当一个社会的内
部面临大规模的社会平等化过程的冲击时，纯粹的结构效应所产生
的不平等将可能率先减弱，然后依次是通过资源交换、资源利用与
理性选择这些方式所产生的教育不平等减弱。最不容易发生变化的
是因家庭养育环境不同而产生的教育不平等，如家庭文化资本和家
庭结构因素等。

(三)对家庭教养方式的社会阶层分化研究

家庭教养方式的社会阶层分化近年来已引起学界越来越多的关
注。一方面，家庭教养方式作为阶层代际流动的一种微观机制，日
益受到社会学研究中分层研究的重视；另一方面，家庭教养方式作

为影响学生成长的首要因素，也越来越多地受到教育研究者的关注。

美国社会学家拉鲁在其成名作《不平等的童年：阶级、种族与家庭生活》一书中，系统地论述了家庭阶级地位与教养方式的关系，认为，"家庭在社会结构中的位置有规律而系统地塑造着孩子的生活体验和人生成就"①。中产阶级家庭多采用"协作培养"（concerted culti-vation，翻译为"协力培养"应更确切）方式，工人阶级家庭和贫困家庭则大多采用"自然成长"（accomplishment of natural growth）方式。"协作培养"方式强调让孩子参加有组织的活动，在家庭中发展孩子的语言能力和说理能力，并对孩子的学校教育主动进行干预；与此相对，"自然成长"方式则是一种较为松弛的儿童教养形式：孩子经常与亲友家的小孩约在一起打发时间，父母给孩子下达清楚的指令并且不留多少商议余地，在家庭以外的组织机构里，孩子被父母给予更多的自主权来管理自己的事情。② 在拉鲁看来，教养方式从日常生活中自然而然地流露，是一种惯习。教养方式是文化资本身体化的一种途径，是指父母向孩子传递与学校或社会相适应的知识、策略、习惯和风格。它隐蔽于日常生活之中，以潜移默化的方式影响着孩子。教养方式在代际流动中构筑了一道无形的墙，促进优势家庭的优势传递，增强代际再生产，进而稳定阶层壁垒。③ 这也进一步引起了中国学者的相关研究。洪岩璧等人④通过对 2009 年一项关于全国城市地区中小学生及其家长的调查数据进行分析，发现在子辈教育方面，中产阶层父母在资本投入上有显著优势，但在家庭

　　① ［美］安妮特·拉鲁：《不平等的童年：阶级、种族与家庭生活》（第 2 版），第 35 页，宋爽、张旭译，北京，北京大学出版社，2018。

　　② ［美］安妮特·拉鲁：《不平等的童年：阶级、种族与家庭生活》（第 2 版），第 37～38 页，宋爽、张旭译，北京，北京大学出版社，2018。

　　③ 田丰、静永超：《工之子恒为工？——中国城市社会流动与家庭教养方式的阶层分化》，载《社会学研究》，2018(6)。

　　④ 洪岩璧、赵延东：《从资本到惯习：中国城市家庭教育模式的阶层分化》，载《社会学研究》，2014(4)。

教养态度惯习上却和经济困难父母无甚差别。他们由此认为，当前中国的阶层差异仍主要表现为对资本占有的差异，中产阶层并未在阶层惯习上显著区别于经济困难阶层。所谓的阶层固化也主要是经济资本构筑的壁垒而已，不同阶层尚未在内在性情上呈现显著区隔。但他们在关于家庭教养态度惯习这一方面的调查，只对主观层面的教养理念有简单涉及，而没有关注到其中可能存在的观念及具体行动方面的深层差别，因而其结论有待进一步验证。

另外一种较有影响的对家庭教养方式类型的划分主要源于发展心理学家的努力，他们通常将家庭教养方式划分为四种类型：权威型、专制型、宽容型和忽视型。黄超的研究[①]发现，当前中国父母对子女的教养方式以沟通较少的专制型和忽视型为主，二者占比接近 75%，而沟通充分的权威型和宽容型教养方式仅占 25%。并且，家庭教养方式的选择与家庭的社会经济地位有关，社会经济地位较高的家庭倾向于选择权威型或宽容型教养方式，而非专制型或忽视型教养方式。也就是说，社会经济地位较高的父母在日常生活中与子女存在充分的沟通和交流。权威型或宽容型教养方式更有利于家长对子女日常能力（非认知能力）的培养。田丰的研究[②]指出，中国家庭的亲子关系在逐步向权威型转变。自进入现代社会以来，中国父母的教养方式逐渐从管教式向儿童发展心理学所推崇的"以孩子为中心"的方向转变，强调早期教育、情感沟通和兴趣培养。亲子互动方式也趋于民主，父母更重视与子女的理性沟通，更少地使用指令性词语，这使亲子关系更加密切。亲子关系的这种变迁在不同阶层间的速率不同，可能导致亲子关系的阶层差异逐渐显现。钟瑜婷的

---

① 黄超：《家长教养方式的阶层差异及其对子女非认知能力的影响》，载《社会》，2018(6)。

② 田丰：《阶层教养方式述评：拉鲁框架与中国社会》，载《社会发展研究》，2019(1)。

研究①发现，中产阶层内部的教养方式存在显著的阶层差异，新中产阶层父母比老中产阶层父母在养育观上更注重培养子女的自主性。

## 第三节　教育改革与变迁的社会学研究

进入 21 世纪以来，教育改革日渐呈现轰轰烈烈之势，教育改革本身成为教育社会学关注的一个重要主题。随着社会转型性变革的深度推进，乡村教育的变迁也受到社会学研究的关注。

### 一、教育改革的社会学研究

教育改革的社会学研究旨在透过教育改革的表面事实，揭示与解释其深层的或背后的各种社会力量及其相互关系，为教育改革的判断与决策提供社会学依据。20 世纪 90 年代中期之后，主要是进入 21 世纪后，教育改革的社会学研究开始在我国兴起；2006 年以来，教育改革的社会学研究出现较大发展。在吴康宁的主持下，中国教育改革的社会学研究系列成果自 2010 年开始由广西师范大学出版社陆续出版②，涉及对学前教育、中小学教育、高等教育、教师教育、道德教育等诸多领域教育改革的实证分析与深入探讨。

吴康宁指出，教育改革的社会学研究作为建立一个新的教育社会学分支领域的努力，需要有合理的发展路向：在研究视角上，应聚焦于"人群差异"，关注利益群体与教育改革的关联；在研究对象上，应对作为整个教育改革之组成部分的各种"分类教育改革"进行系列化社会学考察；在研究方式上，应首先加强实证分析，并以实证分析为根基进行理论探究。③ 他认为，从社会学角度来研究中国

---

① 钟瑜婷：《中国家庭子女养育观的阶层差异》，硕士学位论文，复旦大学，2012。
② 该系列成果包括的具体书目详见本书正文 65 页注释①。
③ 吴康宁：《教育改革社会学研究的兴起及发展路向》，载《教育研究与实验》，2009(6)。

教育改革，其基础性问题便是：教育改革——谁的改革？当然，这一基础性问题是总体意义上的，在此之下至少可有如下三个基本问题：谁赞同教育改革(以怎样的程度)？谁参与教育改革(以怎样的互动)？谁从教育改革中获益(以怎样的方式)？第一个问题指向教育改革的社会基础，第二个问题聚焦于教育改革的博弈过程，第三个问题关注教育改革的人群效果。围绕这三个基本问题进行探究，中国教育改革之"谜"可被揭示出来。[①]

庄西真阐发了教育改革的分析路径，指出为了把握教育改革过程更丰富的细节和更清晰的脉络，应从如下三个层次考量教育改革过程的复杂性和独特性：一是微观的教育改革事件，二是中观的教育改革过程，三是宏观的教育改革文化背景。[②]

高水红阐发了教育改革的研究视角应实现的转变——"从旁观者知识学到参与者知识学"，认为在当前社会转型与教育改革的背景下，研究者要走出"知识与控制"的解释框架，从更具实践性的"知识与行动"这一分析框架入手提出问题，并寻求重新理解与解释教育改革现实的可能。[③]

马维娜阐发了分析中国教育改革的"集体性知识"解释框架。她认为，中国教育改革的"诞生"存在诸多可能和诸多不确定性，各种力量之间的张力势必相互牵制、相互作用、相互弥补，导致许多可能研究与需要研究的问题，有必要用知识社会学"集体性知识"的解释框架进行阐释。中国社会是一个集体性很强的社会，在它身上进行的诸多改革，似乎无法回避这种集体性。这种集体性具有原发的

————————

① 吴康宁：《专题：教育改革的社会学分析——揭示"中国教育改革"之谜》，载《教育学报》，2011(4)。

② 庄西真：《特定事件、改革过程与整体背景——我国教育改革的分析框架》，载《教育发展研究》，2011(21)。

③ 高水红：《社会学视角下的中国教育改革》，43~65 页，北京，教育科学出版社，2016。

植根性，它随着这个社会的产生而产生，甚至可能成为一种国家性的"惯习"；这种集体性又具有强烈的渗透性，它就在我们的生活中，且每时每刻都有某种能量从外界流向内里。中国教育改革的运作理路应该建立在以历史为根基的结构基础之上，且以国家需要为存在形态，以地方集体性知识为治理法则，以细致入微之变为学校效用游戏。① "集体性知识"作为中国教育改革的一种解释框架，更多的是看问题的整体视角，即从整体观照的角度，凝视精神产品生产方式对社会活动、对群体间的关系、对人的精神状况所形成的错综复杂与跌宕纵横的影响；更多的是一个过程，即以某些特殊方式，诠释教育改革中的不断阅读、重新发现、一再开始；更多具有方法意义，即构成最一般的分析背景，是理论构想的来源与经验研究的实际范域。② 马维娜所著的《集体性知识：中国教育改革的社会学解释》③一书在内容上包括对中国教育改革释绎的时空逻辑的分析，对中国教育改革的一种解释框架即"集体性知识"的阐发，对中国教育改革中作为"整个的个体"的国家、地方、学校的分析，对"需要至上"这一国家观念的分析，对"因时博弈"这一地方法则的分析，以及对学校微观"游戏规则"的分析。

王海英所著的《常识的颠覆：学前教育市场化改革的社会学研究》④一书以广东深圳 22 家公办园转企为案例，描述在学前教育机构从"公办园"向"企业"转变的过程中，国家、地方政府、教师、幼教专家、家长围绕学前教育常识的坚守与再造所展开的一系列博弈与

---

① 马维娜：《中国教育改革的知识社会学解读》，载《北京师范大学学报（社会科学版）》，2009(2)。

② 马维娜：《"集体性知识"：中国教育改革解释框架的再叙述》，载《教育学报》，2009(5)。

③ 马维娜：《集体性知识：中国教育改革的社会学解释》，桂林，广西师范大学出版社，2011。

④ 王海英：《常识的颠覆：学前教育市场化改革的社会学研究》，桂林，广西师范大学出版社，2010。

互动，以及这最终使学前教育的社会属性、办园体制、师幼身份、社会关系得以改写与再造的过程，揭示政府推动的市场化改革背后所蕴含的重建幼教新秩序的非公益性诉求，从而在理论上建构起关于学前教育市场化改革所达至的"去教育性"后果的解释框架。

彭拥军所著的《精英的合法性危机：高等教育改革的社会学研究》①注重通过政策文本、学术文本和个体文本的综合分析来还原高等教育制造精英的真相，通过呈现高等教育改革和转型过程中精英合法性危机的产生及其解决过程中各种不同力量间的抗拒与变迁，使人们更好地理解中国式教育改革的特殊性。

齐学红所著的《在生活化的旗帜下：学校道德教育改革的社会学研究》②一书，在基础教育课程改革的背景下，围绕小学和初中德育方面的课程标准的出台这类关键性事件，揭示如下这一点：生活化作为各方利益表达的借口以及改革"共识"的达成过程，具体呈现在看似整齐划一、极具普适性的道德教育改革行动中。该书指出，在道德主体多元化与社会控制精细化的双向促动下，道德教育的改革进程呈现出逐渐摆脱政治意识形态的单一控制而向着生活本意回归的趋向。该书从生活与政治的关系维度构建学校道德教育改革的解释框架。

杨跃在《"教师教育"的诞生：教师培养权变迁的社会学研究》③一书中，通过个案群的呈现，梳理了我国新一轮教师教育改革中国家(中央)、地方、高校、社会、市场及师范院校内部各权力主体之间围绕教师培养权的合法性而发生的权力关系变迁及其时代境脉和

---

① 彭拥军：《精英的合法性危机：高等教育改革的社会学研究》，桂林，广西师范大学出版社，2011。

② 齐学红：《在生活化的旗帜下：学校道德教育改革的社会学研究》，桂林，广西师范大学出版社，2011。

③ 杨跃：《"教师教育"的诞生：教师培养权变迁的社会学研究》，桂林，广西师范大学出版社，2011。

场域背景，并分析了各种力量之间展开的权力博弈及其产生的结果，对既"孕育"了教师教育又使其处于"难产"之中的多重权力网络进行了理论思考和阐释。她遵循社会学全景性、批判性的研究逻辑，从对师范教育发展和研究的历史回顾入手，进而对教师教育改革现场进行描述、分析，深入揭示出改革背后的实践逻辑和内隐机制。

### 二、乡村教育变迁的社会学研究

随着现代化、城市化进程的日益加速，自 20 世纪 90 年代中后期开始，尤其是进入 21 世纪以来，农村地区进行了"撤点并校"的学校布局大规模调整。这对农村教育乃至农村社会产生了深远影响，引起了许多社会学研究者的关注。在当代中国，乡村教育是一个非常重要的社会学议题，这出于两方面原因：一方面，它关涉到中国的大多数人——农民及其子女的命运，关涉到这一群体生存和社会流动的基本途径乃至其人性人格的健康发展；另一方面，乡村教育是观察中国社会深层权力结构及其变迁机制的极好载体。

2009 年，熊春文发表了《"文字上移"：20 世纪 90 年代末以来中国乡村教育的新趋向》一文，对始于 20 世纪 90 年代中后期农村地区"撤点并校"的学校布局大规模调整进行了深入分析。

"文字上移"是与"文字下乡"相对的一个概念，而"文字下乡"是费孝通在《乡土中国》里对民国时期教育现代化趋势的一种概括。如果说文字教育在传统社会只是某些阶层才可接受的，是属于"庙堂性的"，且以维护政治—伦理秩序为宗旨，那么，现代以降，学校教育则以前所未有的普遍性姿态试图渗透到包括村落居民在内的所有社会成员当中，以使每一个社会成员具备基本知识能力为鹄的。这一被费孝通概括为"文字下乡"的渗透过程，在中国始自 19 世纪晚期的新学运动，一直延续到 20 世纪末 21 世纪初中国政府实施的"两基"工程（全国基本普及九年义务教育和基本扫除青壮年文盲），虽然其间经历了"乡民毁校""新学不胜私塾""教育大革命""文化大革命"等种种艰辛或反复，但现代教育往下渗透的客观趋势是不变的。

文字作为教育的中介并与大众发生联系，始于现代化理念及事业的出现，因此，才有后来费孝通所概括的"文字下乡"的渗透过程。在中国，这一过程是从清末新学的创设开始的。历经百年左右的不断扩张，现代性事业借由学校（尤其是小学）这一制度形式渗透到乡村的每一个角落，文字和学校一度成为村落不可或缺的组成部分。可是，就在"文字下乡"的过程近乎完成的当口，自 20 世纪 90 年代后期开始，中国的乡村教育出现了一个"文字上移"的反过程。在短短 10 年的时间内，中国改变了"村村有小学"的面貌，每天都有若干村落学校在消失，这一过程进行的速度比"村落终结"的速度还要快。很多地方已经达到"一个乡镇一所中心校"的格局，大有重新回到"文字不下乡"的趋势。这些现象构成当前中国农村最为显著的教育事实。

大量数据表明，人口、规模效益这两个因素都不足以解释这一教育事实。"文字上移""村落学校加速终结"是在人口、城乡关系、规模效益以及政策驱动等多重因素的综合影响下发生的。其根本原因，应该从中国社会的整体进程中去探寻。中国社会正从乡土中国走向离土中国，其间有政治、经济、社会、文化的种种表现，其中最基本的，是中国农村居民在生存样态上越来越不依赖于土地或越来越不以土地为中心，更不用说城镇居民了。正是这一趋势决定了村落学校教育的"终结"，既然人的生存越发不依赖于乡土，人的生活重心越发远离村落，那么，以人为目的的教育和文字也就必然地不再留恋乡土和村落，这一趋向在以普遍性和抽象性为特征的现代教育身上体现得更为明显而坚决。

这一事实的可能后果有如下几个。第一，农村学校向乡镇中心集中，并以寄宿制为主导形式，使得农村的学龄期儿童不仅从时间上而且从空间上脱离具体的生活世界而直接进入抽象系统的封闭式规训中来。借用吉登斯和福柯的理论，我们可以把乡镇中心校这种主流教育组织形式背后的机制概括为抽象和监视的结合。这可能导致农村的学龄期儿童在认知和人格发展上先天不足，尤其是他们的社会性发展方面，将遇到可以预知的困难。这是因为他们从一开始就缺乏乡村经验和家庭天伦的滋润，而生活世界和初级群体对人的认知和人格成长具有相当的重要性——这是社会学的一般常识。第二，百年来教育现代化的进程所造成的村落学校在短时间内急剧消失，对村落社会的影响必然是巨大的。这就相当于将已经在身体里面长成的器官或骨架突然拿走，对身体的运行必然造成很大的打击。如果我们认定功能主义对结构和文化的强调还是有一定的真理性的，代表乡村社会一部分的村落学校的消失，必然导致或加速乡村社会的解组。这一过程所带来的乡村社会的文化真空，是仍然滞留在乡村的人口必须面对的。第三，"文字上移"的趋向表明乡村教育坚决地摒弃乡村经验，一味地向城市化、抽象化、普遍化进发，中国社会因此越发走向一种单面社会，这种社会很可能因为缺乏多面向而变得很脆弱。[①]

在后续的研究中，熊春文对农村学校布局调整的趋势做了进一步分析，揭示了农村学校布局调整的运行逻辑及其对几个关键社会群体的深度影响。他认为，农民的离土趋向与政府的土地财政是驱动"文字上移"的双重动力。

通过对全国县域的最新数据进行分析，我们可以看到依旧强劲的"文字上移"趋势，而且在对农村学生家长的分析中可以更加真切地看到离土中国所给予"文字上移"的动力支持。农民正是看到了学校上移所带来的脱离农村的希望，才倾囊而出为子女择校。农民对"好的教育的需求"甚至让地方政府都有些始料不及。这种被成功地制造出来的巨大的教育需求催促着地方政府在更上一级区域内集中教育资源，以满足群众需要，从而进一步加快了"文字上移"的步伐。实际上，我们在

---

①　熊春文：《"文字上移"：20 世纪 90 年代末以来中国乡村教育的新趋向》，载《社会学研究》，2009(5)。

许多以家长或学生为访谈对象的个案访谈中发现，他们借以克服亲情残缺、想家念头、心理困惑的主要动力源泉就在于他们认为通过这种"好的教育"将来更有机会脱离农村。尽管我们的分析表明，从结构上讲，教育资源的不断上移对大多数农村家庭而言意味着好的教育机会的减少而不是增加，但这丝毫阻挡不了"文字上移"的坚定步伐。

地方政府在促进农村学校布局调整进程当中表现出了足够的兴趣和积极性，其积极性不仅来源于协调国家合法性与社会合法性之间可能矛盾的任务，而且有其自身的动力之源。农村学校布局调整无论在哪都不是教育局系统自身的事，而是市委市政府与县委县政府高度介入的大事。为什么地方政府会这么热衷于介入这项传统上"无利可图"的教育事业呢？其秘密恰恰在于，学校布局调整可能带来土地财政收益。20 世纪 90 年代末兴起的城市化浪潮以及由土地征收、土地征用带来的土地收益成为地方财政和地方 GDP 增长的主要引擎。学校布局调整可能带来土地收益（包括直接收益与间接收益），无疑是地方政府热衷于这项事业的重要原因之一。因为教育资源的向上集中往往打包在土地开发的总体项目中，成为带动城市土地市场活跃的重要引子，其实施同样包含着土地征用、土地转让，以及建筑业、房地产业甚至金融业的介入，其中蕴含着巨大的利益诱惑。这就是我们无论在经济欠发达地区还是在经济发达地区的地方政府那里得到相同答案的原因，即土地成为地方教育事业进一步发展的关键所在。

离土中国与土地财政似乎形成了一个悖论：一方面，大多数人的生计来源越来越不依赖土地；另一方面，中国整体经济发展却越来越依赖土地。但事实上，如果从中国社会经济发展的整体格局去看，离土中国与土地财政是我们时代的一体两面：正是农民、农业以及包括农村教育在内的所有农村事业的离土趋向，为城市化及其土地征收、土地征用提供了前提条件；反过来，城市化与土地财政的强劲动力又进一步加快了农民、农业与农村的离土趋向。土地财政的经济诱惑与老百姓对优质教育的强烈需求会驱赶着"文字上移"这辆"高速列车"继续前行，其真正的转折点还得从中国社会经济的整体格局中去找寻。①

叶敬忠则从福柯的"治理术"和"生命政治"的角度对农村中小学布局调整现象进行了深度分析。他认为，在当今时代，教育已经成为影响老百姓的生命政治，是以城市化和工业化为特征的发展主义所持有的治理术。农村中小学布局调整并非农村城镇化的必然结果，而恰恰是推动城市化的重要手段，是追求以经济增长为核心的发展主义的战略安排。

进入 21 世纪以来，在工业化和城市化的过程中，所实行的"城市偏向"的现代化发展战略对农村和农民进行了全方位的改造。叶敬忠指出，这种现代化改造对农村教育的影响主要表现在两个方面：一是每年约有 1.69 亿农村青壮年劳动力奔赴城市，寻找生计和未来，由此引发了约 6100 万农村留守儿童的教育问题；二是农村中小学布局调整使得农村小学由 2001 年的 416198 所减少至 2015 年的 118381 所，下降数量之多、时间之短，为历史罕见，由此引发了显著的"文字上移"问题。为此，我们需要分析什么样的结构性力量和权力关系导致了这些问题的出现，以及结构性力量和权力关系如何构建和形塑了农村教育的社会景观。

在发展主义时代，以生命政治为形式的治理术是实现经济增长和现代化发展的一种治理手段。对农村人口的家庭、居住、生活与迁移进行理性安排和无声控制，是有效服务于发展主义的治理术。除了对农村劳动力乡城流动和留守人口这二者的安排与控制之外，农村教育的很多政策与行动也是配置农村人口的重要手段和技术策略，尤其是，

---

① 熊春文：《再论"文字上移"：对农村学校布局调整的近期观察》，载《中国农业大学学报(社会科学版)》，2012(4)。

由学校进城、教师进城和学生进城综合而成的教育上移行动已经成为推进城市化的一种治理术。学校进城、教师进城和学生进城等教育上移行动，均以让农村孩子享受更加优质、更加平等的教育为名义。教育上移，尤其是学校进城和优质师资进城至少会给城市带来三个方面的极为显著的效果。第一，助推房地产行业和高房价。第二，导致租房陪读现象的普遍出现。第三，带动城市商业的繁荣。教育政策的精心设计悄无声息地加速了城市化的进程，带动了城市市场的繁荣，遵循了普遍追求的发展主义逻辑。农村教育成了一种效果极佳的发展主义治理术。

农村中小学校的撤并，有效地实现了农村人口向城镇的转移，更为重要的是，有效地将农村的经济资本，甚至是几代人积累的财富，转移到了城市，推动了各地政府所期望的城市化进程的加速和房地产等行业的兴旺，实现了 GDP 的增长和数字上的经济繁荣。这是主张教育为经济增长服务的"发展务实派"的做法。由此可见，学校布局调整并非一个单纯的实现地方财政自我减压的本能反应，而是出于主动推进城市化、增加地方财政收入以及推动城市经济增长的深谋远虑。①

农村的学生及其家长作为这一政策的直接承受者，承担了更为沉重的代价。在表面追求"教育均衡发展"与"增加优质教育供给"的旗帜下，这一政策的运作逻辑却事实上包含着深深的不公平。

---

① 叶敬忠：《作为治理术的中国农村教育》，载《开放时代》，2017(3)。

# 第三章

# 微观领域教育社会学的拓展

微观层面的教育社会学研究包括对学校教育组织(学校与班级)、教育内容(课程)、教育过程(管理与教学)、教育者(教师)、受教育者(学生)等的研究,其实践旨趣直接指向教育实践行动的改进。这样一些研究自 20 世纪 80 年代以来逐步展开,在教育社会学研究中有着举足轻重的地位与意义。

## 第一节　学校的社会学研究

学校是一种正式的社会组织,是社会中的一种教育机构,也是教育活动的场所。迄今为止,学校的社会学研究基本围绕学校的这三个方面的特性展开。在教育社会学的教材或概论性学术专著中,关于学校的社会学探讨基本是从学校的社会组织特性的角度展开的。一些针对学校层面的教育社会学研究则一般从如下角度展开:学校的制度特征,学校作为一种教育机构,或学校作为教育活动的场所。

### 一、对学校组织特征的分析

在教育社会学迄今的绝大多数教材或概论性学术专著中,但凡涉及学校社会学研究的内容,基本是从学校作为一种社会组织所呈现出的特性的角度展开分析的。

　　教育社会学中对学校的社会学专题研究最早主要是从分析学校作为一种社会组织所具有的特征入手的，这可见于几乎每一本教育社会学教材或教育社会学的概论性学术专著。这一般会涉及诸如学校组织的性质、学校组织的结构、学校组织的文化、学校组织的运行、学校组织的分层或学校组织的变革等方面。这可追溯至20世纪80年代张人杰对西方学校社会学研究的介绍。[①]

　　在由鲁洁担任主编、吴康宁担任副主编的《教育社会学》一书中，有《学校组织的社会学分析》一章，该章由吴康宁执笔，包含对如下方面的分析：学校组织的性质、学校组织的结构、学校组织的文化。吴康宁借鉴美国组织社会学家艾兹奥尼提出的社会组织性质分析的理论框架（艾兹奥尼根据组织为使其成员服从组织并参与到组织之中而采取的支配手段的区别，将社会组织分为三种性质的类型，即强制性组织、功利性组织与规范性组织），对学校组织的性质展开分析。首先，学校不是强制性组织。教育活动的有效机制在于内化，即教育活动参与者对活动的目的、内容和要求的内化。学校作为一种社会组织，已经在其迄今为止的发展过程中极大地克服了强制性，并仍将在今后的发展过程中继续克服甚至完全祛除强制性。其次，学校对教师来讲是功利性组织。教师在学校工作，不仅是为了教育儿童，奉献于社会；而且是为了获取一定的经济收入，满足自身的各种生活需要。学校对学生来讲也具有一定的功利价值，但并非功利性组织。最后，学校对师生而言均为规范性组织。不管对教师还是学生来说，学校的影响都需要诉诸精神上的感化与自觉认同。在学校组织的结构特点方面，吴康宁指出，学校组织乃是异质结构、多权威结构、多层次结构。学校组织的异质结构是指，学校组织中

---

① 张人杰：《西方"学校社会学"研究》（上、下），载《外国教育资料》，1987(4、5)。

存在着泾渭分明的两大基本群体，即教师群体与学生群体，教师与学生在社会学特征上几乎完全相背，在学校组织中互为异质成员。学校组织的多权威结构是指，教师在班级或课堂上所具有的特殊的制度权威既不受其本人在教师群体中的地位的影响，也不会被其他教师取代，是真正意义上的制度权威。一个学校有多少班主任和任课教师，就有多少这种真正的制度权威。学校组织的多层次结构是指，学校是由几百人乃至上千人组成的大型组织，具有科层化的倾向，科层制的特征渗透于学校生活之中。在对学校组织的文化进行分析方面，吴康宁从几种不同的角度分析其社会构成并区分类型。根据学校文化与社会要求的吻合程度，学校文化可被区分为制度文化与非制度文化；按照学校文化自身的群体归属，其可被区分为教师文化与学生文化；就学校文化各种成分的集中程度而言，其可被区分为离散型文化与统合型文化。[①] 在 1998 年出版的《教育社会学》一书中，吴康宁进一步探讨了学校组织的取向及分层问题。在对学校组织的价值取向进行分析方面，他借用帕森斯提出的五组模式变项，即普遍主义与特殊主义、成就本位与属性本位、情感显溢与情感抑制、专限性与泛布性、自我取向与集体取向，指出学校相对而言具有浓厚的普遍主义、成就本位、情感抑制、专限性及集体取向的特征，并重点对学校的普遍主义及成就本位这两种取向进行了分析。在学校组织的分层方面，他着重探讨了学校组织间的地位分层和学校组织内的地位分层。[②]

谢维和在其所著的《教育活动的社会学分析——一种教育社会学的研究》一书中对学校组织的分析从以下几个方面展开：学校组织的意义分析、学校组织的一般特点、学校组织的功能分析、学校组织的基本性质与基本类型、学校组织的结构分析、学校组织的文化分

---

[①] 鲁洁：《教育社会学》，372～399 页，北京，人民教育出版社，1990。

[②] 吴康宁：《教育社会学》，250～274 页，北京，人民教育出版社，1998。

析。他认为，学校组织是一种建构的教育环境，是一种根据培养人的目的而建构起来的组织环境，学校组织形态与一般社会组织形态的同构性为学生的社会化提供了有利的基础和条件。学校组织的一般特点在于，学校组织的目标特征是以培养人作为功能目标，学校组织的成员具有强制性、同质性及异质性的特点，学校组织的规范常常具有比较抽象、模糊的特点。学校组织的基本功能主要包括两个方面：一是为学生提供知识学习和能力提升等方面的比较系统的训练；二是为学生提供一个进行交往和相互学习的场所与环境。学校组织结构的最重要的特征是它的结构二元性，包括教师与学生之间的二元性、行政权力与学术权力之间的二元性、教学与科研之间的二元性，以及正式群体与非正式群体之间的二元性。学校组织的文化反映的是学校组织的整体的存在方式，包括物质文化、制度文化和观念文化三个方面。①

由马和民主编的教材《新编教育社会学》对学校组织的社会学分析包括学校组织的性质与结构、学校组织的运行、学校组织的变革等方面内容。他认为，学校组织社会学主要借助社会学中的组织理论和行为理论，以具体的学校系统为研究对象，以如下方面为研究重点：学校组织的特性，如学校的目标、科层制、意见沟通制度和调适机制等；学校组织的社会环境，如学校的内部环境（学校结构与社会气氛、校长与教师、行政人员与教学人员等的关系）以及外部环境（学校与社区、学校与家庭等的关系）；等等。②

## 二、对学校制度的反思

最近 10 余年来，随着中小学学校改革的深入推进，现代学校制度的创建成为教育领域中的一个热点问题，其中不乏教育社会学视

---

① 谢维和：《教育活动的社会学分析——一种教育社会学的研究》，191～213 页，北京，教育科学出版社，2000。

② 马和民：《新编教育社会学》，209～229 页，上海，华东师范大学出版社，2009。

角的一些研究。

盛冰从社会资本的角度审视现代学校制度,认为非正式制度是社会资本的核心内容,即表现为制度社会资本。在正式的学校产生以前,教育几乎完全依赖于制度社会资本;学校产生以后,至教育制度化以前,学校的运作在很大程度上仍然依赖于制度社会资本;自教育制度化以后,即学校日益变成一个类似官僚机构的科层组织之后,制度社会资本呈下降的趋势。由于过于强化正式制度,忽视制度社会资本的作用,现代学校制度产生了危机。因此,当今学校变革的一条重要途径在于重建制度社会资本。①

庄西真从社会关系的角度审视学校的日常运作,认为,学校作为一种现代制度设计被引进中国以后,就深深地打上了"中国特色"的烙印,换句话说,学校制度是嵌入中国社会关系结构中的,这种关系结构深深地影响着学校的运作机制。②

王有升从单位制度、科层体制的角度分析当今学校改革,认为我国的单位体制尽管自市场化改革以来逐渐弱化,但至今依然在总体上对学校教育的资源配置、干部任命、人事管理乃至学校的专业自主产生决定性的影响。学校作为传统体制下的事业单位,依然保留着鲜明的单位制度特征。对学校教育的科层制架构与运作进行反思已成为当今世界各国教育改革的核心主题之一,我国的教育改革还需面对中国学校科层制的独特问题。当今我国学校改革所面临的体制瓶颈是单位制与科层制交互作用的结果,从单位制与科层制两个视角分析当今我国学校改革所面临的体制困境可以使我们更为深刻地认识改革所面临的问题并明确改革所应致力的方向。③

———————

① 盛冰:《现代学校制度的危机:下降的制度社会资本》,载《教育研究与实验》,2006(2)。

② 庄西真:《关系:一个学校社会学的分析框架》,载《教育理论与实践》,2005(7)。

③ 王有升:《单位制度、科层体制与当前我国学校改革》,载《教育学报》,2017(2)。

2017 年，吴康宁翻译的《去学校化社会：汉语双语版》由中国轻工业出版社出版，进一步激起了教育社会学研究中对现代学校制度的反思。在该书的译者导读中，吴康宁指出，该书为我们深入反思学校存在的问题提供了丰富的思想启迪，为我们全面认识学校与社会的关系提供了独特的方法引领，也为着力建设学习化社会提供了有益的参考路径，其中所倡导的自由的教育理念、平等的教育机会、开放的教育网络，为重新反思学校制度，以及建设学习化社会提供了一种参照。①

### 三、对作为教育活动场所的学校的深度分析

自新旧世纪之交开始，随着质性研究方法的兴起，深入中小学学校开展实地研究为很多教育社会学研究者所推崇，一批以学校为研究对象的研究成果先后涌现出来，对学校教育的各个方面展开了深入的描述与反思。

刘云杉用质性研究方法对一所重点学校的学校日常生活进行了研究，于 1999 年完成其博士学位论文《我是一个受教育者——个人在制度化的学校中》②，在此基础上于 2000 年出版了《学校生活社会学》③一书。该研究探索运用人种志的研究方法，力求使教育社会学研究走入学校的日常生活之中，敞现作为"受教育者"的学生"个人"在制度化的学校中无奈、无助的生存状态，揭示并解释学校日常生活中的官方与民间、前台与后台的并存和冲突。其所运用的质性研究方法除了对研究对象的深度访谈外，还包括对所研究的如下方面的"深描"与"深释"：学校的历史与现实，教科书的社会文化构成，

① 吴康宁：《译者导读》，见［美］伊万·伊利奇：《去学校化社会：汉语双语版》，吴康宁译，北京，中国轻工业出版社，2017。
② 刘云杉：《我是一个受教育者——个人在制度化的学校中》，博士学位论文，南京师范大学，1999。
③ 刘云杉：《学校生活社会学》，南京，南京师范大学出版社，2000。

学校教育活动的前台与后台，以及学生作品（随笔、日记、自传、作文等）。其内容包括：对日常生活制度化的总体分析；对乡土社会民间知识中的日常生活的解读；对制度规范中的日常生活的阐释；对学校中的日常生活的整体描绘；对学校日常生活中的具形化前台（前台空间、显性制度与显性惯例）的描述分析；对学生生活中的无形化前台（师与生、奖与惩、偏差学生）的描述分析；对学校日常生活中的后台（学生的私人空间）的描述分析；对日常情境中课堂教学的描述分析；对学校日常生活中的仪式、游戏及惯例生活的描述分析；对日常生活中个人的深度个案呈现。该研究在教育社会学领域内及其他教育研究领域中产生了较为广泛的影响。

马维娜用"累积的教育事实"呈现了学校场域的复杂构成，审视了入"场"、在"场"、塑"场"、清"场"、争"场"、退"场"、临"场"及建"场"等一系列"场域行为"。所谓"累积的教育事实"是指在不同的时空、情境、场景的自然状态下通过访谈、座谈、交流、对话等获取的各种事实被作为研究素材，这种累积的教育事实是开放连接的，断续流淌，更具有随机、自然、非结构性、非功利性等特征。她的博士学位论文于 2003 年由北京师范大学出版社出版，书名为《局外生存：相遇在学校场域》。该书内容包括：时空分隔的入"场"规则；资本搭建的在"场"优势；中介角色的塑"场"策略；权力控制的清"场"技术；力量抗衡的争"场"冲突；远距张望的退"场"主动；惯习潜沉的临"场"契合；张力相持的建"场"联合。[①]

王有升通过对一所民办学校的实地研究，揭示出被寄予高度理想的学校教育在现实中是如何被社会地建构起来的。学校受到在社会中运作的各种现实力量的造就与制约，以金钱为象征的经济力量，以国家权力为主导的政治力量，以符号与价值为代表的文化力量，

---

①  马维娜：《局外生存：相遇在学校场域》，北京，北京师范大学出版社，2003。

都介入学校的运作中来。在自身内部，学校形成了一个相对封闭的
"社会空间"，由此，规范秩序得以建构。在体制与行动者的交互作
用中，学校教育的现实被建构起来。王有升的博士学位论文《被规限
的"教育"——学校生活的社会建构》于 2003 年由北京师范大学出版
社出版，书名为《理想的限度：学校教育的现实建构》。该书内容包
括：在"结构"与"能动者"之间——分析学校现实的方法论视角；社
会场域中的学校——社会变革中的学校创生；金钱的僭越——经济
主导与制约下的学校教育场域；身份文化与等级标定——学校中的
文化差异与重塑；制度文化的主宰——学校生活中的国家规范；规
范化管理——学校内部规范秩序的建构；"规范与解放"——学校内
部秩序建构中的实践困惑与理论反思；作为"行动者"的教师与班级
规范秩序的建构；学校教育的理念追求与现实建构。①

郭华通过对一所示范实验小学的实地研究，呈现了学校中的日
常教学、公开课及教学实验的真实状态及其缘由，凸显了学校日常
教学生活的平凡、稳定、反复、强大而弥散，强调对学校的有效改
造从来都不是外在的、强加的，而是在现有的教学生活中通过教育
者自身努力使生活变得更好。②

庄西真通过对一所乡镇初级中学的案例研究，着力探求影响学
校行为的社会(也包括国家)因素，聚焦于学校成员的行为以及与此
密切相关的地方社会网络，以此展开对学校行为的分析，并论证国
家和社会在学校行为中所起的作用。他认为，乡村学校及其所在地
方的封闭性和不流动性使学校没能像批判的教育学家指出的那样使
乡村居民离开乡村，而是使学校和周围社区处于一种低水平的循环

---

① 王有升：《理想的限度：学校教育的现实建构》，北京，北京师范大学出版社，
2003。
② 郭华：《静悄悄的革命：日常教学生活的社会构建》，北京，北京师范大学出版
社，2003。

之中。乡村学校必须脱离地域性和农村化，增强独立性、公立化和标准化。建立一个城乡一体的统一性的、标准化的、同质性的学校系统，使乡村孩子脱离农村，被纳入一个现代的"抽象社会"中，是学校发展的方向。[①]

周宗伟对学校文化进行了较为独到的解读，认为，学校文化在生产出"高贵的人"的同时，也生产出了"卑贱的人"，大众社会中的学校文化最终塑造了学校体制的成功者与失败者这两种"卑贱"的群体。[②]

胡春光基于对一所县城小学的实地研究，着力探讨了学校生活中形塑学生行为的规训技术与策略，以及学生如何通过抗拒行为寻找逃逸的空间，即"规训"与"抗拒"在学校生活中是怎样表现的。他首先对规训及规训化教育进行了较为深入系统的梳理与阐发，对权力体制中的主体能动性进行了深入思考，然后深入学校现场情境中，审视各种细腻的规训技术是如何作用于那些被监视、被训练与被矫正的对象的，并对规训策略做一种穷原竟委式的批判与反思，进而分析学校生活中学生的抗拒行为，认为学生的抗拒行为折射出学生对其生存状态的抗争和对人的生命意识的体认，最后从教育理想性的角度展开批判与反思，探讨从"规训化教育"走向"对话式教育"的可行性。[③]

### 四、对学校作为社会中的教育机构的研究

对学校作为社会中的教育机构的研究旨在探讨学校与外在社会（学校所处的村落、区域乃至国家）的结构性关联。

---

① 庄西真：《国家的限度："制度化"学校的社会逻辑》，南京，南京师范大学出版社，2006。

② 周宗伟：《高贵与卑贱的距离——学校文化的社会学研究》，南京，南京师范大学出版社，2006。

③ 胡春光：《规训与抗拒：教育社会学视野中的学校生活》，武汉，华中师范大学出版社，2011。

　　王铭铭以社会人类学的研究方式指出，学校作为正式的社会化空间，在近现代中国文化的自我改造过程中扮演着十分重要的角色。从广泛的视野来看，现代学校的确立，是现代性生成的重要组成部分。在西方，现代学校在现代性的建构中所起的作用，在于通过确立具有鲜明组织和训诫规则的空间，来促使社会化中的主体分离于传统社会的"地方性知识"体系之外，与现代社会的"抽象体系"实行整体结合，在主体的生命历程中造就学究型权威与个体安全感。在中国这个"现代性后发"的社会中，现代学校在主体改造中的作用，则发生于近代西学东渐之后，其普及更是在 20 世纪 20 年代初期现代国家的创建过程中才得以实现的。他通过考察台湾地区、福建省的三个村落现代教育空间确立的历史，论证现代性建构过程中民间社会力量及文化与超地方的政权构成的互动关系。作为现代初等教育空间的学校，是近现代以来中国文化变迁的组成部分。在不同类型的现代性方案（如殖民化和民族—国家设计）中，乡村的现代小学扮演着如下这样一种角色：促使社会化中的主体分离于传统社会的地方性知识体系之外，与现代社会的"抽象体系"实行整体结合。在乡土社会中确立的现代学校，已经以一种新式的文化品格的面貌为地方民间社会所接受，成为渗透至深的象征力量。这一事实说明，村落社区公共事业观念对现代初等教育制度的吸纳，是原有的地方性知识体系对现代知识传播体系的反向改造。①

　　李书磊通过对一所农村小学的实地研究揭示出，从组织与职能来看，小学就是深入村落的国家机构，这正吻合了西方马克思主义学者路易斯·奥尔萨瑟所做的判定——"学校是一种国家机器"。小学还是村落中唯一的国家机构，它在乡村背景与乡村气氛中就更显示出一种不可替代的身份，它与乡村的互动就具有了深长的意味，

---

　　①　王铭铭：《教育空间的现代性与民间观念——闽台三村初等教育的历史轨迹》，载《社会学研究》，1996(6)。

几十年间它在村落中的功能变迁就具有了独特的文化史意义。它是国家培育人才的工厂，它自身也是国家形象的一种展现。有意思的是，由于教育系统具有更有效的组织手段，由于教育从业者具有更纯粹的信念与更严谨的行为，由于学校与村落生活之间具有相对隔离性，小学比村落中的国家行政机构——乡镇政府——更具有"国家"的色彩。村小是村落中的"国家"，它以自己的方式作用于乡土。学校是由国家主导的旨在对现代文化实现传播的机构，这种文化传播规模之庞大、组织之系统、意志之坚定、内容之新颖，与固有的文化背景形成了强烈的反差。我们可以说新中国成立以后的教育是一种覆盖性的、深刻的文化普及、文化改造与文化重塑。只有了解了地方的文化背景，我们才能理解教育的每一处阵地、每一个环节所具有的意味深长的特别含义，才能对教师和学生在课堂上的一言一动有一种既同情又陌生的观察眼光。[1]

受王铭铭和李书磊的影响，李小敏在其进行的云南少数民族村落研究中，揭示了如下内容：在国家和经济全球化双重影响的背景下，学校作为普遍性知识体系的机构，对乡土社会中习俗和地方性知识体系的宰制，使得习俗和地方性知识只能从公共机构退缩到私人领域，并且造就了一批文化上的"不适应者"。[2]

司洪昌对一个华北村落中的学校60多年的发展演变历程进行了历史人类学的考察，揭示了如下内容：处于村落之中的学校，实际上处在村落规范、外部空间（如国家、政治等）等导致的紧张之中。学校不仅仅是一种深入村落之中的国家力量。村落中的学校在很多方面延续着传统，显示了一种在地色彩，直到现在还处在本土与西

---

[1]　李书磊：《村落中的"国家"——文化变迁中的乡村学校》，杭州，浙江人民出版社，1999。

[2]　李小敏：《村落知识资源与文化权力空间——永宁拖支村的田野研究》，见丁钢：《中国教育：研究与评论》第5辑，1～53页，北京，教育科学出版社，2003。

洋、历史与现实、乡村与城市、国家与地方等多重张力的网络结构之中。学校在村落社会之中，逐渐占据了村落儿童所有的时空。学校对儿童生命史的影响日益明显，成为外部生活在村落社会中的拓殖，挤压了民间规范的存在空间。村民接受学校教育的历程，实际上是学校和民间规范为争夺主导权而进行斗争的过程。作为一种舶来品的学校在村落中的出现，可被视为现代性在空间上的扩张。它以分科制、阶梯制、班级授课为标志，同时体现出一种新的观念和价值追求，如新的身体观念、讲授式教学的观念、国家观念、卫生观念、个人观念等，这与村落的传统日渐疏离、日渐疏远。终于，在政治上获得了合法性的学校，逐渐获得了对其他民间知识的宰制，只传授与大传统、政治意识形态相一致的观念和价值，而民间的观念在政治和学校知识的范围内已经难觅踪迹。随着时间的推移，这一现象越来越突出，终于导致学校逐渐成为村落社会中的飞地，成为社会的孤岛。这一现象并不表明村小在村落中是完全独立的，而更多是指学校和村落传统之间的隔膜，学校在正式的空间中，其合法传授的东西距离村落本地社会越来越遥远，越来越具有普遍性、正规化的特点。但在某种意义上，学校无法割断其与村落社会之间千丝万缕的联系。以往的研究者往往强调在平面的空间中展开研究，所见的是村落学校中充满城市化、外来性、工业导向的文化意象。实际上，处于村落规范中的学校，既是一种外来的社会组织，又受到村落规范、传统习俗的强烈辐射，特别是私塾的血脉在新式学堂推行之初，已经融进了学堂的传统中，成为新式学堂的文化底色。学校在村落社会显示出了地方性、本土性的一面。在外来影响与本地传统这二者的张力之中，学校在外来影响和村落规范之间滑动，不过一直呈现的是向正规化、城市化的一极滑行的趋势。在这种滑行之中，村落学校日渐脱离明显的私塾色彩，但这一传统的底色依然可以在村落学校的日常生活中被处处发现。①

## 第二节　课程的社会学研究

课程的社会学研究兴起于 20 世纪 90 年代，基本的发展脉络在第一章已述及。笔者在这里重点梳理与呈现一些重要的研究。

### 一、课程社会学研究的旨趣、对象与方式

#### （一）课程社会学研究的旨趣

吴康宁在《课程社会学研究》（新世纪版）一书的前言中曾这样阐发课程社会学研究的旨趣：课程是社会向教师与学生提供的教与学的基本依据，课程确实如同阿普尔所说的是"法定知识"。课程是社会"选择"与"编订"的结果，而不是教师和学生"协商"与"创构"的产物。对于外表看似简单明了的课程，我们需要追问：为什么是这些知识而不是那些知识被纳入课程？为什么课程中的知识是以这种方式而不是那种方式呈现的？隐含于这些知识背后的观念究竟是什么？一问以蔽之：课程中的知识究竟是谁的知识？若在时序上向以前回溯，则可发问：为什么要在此时编订、修订或重编课程？是谁在对知识进行选择？这些知识是怎样就被确定为"教育知识"的，怎样就具有了"合法性"的？一问以蔽之：在课程"诞生"之前，究竟有一些什么样的社会过程？若在时序上向以后延伸，则可发问：作为"法定知识"的课程被学校与教师不折不扣地转换成为学校与课堂中的"教育文化"了吗？学生最终将之同化到自己的个体文化中去了吗？教育研究人员、教育行政人员、教师、学生、家长及其他社会成员对课程的评价是一致的吗？究竟谁是课程的受益者？一问以蔽之：在课

---

① 司洪昌：《嵌入村庄的学校——仁村教育的历史人类学探究》，博士学位论文，华东师范大学，2006。

程"诞生"之后，究竟有一些什么样的社会过程？于是，这就有了对
课程进行社会学研究的空间。社会学研究的一个基本任务便在于探
明"这个东西究竟是谁的""裹涵于这个东西之中，或隐藏在这个东西
背后的那个东西究竟是什么"的问题。①

（二）课程社会学研究的对象

课程社会学研究的对象是课程的社会学层面，或者说是具有社
会学意义或社会学特征的课程现象与课程问题。这里的"社会学层
面"与"社会学意义或社会学特征"是课程哲学、课程心理学及课程论
的研究无法涉及的，即作为"社会控制中介"的课程，或者说课程的
"社会控制特征"。从时间性维度来说，课程社会学研究涉及以下具
体研究内容：作为教育知识之法定基本形式的"课程文本"；作为课
程文本之社会建构过程的"课程编制"；作为课程文本之社会解读过
程的"课程实施"。② 从空间性维度来说，课程的社会性不仅表现于
"宏观层面"，即课程与社会之间的相互联系；而且涉及"微观层面"，
即课程成为联结教师与学生两种不同社会角色的一种媒介，并因此
而构成一种微观社会系统。正是从这个意义上，课程社会学研究的
对象大致包括两个基本方面的内容：处于社会系统中的课程，以及
处于师生互动系统中的课程。③

（三）课程社会学研究的方式

社会学方式的课程研究以社会控制为基轴来考察课程，所关注
的是课程的社会文化特征。由于对社会文化之意义的理解存在着来
自认识主体自身的不自觉的文化参照、自觉的文化评价乃至"偏执

---

① 吴康宁：《课程社会学研究》（新世纪版），前言 1～2 页，南京，江苏教育出版社，
2004。

② 吴康宁：《课程社会学的研究对象》，载《上海教育科研》，2002(9)。

③ 南京师大"课程的社会学研究"课题组（朱志勇执笔）：《课程的社会学研究简论》，
载《教育研究》，1997(9)。

的""文化裁决"的影响，社会学方式的课程研究所具有的形态既包括实证的、描述的，也包括理解的、反思的乃至批判的。社会学方式的课程研究，其基本命题为"课程是社会控制的中介"。其所追问的基本问题是：课程所代表的与所拒斥的是谁的知识？这些知识由谁且为什么要这样来选择与组织？这些知识在实际的教学过程中被置于什么样的地位、充当着什么样的成分？课程社会学研究的基本方法有：理论探讨、比较分析、内容分析、现场观察以及调查。

课程社会学研究的基本路径包括：第一，分析课程标准。这主要涉及用比较分析法和理论探讨法研究不同政治背景、经济背景、文化背景的国家或地区的课程标准所具有的价值特性，并分析其更多地代表哪个种族、阶级、阶层、性别的利益。第二，分析课程结构。这主要涉及分析现有课程体系中各学科的地位，比较不同课程体系的学科结构差异，并揭示其社会学含义。第三，分析课程内容。这涉及对课程的具体内容所呈现或所内隐的在种族、阶级、阶层、性别方面的倾向以及其他一些价值特性进行分析，并进行跨文化的比较。第四，分析课程编制。这主要涉及考察现有课程的编制过程，分析课程编制者本人对"法定文化"的把握情况，研究他们出于自身的社会阶层出身、文化背景、个人经历而形成的价值观念对课程编制的影响。第五，分析课程授受。这主要涉及研究作为"法定文化"的课程在授受过程中由于教师和学生自身种族、阶层、性别等因素的影响而出现的"取向偏离"。此时课程授受过程多半被视为不同文化之间的碰撞过程。这一过程可能是和谐的，也可能是失谐的；其结果可能是整合的，也可能是离散的。第六，分析课程评价。这主要涉及对现有课程评价手段的社会学特性进行分析。

课程社会学研究主要有两个理论基础。一是知识社会学，二是符号互动论与民俗方法论。前者可主要用于对课程内容的社会学研究，后者可主要用于对课程授受过程的社会学研究。①

## 二、课程社会学研究的具体展开

课程社会学研究主要包括对课程结构、课程标准、课程内容、课程授受、课程评价以及课程改革过程等方面的研究。

（一）课程结构的社会学研究②

吴康宁指出，"设置主体"意义上的课程结构与社会权力关系格局之间存在着一种基本吻应的状况："完全中央集权"的社会权力关系格局所导致的是"国家独霸"的课程结构，"总体的中央集权与局部的地方分权"的社会权力关系格局所带来的是"国家主导、地方有限参与"的课程结构，而"中央集权与地方分权相结合"的社会权力关系格局所需要的则是"中央、地方与学校共决分享"的课程结构。

在课时安排方面，我国小学的课程结构中，存在着由课时数量的明显差异而造成的三个"学科群"。其一是"强势学科群"（语文与数学），该学科群在小学的整个课程结构中占有主导地位，以至于我国小学教育在相当程度上可简称为"语数教育"；其二是"中势学科群"（体育、音乐、美术），该学科群在小学的课程结构中也占有一定地位，但与"强势学科群"相比不可同日而语；三为"弱势学科群"（科学、德育、劳动），该学科群在小学的课程结构中地位微乎其微。本来同为人类文化财富的各门学科的知识便通过课时分配而在学校的课程结构中被划分为三六九等，出现了事实上的"高地位知识"、"中地位知识"及"低地位知识"的不同知识群类。我们无论如何也难以寻觅到可对科学知识的这一地位分等现象予以"科学性"与"合理性"证明的足够依据，因为我们无法忽视如下事实：不同国家和地区的各

---

① 南京师大"课程的社会学研究"课题组（王有升执笔）：《简论课程研究的学科方式》，载《课程·教材·教法》，1997(7)。

② 吴康宁：《知识的控制与分等：课程结构的社会学释义》，载《教育理论与实践》，2000(11)。吴永军：《课程结构的社会学分析》，载《南京师大学报(社会科学版)》，2001(1)。

门学科在其课程结构中所占课时比例及由此而导致的学科地位分等情况千差百异。课程计划制订者在对各门学科进行课时分配时所依据的显然并非各学科知识在整个人类文化财富中的价值享有，而是这些学科知识"在现今社会中被认可、被利用的价值"以及与之紧密关联的主流知识价值观。

因此，从社会学视角看，任何一种意义上的课程结构其实都是对知识加以控制与分等的结果，任何一种课程结构都与对知识的控制与分等有着密切的关联。不同的课程结构反映着对知识的控制与分等的不同特征。对知识的控制与分等，往以前回溯，它要受制于社会中的权力关系格局及主流知识价值观；向以后延伸，则意味着对传授与学习这些知识的人——教师与学生——的控制与分等。

### (二)课程标准的社会学研究

在社会学视野中，课程标准并不只是关于学校所应传授给学生的教育知识的一个"专业性文本"，而同时是一个"政治性文本"；课程标准的形成并不是一个"客观地"根据关于学生、社会及学科的"学术研究成果"来进行编订的"技术性过程"，而是以政府决策层的价值取向为依据来选择和利用关于学生、社会及学科的"学术研究成果"而进行编订的"社会性过程"。课程标准编订工作的启动本身乃是权力运作的结果，课程标准编订工作的具体过程也始终充满着权力的制约。尽管这当中也不时伴随着对权力的质疑与反抗，但由于课程标准是教育知识的最高法规，是对学校教学内容加以规定的政府文件，因此，在课程标准的整个形成过程中，权力不会退场。在这个意义上，也可以说，课程标准是权力的产物，也是权力的象征。①

吴康宁曾对中国大陆与台湾地区的小学德育课程教学大纲(课程

---

①　吴康宁：《课程社会学研究》(新世纪版)，111 页，南京，江苏教育出版社，2004。

标准)进行比较分析，发现：大陆小学德育课程教学大纲对小学生所
应形成之"品德"的规定，从个体与外部的关系来看，体现着"社会"
的全面"占场"，"自然"的完全"缺场"；从个体与社会的关系来看，
强调"政治社会化职能"，而"人格完善职能"退居其次；从个体与群
体的关系来看，凸显"集体精神"，几无"个体意识"；从个体与个体
的关系来看，充溢着"对人施舍倾向"，缺乏"平等共处取向"。因此，
他认为，有必要反思现有大纲，在新大纲的修订中，要强调"善待自
然"，凸显"完善人格"，重视"保持个性"，引导"尊重别人"。①

　　王有升曾对中国大陆与台湾地区的初中课程目标进行比较社会
学分析。他运用社会学的分析视角，采取分类分析与综合分析的分
析方式，对中国大陆与台湾地区当时的初中课程目标进行比较，并
探讨其与各自社会脉络之间的结构性关联。他分析了两套课程目标
所体现的"个人""家庭""他人与群体""社会"等诸方面素养的异同，
以及二者在话语方式及学科视野方面的差异，并简要论述了这些分
析对制定新的课程目标的启示。他指出，大陆初中课程目标在经济
素养、家庭素养以及民主法治素养等方面较为欠缺，涵涉甚少，这
就意味着大陆学生在相应方面的发展将难以得到学校教育的积极引
导。大陆课程目标存在与学生日常生活及现实体验相脱离的倾向，
如过分重视知识的获得而不强调学生的认识与领会；在个性素养方
面，忽视学生内在的生命体验而强调外在精神的灌输；在政治素养
方面，强调灌输而缺乏反省；在社会生活素养方面，缺乏对社会变
迁问题的关注。②

　　(三)课程内容的社会学研究

　　课程内容以一种静态文本的形式存在，对之进行社会学分析，

---

　　①　吴康宁：《中国大陆小学"品德"教学大纲的社会学研究——兼与台湾小学"道德"
课程标准相比较》，载《南京师大学报(社会科学版)》，2001(3)。
　　②　王有升：《中国大陆与台湾初中课程目标的比较社会学分析》，载《比较教育研
究》，2000(6)。

首先是对之进行具有社会学意义的解读，即运用社会学的相关原理，借助社会学的一些核心概念，对反映在这种静态文本中的社会现象、体现在其中的社会文化烙印及渗透于其中的社会价值观念，进行揭示、分析与批判。这就要把课程内容置于其赖以产生并得以运作的社会脉络之中，以透析运作于这种社会场境之中的各种现实力量对课程内容的影响。课程内容作为一种既有文本，象征着它衍生于并存在于其中的几种不同的场域：第一，由社会的政治生活、经济生活、文化生活、社会生活构成的社会场域；第二，由整个课程系统贯穿于其中的教育场域；第三，以理论思维的形式影响着课程内容编制的学术场域。这三种场域决定、规范或影响着课程内容的制定与实施，同时也是课程内容的运作空间。由社会的政治生活、经济生活、文化生活、社会生活构成的社会场域，为课程内容提供了主要的决定力量。社会场域中的各种优势力量以直接或间接的方式渗透到课程内容之中。例如，政治力量往往以行政命令的方式直接规定课程中必须含有某些内容；经济力量则多以社会需要的形式间接规定课程中相关内容的选择，文化、社会生活的力量也是如此。由整个课程系统贯穿于其中的教育场域是课程内容存在的核心场域，也是课程内容的核心影响域。学术场域对课程内容的作用表现在两方面：其一，学术场域（尤其是人文社会科学的学术场域）中理论发展的水平决定着课程内容编制者理论思维的广度与深度，并进而通过课程内容体现出来；其二，学术场域中高地位的学术知识往往与课程内容中的高地位知识有对应关系，并且往往只有在学术场域中占据较高地位的学术门类才有资格进入课程内容中。①

　　课程内容的社会学研究还包括对课程内容的话语策略进行分析。如果说内容分析意在探究文本实际说了什么，那么策略分析则旨在

---

　　① 吴康宁：《课程社会学研究》（新世纪版），152～153 页，南京，江苏教育出版社，2004。

探讨文本是如何言说的。前者的问题是：在已说出的东西中所说的是什么？还有哪些隐晦的力量悄悄随行？后者的问题是：已说出的东西是如何存在的？它为什么不以另一种方式存在？它何以不在别处存在？内容分析想要重建的另一种话语实则是一种社会文本，教科书是这种社会文本的"寄生"处，一种文化的"再制"体，一种阶级"传承"的"密码"。内容分析试图通过教科书文本去发现潜在的社会文本。策略分析则将视角倒过来，去探讨社会文本是以什么方式进入或在什么条件下存在于教科书文本中的。伯恩斯坦关于知识的"分类"与"架构"的论述就是一种进入和存在的方式。概括起来，策略分析需要关注这样一些问题：知识何以能够出现？它以怎样的现实"面貌"出现？这些"面貌"的支撑规则有哪些？这样的现实被确定的条件与方式为何？这些条件与方式何以能够有效？①

　　王有升曾对课程内容的社会控制意蕴尤其是语文教科书的社会控制意蕴进行较为深入的阐发。不同学科的课程内容所蕴含的社会控制意蕴和方式各不相同。数学和自然科学课程体现着当今全人类的普适性知识，这种知识所具有的科学理性及其所拥有的巨大力量，使其对人的思维方式乃至生存状态产生了强大控制力。这种控制甚或超越于社会控制，因为任何社会统治阶级都无法阻挡它的力量，而只能将相应的社会控制措施顺应于其上。人文社会科学课程从来都是社会中价值争夺的重要领地，是社会支配文化与统治阶级意志的缩影，是社会符号控制的极为重要领域。政治类课程的内容直接承担着官方意识形态灌输的职能。思想品德类课程的内容则明确规定着是非善恶的标准及具体的行为准则，其依据至少为社会支配阶级所制定或认可。这些课程的内容所蕴含的社会控制色彩都是外显的。历史类课程的内容则通过对历史事实的选择、解释与评价而渗

---

　　① 吴康宁：《课程社会学研究》(新世纪版)，237～238 页，南京，江苏教育出版社，2004。

透着官方的意识形态与价值取向，其社会控制色彩具有一定的内隐性。语文属于人文科学课程，其内容所蕴含的社会控制是全方位的，既有浅层的也有深层的，既有外显的也有内隐的。除却语文教育被一贯强调的思想性职能具有明显的社会控制意蕴之外，语文教育的工具性职能往往发挥着一种深度社会控制的作用。教科书所建构起的话语解释体系，在学生长期接受教育的过程中，已对其心灵形成了一种控制性力量，影响着其表达自己思想的准确性及表达自己思想的方式。一种话语表达方式一旦被人习惯，它便会成为一种控制心灵的力量。社会通过对象征符号的控制来控制其成员思想的形成类型与表达方式，从而试图达成一种深层的控制，即意义的控制（或符号的控制）。①

朱志勇对我国大陆和台湾地区初中语文教科书中社会角色的呈现进行过比较分析。他从先赋角色和自致角色、功利性角色和表现性角色、社会角色的性别问题，以及正面社会角色和反面社会角色等方面，对两个版本的语文教科书的课文内容及插图进行了较为系统的比较分析。②

2000年，王有升对我国当时的九年义务教育阶段语文教科书的文化构成进行了系统分析。他的研究主要从国家文化、民族文化及具体的不同时代文化的角度展开。他发现，在对不同国家的文化进行选取与呈现方面，反映或体现外国文化的课文基本上取材于欧美国家，而对世界上其他国家的文化毫无涉及。这与世界文化的整体格局显然不一致。在对国内不同民族文化的体现方面，少数民族文化内容在教科书中所占比重较小，并且直接取材于少数民族传统文化的内容非常少。在对不同时代文化的呈现方面，反映当今时代文

---

① 王有升：《语文教科书的社会学阐释》，载《教育科学》，2000(3)。
② 朱志勇：《我国内地和台湾初中语文教科书中社会角色的呈现》，载《比较教育研究》，1998(5)。

化内容的课文占比不足 30％；革命战争题材的课文占了相当大的比重，与体现古代文化的课文大致相当。另外，古代文化及近现代文化方面的选材具有批判取向，主要揭露社会的黑暗与不公，而现当代文化方面的选材极少批判取向。①

刘云杉对教科书中的童话童谣进行了颇具社会学意味的解读。童话童谣叙述的是农耕文化中乡土社会的民间知识。与农耕文化相对应的是乡土社会，乡土社会是个重传统的社会，传统即个人所感知到的记忆。教科书所呈现的童话童谣经历了制度文化对民间文化的遴选，穿上了"合法"的外衣，与制度文化比肩忝列于法定文化之中。教科书中的童话童谣是"过去的故事"在今天的投影，而今天的孩子又以他们的经历与阅历解释着过去并理解着现在。在充满"现代性"的当下，童话童谣所体现出的传统乡土社会的时间观、空间观、成效观与人我观等方面的特征，更可被透析出来。在时间观方面，童话童谣体现着绵延的时间、放达的生命感、后喻的文化特征；在空间观方面，它体现着封闭的空间与稳定的收获；在成效观方面，它"以不变应万变"，鄙弃机会，固守自律；在人我观方面，它则隐含着道德善恶与生存谋略。②

高水红对教科书话语的呈现策略进行了较为独到的分析。她力图通过整体性视角关注教科书话语的呈现策略。有关整体性策略具体分化为"单元语境""经验类型""分类"等，并在作为一种新的意识形态的"理论角色"、单向度的"书本化空间"以及带有乌托邦情结的"时间链"这三者的作用中，成就教科书话语独有的空间秩序。③ 教

---

① 王有升：《我国现行九年义务教育阶段语文教科书（人教版）的文化构成分析》，载《教育研究与实验》，2000(1)。

② 刘云杉：《教科书中的童话世界——一个社会学视角的解读》，载《教育研究与实验》，2000(5)。

③ 高水红：《教科书话语呈现的蒙太奇——作为一种整体性策略》，载《教育研究与实验》，2003(2)。

科书通过其文本内的类比修饰、身份标定、逻辑意识实现了"意见"向"知识"的转化；通过其文本外的"课改纲要"的合法性表述与"书店语境"的实践性构筑，在把探讨的空间拓展至广阔的社会现实之际，也试图揭示教科书文本凭借这两种文本外的修辞，实现了"知识"向裹挟着政治力量、经济力量、文化力量等的"话语"的转化。[①]

### （四）课程授受的社会学研究

课程授受过程是作为制度文化与法定知识的课程内容被双重转化的过程，即课程内容向"教师的实际传授内容"转化的过程，以及已成为"教师的实际传授内容"的那些课程内容向"学生的实际学习内容"转化的过程。课程内容向"教师的实际传授内容"转化的过程涉及两个要素：一是教师在授受前对课程内容的重构，其中包括对课程内容的增加、删减、置换及加工，其成果是形成"预定传授内容"（典型体现为"教案"）；二是教师在授受现场的师生互动情境中对"预定传授内容"的调整，这种调整可能是教师自身的认识发生变化的结果，也可能是教师改变课堂策略、向学生妥协的产物，其成果便是形成"实际传授内容"。已成为"教师的实际传授内容"的课程内容向"学生的实际学习内容"转化的过程也涉及两个要素：一是学生在授受前以某种方式（如"预习"）对课程内容的感知，影响这一感知的因素包括学生的知识基础、价值取向及兴趣爱好，其成果是形成对课程内容的"先有性理解"及相应的"亲和性定位"；二是学生在授受现场的师生互动情境中对上述"先有性理解"与"亲和性定位"的调整，这种调整只能是学生自身的认识有所变化的产物，其成果便是形成"实际学习内容"。

如此看来，指望作为制度文化与法定知识的课程内容全部地、

---

① 高水红：《教科书话语的修辞——作为一种转化策略》，载《教育研究与实验》，2004(2)。

彻底地成为学生最终"学到的"东西，这近乎天方夜谭。就课程内容中合课程目标、合国家主流意识形态的那些部分而言，至少有三个因素阻碍着上述双重转化过程。其一，尽管所有教师在制度上都具有"社会代表者"的身份，但并非每一个教师都具有国家主流意识形态所期待的文化。这意味着在被视为"社会代表者"的教师当中，实际上存有"社会代表者"、"非社会代表者"及"反社会代表者"的角色类型之别。其二，学生在学习特定的课程内容之前已有其自身的一些文化特性，或者说已经形成了一定的学生个体文化，且在班级组建之后，还会形成一定的学生群体文化。不论在个体文化的意义上，还是在群体文化的意义上，学生文化从来都含有不合国家主流意识形态的成分，且在一些情况下，这些成分还会成为学生文化的主流。另外，由于学生家庭文化背景各异，那些家庭文化背景与学校文化差异较大的学生往往会对学校生活感到不适应，由此也会表现出一种天然的"拒斥"倾向。其三，在课程授受现场的师生互动情境中，师生双方在对方的影响下，都有可能即时性地转变自己的一些原有认识。无论从学生方面来说，还是从教师方面来看，这可能既含有原先不合课程目标、不合国家主流意识形态的认识向着合课程目标、合国家主流意识形态的认识的转变，也含有与之相反的转变。

所有这些表明，在课程授受过程中，课程内容中原先被"给定"的意蕴或多或少、或强或弱都会受到挑战。这种挑战既来自作为成人世界一心要予以引导和改造之对象的学生文化，也来自作为社会代表者的教师自身的文化，且这两种文化还可能会并肩作战。因此，课程授受过程绝不是作为制度文化与法定知识的课程内容之简单的"复制过程"，教师并非仅仅把别人的意愿和意识形态转化为实践的"屏幕"，学生也绝不会不加选择地把别人的意愿和意识形态内化于自身的文化结构。课程授受过程是教师与学生基于由各自的"生活史"锻造而成的既有文化视域、以课程内容为基本线索而展开的一种互生互成的知识阐释与文化建构的过程。①

刘云杉在其博士学位论文②中，通过个案分析的方式，对课程授受过程进行了"如同工笔画般繁复翔实的叙事"描述，意图呈现如下内容：课程内容背后的国家权力并不像光一样畅通无阻地直射于课程授受的实践，直射于课程传授者与学习者的心田，而是"透"过具体的"授者"与"受者"在日常生活中所筑就的一层模糊的"膜"，"透"过具体场景中在场的权力与缺席的权力所构成的复杂网络，在种种冲突与妥协中，触及甚至规训"受者"与"授者"的心灵。同样，在理性铁笼与国家机器的双重制约下，教师与学生都是弱者，而弱者的抵抗、屈从、媚从也不是镜子式的垂直反射或全盘吸收，而是分叉的、散射的、多样化的，甚至是细碎化的。③她分析指出，课程授受中的"效率至上""数目化管理""可预测性""可控制性"这四重核心标准导致了课程授受的"麦当劳"化，也导致了课程授受中非人化的倾向。④她通过对一节历史课授课的过程进行实录分析，描述了"叙述语言的日常化""人物形象的市民化""'师定文化'的民俗化""社会运动的戏剧化"等特征。⑤

（五）课程评价的社会学研究

社会学视角对课程评价问题的关注重点是：究竟哪些社会因素涉入了对课程目标的认定与监控过程？这些因素之间又是如何相互

① 吴康宁：《意义的生成与变型——"课程授受"的社会学释义》，载《教育发展研究》，2001(4)。

② 刘云杉：《我是一个受教育者——个人在制度化的学校中》，博士学位论文，南京师范大学，1999。

③ 吴康宁：《课程社会学研究》(新世纪版)，288~289页，南京，江苏教育出版社，2004。

④ 刘云杉：《课堂教学的"麦当劳化"——一个社会学视角的检讨》，载《教育研究与实验》，2001(2)。

⑤ 吴康宁：《课程社会学研究》(新世纪版)，304~322页，南京，江苏教育出版社，2004。

作用从而使认定与监控过程能够以某种方式被推进的？

就课程目标的认定与监控而言，如果说课程结构、课程内容、课程授受等成就了课程目标的实践，那么课程评价则通过把握课程结构、课程内容、课程授受与课程目标之间的符应程度而规限着课程目标的实践空间；如果说课程目标明示国家意志与国家意识形态，那么课程评价则从课程范畴之外检验国家意志与国家意识形态的实践命运。

就评价机制而言，课程评价也使得课程目标以及目标所明示的国家意志与国家意识形态无处无时不在。具体而言，评价机制有如下特征：首先是表演性特征。以考试为例，考试作为一种评价机制，更像是考卷、考官、考生、考场等在一定时间内共同完成的一场表演。这样一场表演将课程目标的认定与监控做了一次仪式化的集中、放大与展现。其次是问题化特征。不管是评价的着眼点还是其呈现方式始终围绕着"问题"展开，将课程编制、课程实施、课程效果与课程目标之间的偏离、矛盾等建构为明确的问题，也将国家意志及国家意识形态的实施过程或实践命运问题化。最后是转译性特征。课程评价的监控机制至少发生了两次转译：一是将事件化监控转变为无时无处不在的日常化监控；二是将外在监控转变成有着内生需要的自我控制。

就评价标准而言，对目标的认定，对目标达成的监控与检验，既来自社会支配阶层的意志，同时也将社会支配阶层的意识形态合法化。如果说课程标准的制定完成了国家意志与国家意识形态的初次合法化，那么将课程目标作为预设前提加以认定并将其作为评价标准去监控课程的其他环节，则完成了国家意志与国家意识形态的再次合法化。[①]

---

① 吴康宁：《课程社会学研究》(新世纪版)，417～425 页，南京，江苏教育出版社，2004。

（六）课程改革过程的社会学研究

高水红的博士学位论文以 21 世纪初轰轰烈烈开展的基础教育课程改革为案例，力图对之进行社会学意义上的深度剖析。该研究从行动者角度出发，试图关注如下问题：受各种现实力量作用的行动者，在"法定知识"之"法"的确立与"定"的过程中，究竟具有怎样的作用力？这构成研究的核心问题。具体而言，一方面，是否存在一些不能以"国家控制""阶级再生产"来概括的力量与方式随着行动者涉入了课程改革的价值确立与实践过程中？另一方面，行动者在改革过程中究竟如何使自己的表达与实践得以可能？相关做法又反过来形成了怎样的课程文化与秩序空间？"法定知识"通常是被政策制定者及其实践者"先行"建构好的，只有在课程变革的过程中，这一建构过程及行动者才会显形。

该研究试图凸显行动者视角——从对行动者的言说、意识、意志与实践的描述中展开对社会因素及其与行动者之关系的分析。研究者认为，社会因素只有融注于有血有肉的行动者后，对课程知识的作用才更为真实、更具整合性并更具穿透力。社会行动者处于各种力量的作用中，从社会行动者的视野展开分析，需要在更为动态、更为复杂的层面去探讨，行动者是多源的、多层面的、多向度的。这里既有控制与再生产的可能，亦有相反力量的冲撞；既有对已有秩序的屈服与妥协，亦有充满激情与个性的困惑和努力；既有寻觅的坚持与异化，亦有变通的策略与智慧。其最终形成的作用力也是多维的、丰富的，研究者认为，与其说形成了一股作用力，不如说形构了一个充满张力的作用空间，由此导致知识的合法化力量的延伸与复杂化。该研究选择的立场是延迟批判，涉及如下问题：对于被批判与被解构的地方，如何巧妙地坚持、思考并言说其可能性？在理论与现实的碰撞中，在应然与实然的照面中，该研究试图在"不得不如此"的现实困境处发现某种转换、策略与可能性。这一方面源于行动者本身的丰富性，另一方面是为了秉持解构加重构的研究使命。基于此，该研究展开了对改革行动者在政治秩序、观念秩序、市场秩序与合法化秩序中的可能空间的探讨，并浮现出以下几组概念：个性力量与规范秩序、借口的政治学、隐蔽语本与观念秩序、合法化的延伸。①

### 三、"后现代"社会理论视野下的课程社会学研究

贺晓星从"后现代"社会理论的视角阐发了"零度课程"的概念及其教育意蕴。教育社会学研究，尤其是课程社会学研究迄今为止已在意识形态批判上做出了很多贡献：或聚焦于教学过程，强调解释与互动；或直接剖析教材，分析意识形态与权力在其中的反映。然而，课程社会学研究在以下两点是相对薄弱的，余下了大片处女地未被开垦：第一，它对自然科学课程缺少有效的分析工具。以往的课程社会学批判主要聚焦于课程内容的选择，如阿普尔就科学史中冲突的一面进不了美国的学校教育课程体系的原因进行批判，而很少有把教材内容本身（尤其是它的表述形式）作为社会学的分析对象的。第二，一个时代有一个时代的课程特点，它具有不连续性。其不连续性不仅表现在内容层面，而且体现在文体（形式）层面。以往的课程社会学研究，很少从文体层面来看问题，即便做文本分析的研究，大多也只停留在探讨语文课本中散文所占比例如何、现代诗所占比例又如何的层次，而鲜见有从本体论性质的知识社会学的高度探讨比如同样的散文题材在文体层面上有什么差异，以及这些差异背后隐含的社会意义、社会学意义乃至存在论意义。课程可以说是一种写作对另一种写作的排除，排除的动作越是在文体层面进行，越不易为人所意识，也就越容易与意识形态、权力相联系。

---

① 高水红：《改革精英——基础教育课程改革案例研究》，博士学位论文，南京师范大学，2006。

传统的课程社会学在曼海姆那里继承来关于知识与意识形态之关系的思想，把自己定位于对信仰和观念的内涵与它们的载体的社会地位之间的关系进行研究，而有意或无意地忽视了知识社会学宝贵的另一面：对人类生存的终极关怀。零度课程的意义正在于通过否定自身而实现一种对人类生存终极关怀的追问，这也正是强调零度课程与潜在课程区别的意义所在。和潜在课程不同，零度课程的一大特点是凸现主体的不可参与性。西方国家的课程社会学在英国的新教育社会学之后有古德森的研究，有派纳的研究，他们或从教师生活史的角度，或从学生生活史的角度，强调课程的实践命运，凸现主体参与的意义。有学者，如我国台湾地区的陈伯璋，也在此意上倡导留白课程。在这个意义上说，零度课程也不是留白课程，它是对主体和参与的彻底否定。只有在否定中，巴特的论断——只要连续论述同一个事情，人们就会被"自然性"和"理应如此"的粘胶捕获，而这样一来，叙述就不得不始终如一，就会欺骗自己——所具有的深刻含义才能被体会到。"后现代"教育社会学，它的可能性之一便是倡导一种作为教育批评的教育社会理论；它的意义便是在批评中"变熟为生"，发掘出新的问题意识和新的认识问题的途径，以求最终达到对人类生存意义的终极关怀。①

## 第三节　班级与课堂教学的社会学研究

班级与课堂是学校教育活动真实发生的场所，是学校教育活动开展的基本单位，是学校教育教学活动最基本的立足点。对学生来说，班级与课堂几乎构成学校生活的全部；对教师来说，它们则构成其所承担的教育任务的核心。班级与课堂教学的社会学研究，代

---

① 贺晓星：《零度的写作与零度的课程——论"后现代"教育社会学之意义与可能》，载《南京大学学报(哲学·人文科学·社会科学)》，2004(2)。

表着教育社会学的真正微观研究领域。

## 一、班级的社会学研究

班级社会学是我国教育社会学重建后最早基于实验研究而探及的领域之一。南京师范大学课题组自 1987 年起与一所中学联合进行了为期 3 年的"班集体建设与课堂教学"实验研究，探究了班级与课堂教学的相互影响及其机制问题。其后，我国开始出现关于班级的专门理论探讨，出版了概论性学术专著，且在班级的性质、结构、文化等方面开始有逐步深入的探究，并有学术争鸣。

### （一）理论源流

在理论源流方面，在 20 世纪的 80 年代与 90 年代，对我国班级社会学研究影响较大的国外理论主要有三种：一是英美国家的班级社会学理论，以帕森斯的理论分析为典型代表；二是日本的班级社会学理论，以片冈德雄的班级社会学为代表；三是苏联的集体教育学理论。

美国社会学家帕森斯于 1959 年在《哈佛大学教育评论》上发表的《作为一种社会体系的班级：它在美国社会中的某些功能》一文在班级社会学研究领域产生了深远的影响，他考察了学校在实施社会化功能和选择功能中的作用。社会化功能是指将成人社会中胜任工作的能力内化于学生，选择功能则提供了在成人社会的角色结构中分配人力资源的方法。帕森斯通过详细分析课堂互动，对这些功能进行了研究，并论证了教师是如何影响学生的认识和社会发展的。① 日本教育社会学家片冈德雄的班级社会学理论的引介，被看作东方国家将西方理论本土化的范例，对中国班级社会学研究产生了重要

---

① ［美］塔尔科特・帕森斯：《作为一种社会体系的班级：它在美国社会中的某些功能》，赵明译，见张人杰：《国外教育社会学基本文选》，506～530 页，上海，华东师范大学出版社，1989。

影响。① 苏联的集体教育学理论形成于 20 世纪 20—30 年代，由克鲁普斯卡娅和马卡连柯奠基；50 年代在苏霍姆林斯基和孔尼科娃的教育实验和科学研究中得到进一步发展；80 年代则有《中小学集体教育学概论》②的出版。

（二）主要探讨

班级社会学领域的相关探讨集中体现于教育社会学的一些教材或概论性学术专著中。

在吴康宁所著的《教育社会学》一书中，班级被看作教育中的主要社会组织。在吴康宁看来，班级是最能体现学校特征的组织形态，是学校教育教学的基本组织形式，是儿童参与社会生活的第一个社会组织，儿童学校生活的大多数时间是在班级生活中度过的。吴康宁曾将班级社会学研究区分为三种角度。一种是以沃勒为代表的"群体"角度，即把班级视为一种特殊的社会群体；另一种是以帕森斯为代表的"系统"角度，即把班级视为一种特殊的社会系统。吴康宁则主张班级首先是一种社会组织，此即"组织"角度。班级首先是并始终是一种社会组织，班级社会组织的建立在先，班级社会群体及班级社会系统的形成在后——二者从性质上看也只能是班级社会组织中的群体或系统，因此，"组织"可谓分析班级之社会学特征的"第一性"的角度。③ 从这样一种基本认识出发，他深入分析了班级组织的特性、结构、互动以及水平。由于班级是一种学生组织，因此它具有明显区别于其他社会组织的两个重要特性，即自功能性与半自治性。班级组织中存在着由为完成班级工作任务而设置的工具性角色

---

① ［日］片冈德雄：《班级社会学探讨》，吴康宁译，载《华东师范大学学报（教育科学版）》，1985(3)。［日］片冈德雄：《班级社会学》，贺晓星译，北京，北京教育出版社，1993。

② ［苏联］Л. И. 诺维科娃等：《中小学集体教育学概论》，吴盘生译，北京，工人出版社，1988。

③ 吴康宁：《教育社会学》，275 页，北京，人民教育出版社，1998。

所构成的"正式结构"，即由班干部、小组长、一般成员构成的层级体系；也存在着由班级成员在日常过程中自然形成的非正式群体所构成的"非正式结构"。班级组织的互动包括师生互动与学生互动。师生互动过程包含：教师对互动情境的界定过程、学生对互动情境的界定过程、教师与学生的碰撞过程、教师与学生的调整过程。对学生互动的分析则主要借助美国学者贝尔斯于 20 世纪 50 年代初建构的互动行为类目系统展开。班级组织的水平指向班级组织之间在发展水平上的差异，主要体现为班级成员的归属感与群体凝聚力。①

在谢维和所著的《教育活动的社会学分析——一种教育社会学的研究》一书中，班级被看作教育活动的初级群体。他认为，班级是学校教学的基本单位，作为教育活动的基本组合之一及教育教学活动的基本形式之一，是教育社会学分析的主要对象和领域。按照什么原则建设班级，使之成为一种怎样的社会互动形态，直接关系到班级教育教学活动的开展和成效。具体地说，是按照一种社会组织的模式进行班级建设，还是将班级作为一种特殊的社会群体进行建设，这不仅是关于班级性质的理解问题，而且是关系到在班级中如何开展教学实践的问题，它涉及对班级建设的评价标准，关系到以一种什么样的方式对待学生以及如何对班级进行管理，关系到班级教育教学功能的实现问题。他在分析中指出，将班级作为一种单纯的社会组织或完全的社会初级群体，理由都并不完全充分。但相比较而言，将班级作为一种社会组织的理论模式，在解释和说明班级的某些特有现象时具有更多的困难。学校中班级作为一种社会初级群体，与通常意义上的社会初级群体是有区别的，它具有如下特点：班级这种社会初级群体在互动方式上具有一种涉及情感和理性的双重性；班级这种社会初级群体具有较统一的目标和行为上较大的整合性；

---

① 吴康宁：《教育社会学》，275～304 页，北京，人民教育出版社，1998。

班级这种社会初级群体具有在形式上比较正式的群体结构。将班级作为一种特殊的社会初级群体，对于更好地进行班级建设，在班级中开展教育教学活动以促进学生的全面发展，具有十分重要的意义，有助于克服学校教育中的管理主义倾向。①

在董泽芳所著的《教育社会学》一书中，关于班级组织的社会学分析主要是运用社会组织的理论与视角来分析班级组织的社会属性、社会功能、社会关系与社会气氛等问题。班级的本质属性是特殊社会组织。班级作为社会组织所具有的主要社会功能是社会化功能、个性化功能、分化与选择功能、引导与保护功能。班级中的社会组织关系包括师生关系和生生关系两大类。班级的社会组织气氛是班级社会组织成员的精神状态，即通常所谓的"班风"，受到教师的领导方式与权力运用、学生"领袖"人物的作用与群体影响、班级中的交往模式与人际关系等因素的共同作用。②

(三)学术争鸣

1998—2000 年，在班级社会学领域内，谢维和与吴康宁两位学者就班级的社会属性展开的论争，应当被视为这个时期班级社会学研究的一大亮点。谢维和受帕森斯《作为一种社会体系的班级：它在美国社会中的某些功能》的启示，提出了"班级作为初级群体"的观点，理由如下：班级成员间的人际关系、角色是在成员互动过程中逐步形成的；班级应该成为学生的乐园，学生在班级里应该体味到自由与尊重；学生在班级里应该有一种自愿的归属感，应该在班级里快乐地成长。③ 吴康宁随后针对这一观点提出不同看法，他认为，

---

① 谢维和：《教育活动的社会学分析——一种教育社会学的研究》，177～190 页，北京，教育科学出版社，2000。

② 董泽芳：《教育社会学》(修订本)，226～255 页，武汉，华中师范大学出版社，2009。

③ 谢维和：《班级：社会组织还是初级群体》，载《教育研究》，1998(11)。

就首要属性来看，班级是一种特殊的社会集群，即"社会群体"；其次，班级可以被视为一种特殊的社会群体，即"社会组织"，其具有明确的组织目标、正式的组织机构、清楚的组织规范；最后，班级是一种特殊的社会组织——"自功能性组织"与"半自治性组织"，这其中又涉及关于教师是否是班级组织成员的讨论。谢维和认为教师和学生共同构成了班级结构，但吴康宁认为班级是学习者的组织机构，教师和学生从一开始的指向性就不同，学生指向自身，而教师指向学生。[①] 紧接着，谢维和以《论班级活动中的管理主义倾向——兼答吴康宁教授的商榷文章》再次回应了关于班级属性的论点，他认为将班级作为一种社会组织，或者一种"特殊的社会组织"，与将班级作为一种社会初级群体相比较，往往容易导致班级活动中各种片面强化管理的措施和倾向，以及管理主义的倾向，具有更大的"合法性"。对班级活动中的青少年学生来说，"自由与无拘无束"无疑比那种"约束、限制和紧张"要好得多。[②] 两位学者就班级属性进行的多次探讨体现了两种对班级形态和取向的理解，这样自由平等的学术对话也促进了我国班级社会学研究的发展。[③]

在前期学术探讨与争鸣等的基础上，又有学者对班级社会学研究进行了新的梳理与阐发，认为，班级社会学研究主要有三类传统观点：一是把班级视作保护性的因而学生应该遵从的群体，这可被称为浪漫主义的客位班级观，包括"参照群体"班级观、"初级群体"班级观及"共同体"班级观；二是把班级视作管理性的/控制性的因而需要学生服从的集体/体系，这可被称为管理主义/工具主义的客位

---

[①] 吴康宁：《教育社会学视野中的班级：事实分析及其价值选择——兼与谢维和教授商榷》，载《教育研究》，1999(7)。

[②] 谢维和：《论班级活动中的管理主义倾向——兼答吴康宁教授的商榷文章》，载《教育研究》，2000(6)。

[③] 杜亮：《改革开放 40 年中国教育社会学学科发展》，中国教育学会教育社会学专业委员会第十五届学术年会会议论文，南京，2018。

班级观，包括"社会系统"班级观及"集体主义"班级观；三是价值评判色彩较淡而事实分析色彩较浓的"特殊社会组织"班级观。浪漫主义的客位班级观虽反对压制学生，主张释放其主动性和创造性，却沉溺于浪漫化的构想而未能探及学生受压抑和被宰制背后的意识形态问题以及学生的抵抗潜能与权力；管理主义/工具主义的客位班级观则在径直依附主流意识形态或主动领受既定秩序的前提下，把学生连同教师一起变成了社会制度的部件。基于鲜活的教育实践以及冲突社会学与批判教育学的理念，一种新的、"基于抗衡的合作主义"的班级观产生了。这是一种主位与客位互释的班级观，其研究出发点是"班级第一性"，其班级历程包括教师权威的施展、学生同辈的竞争以及教师权力与学生权势的互动。对这种班级观来说，冲突是手段，抗衡是机制，合作是目标。这种班级观需要教师树立解放型权威观并成为转化型知识分子，需要学生通过良好的班级政治生活来涵养未来社会所要求的必备素质。①

### 二、课堂教学的社会学研究

课堂教学的社会学研究始于 20 世纪 80 年代后期。在 90 年代前半期，由吴康宁主持的课题组对课堂教学进行了较为系统的社会学研究，有系列论文发表，其成果集中体现于《课堂教学社会学》一书。

吴康宁指出，从事实来看，课堂本身就是一个"小社会"。这个小社会中，存在着特殊的社会组织——班级与小组；特殊的社会角色——作为权威的教师与有着不同家庭背景及群体背景的学生；特殊的社会文化——作为"法定文化"的教学内容以及作为亚文化的教师文化与学生群体文化；特殊的社会活动——有目的、有计划的教育人际交往；特定的社会规范——课堂规章制度，以及由此而发生

---

① 程天君：《班级社会学研究（上）：诸论述评》，载《教育理论与实践》，2008(8)。
程天君：《班级社会学研究（下）：新论初探》，载《教育理论与实践》，2008(9)。

的各种基本的社会行为，诸如控制与服从、对抗与磋商、竞争与合作等。在这个意义上，课堂首先是一个正式的社会活动场，然后才是一个教育活动场。由于它是一个正式的社会活动场，因此它有着作为社会活动场需具有的基本构成条件：社会组织、社会角色、社会文化、社会活动、社会规范等。在这方面，课堂并不比课堂外的世界逊色多少。由于它又是一个教育活动场，因此这些基本构成条件的具体内容便与课堂外的世界存在着差异。总之，课堂本身确确实实就是一个"小社会"，只不过它是一个特殊的社会而已。对于这个特殊的社会，我们权且称之为"课堂社会"。这是一个概念，也是一个视角。① 课堂教学社会学的研究对象简单地说就是"课堂教学的社会性"。课堂教学的社会性既表现为课堂教学受制于特定的社会背景并具有一定的社会功能，又表现为其自身也存在着特殊的社会结构与社会过程。在这个意义上，课堂教学实际上可被视为"具有一定文化特性的一群特殊社会角色按照一定模式展开其社会行为的过程"②。

课堂教学社会学研究的现实背景是，我国中小学课堂教学实践中长期存在着一种主要缺憾，即忽视反思与纠正课堂教学中的社会学偏差(尤以教师对学生的课堂参与机会分配不公为甚)，忽视挖掘与发挥课堂教学中的社会学潜力(尤以不注重构建"群体情境"与利用群体活动来培养学生的群体意识与群体活动能力为甚)，这种状况显然已不能适应我国的现代化发展对学校教育提出的培养"社会人"的要求。反思与纠正课堂教学中的社会学偏差、挖掘与发挥课堂教学中的社会学潜力，应成为学校课堂教学改革的组成部分。从我国现状来看，要使中小学课堂教学实践的基本面貌能在现有基础上获得重要改观，必由之路似乎是实现课堂教学模式探索的"重心转移"，即在相当一段时间里，大力尝试建构课堂教学的各种社会学模式，

---

① 吴康宁:《课堂教学社会学》，前言 2～3 页，南京，南京师范大学出版社，1999。
② 吴康宁:《课堂教学社会学》，10 页，南京，南京师范大学出版社，1999。

或将社会学视野与策略融于课堂教学的整合性模式。①

当我们将课堂教学活动视为一种特殊的社会活动时，当我们撇开这一活动的具体内容而将视线集中于课堂中由教师和学生这两种特殊社会角色所构成的特殊社会网络时，我们所看到的便是课堂教学的社会学层面。这一层面的运行所呈现的基本格局及所遵循的基本套路，便是我们所说的课堂教学的社会学模式。课堂教学的社会学模式有三大构成要素，即角色及其行为、人际网络、活动规范。无论教师还是学生，在课堂教学活动中都扮演着一定的角色，其在课堂教学活动中表现出的各种行为主要取决于其扮演的角色，即其表现出的是一定的角色行为。由教师与全班学生组成的课堂教学群体中，存在着师生交往与学生交往这两大交往类型。对师生交往来说，主要因素有两个：其一是交往主体的构成，可见有教师与学生个体之间的交往以及教师与学生群体之间的交往；其二是交往的启动者，师生交往过程可由教师启动，也可由学生启动。对学生交往来说，主要因素也有两个：其一是交往途径，学生与学生之间可以直接地进行交往，也可以通过其他中介间接地进行交往；其二是学生之间的联系程度。活动规范既是上述角色及其行为和人际网络的产物，也是维持这两者之状况的保障。活动规范主要强调什么、由谁监督规范以及规范本身有无弹性等，这些问题的答案，都显示着课堂教学社会系统的特征，影响着课堂教学的"社会过程"的展开。制约着课堂教学社会系统之运行的一个最基本的因素，是教师和学生之间的"即时社会距离"。所谓"即时社会距离"，是指教师和学生在课堂教学社会系统的运行中所各自实际呈现的角色面目及其相互差异。由于教师在课堂教学中的"领导力度"与学生在课堂教学中的"自由程度"之间一般存在着反比关系，即教师的"领导力度"越大，

---

① 吴康宁、程晓樵、吴永军等：《课堂教学的社会学研究》，载《教育研究》，1997（2）。

学生的"自由程度"越低，因此，教师"领导力度"的差异也就意味着学生"自由程度"的相应差异。由此，我们便可按教师的"领导力度"的大小，将教师在课堂教学活动中扮演的角色分为三大类，即权威、顾问、同伴。对课堂教学社会系统的运行来说，最重要的学生因素可被称为"学生势力"，即在课堂教学系统中，学生所具有的保护自己、表达自己乃至扩张自己的力量，可大致分为弱、中、强三大类。将教师角色与学生势力这两个因素相组合，可区分出"实是课堂教学社会学模式"的九种基本类型（见表 3.1）。[1]

表 3.1    实是课堂教学社会学模式的类型[2]

| 模式类型　　　教师角色<br>学生势力 | 高 | 中 | 低 |
|---|---|---|---|
| 弱 | 指令—服从 | 建议—采纳 | 参与—协从 |
| 中 | 指令—交涉 | 建议—参考 | 参与—合作 |
| 强 | 指令—抗争 | 建议—筛选 | 参与—支配 |

颇为遗憾的是，课堂教学社会学这样一种较为深入系统的研究在进入 21 世纪以后并没有持续下来。这之后只出现过一些较为零星的对课堂教学的社会学探讨，如对课堂中的纪律控制的分析[3]，对课堂教学规训的分析[4]，对课堂中仪式行为的分析[5]，等等。

## 第四节    教师与学生的社会学研究

教师和学生是学校中的两大群体，各自具有十分鲜明的社会学特征，由此也成为教育社会学探究的重要对象。

---

[1]  吴康宁：《课堂教学社会学》，238～244 页，南京，南京师范大学出版社，1999。
[2]  吴康宁：《课堂教学社会学》，244 页，南京，南京师范大学出版社，1999。
[3]  李德显：《课堂控制：一种社会学的解读》，载《教育理论与实践》，2005(12)。
[4]  傅金兰：《课堂教学规训的社会学分析》，载《教育评论》，2016(2)。
[5]  方朵：《传统课堂仪式的社会学分析》，载《教学与管理》，2017(4)。

## 一、教师的社会学研究

### (一)对教师的社会学研究的经典分析架构

教师的社会学研究最早且较成体系的探讨见于鲁洁主编的《教育社会学》一书中的《教师的社会学分析》一章，该章由吴康宁撰写。吴康宁认为，教育学与教育社会学都研究教师问题，但两者的视角与目的均不相同。教育学对教师的研究，将教师视为"教育者"，旨在阐明作为教育者的教师具有的职业素质；教育社会学对教师的研究，则将教师视为"社会角色"，旨在揭示作为社会角色的教师具有的社会学特征。作为社会角色的教师具体包括作为社会成员的教师、作为学校成员的教师、作为社会化承担者的教师及作为社会化承受者的教师。对"作为社会成员的教师"的探讨旨在把教师这一社会角色置于整个社会之中，亦即将教师视为一种特殊的社会成员，考察其与宏观社会的联系，具体包括对教师的社会责任、社会权利和社会地位的探讨。对"作为学校成员的教师"的探讨包括对如下方面的分析：教师在学校中的双重角色(对学生来讲是教育者，对其他教师来讲是同事)，教师的工作群体(包括同班教师群体、同年级教师群体、同学科教师群体)，以及教师在学校中的地位形成。对"作为社会化承担者的教师"的探讨旨在把教师放到师生环境中加以考察，具体包括：对教师的实际权威的分析，对教师的控制方式的分析，以及对教师的影响限度的分析。对"作为社会化承受者的教师"的探讨旨在分析教师的职业社会化问题，也就是后来所说的教师专业发展问题。[①] 这样一种分析框架无疑确立起了后来绝大多数教育社会学教材或概论性学术专著中关于教师的社会学研究的基本架构。

---

① 鲁洁：《教育社会学》，442~454页，北京，人民教育出版社，1990。

（二）《教师是"社会代表者"吗——作为教师的"我"的困惑》引发的关于教师社会角色的论争与对话

2002 年，吴康宁发表了《教师是"社会代表者"吗——作为教师的"我"的困惑》一文，基于教师个人教育生活史及对教育理想的追寻历程，着力于对教师之属性的反思和对"教师究竟是谁"的追问。他认为，长期以来，不论在研究者的视野中，抑或在普通大众的眼光中，教师一直被视为一种"社会代表者"，然而，设身处地细细想来，无论从事实判断的角度还是从价值要求的角度，教师是社会代表者吗？对于这个问题，我们很难给出一个圆顺的答案。从事实分析的角度看，教师可被区分出三种角色类型，即社会代表者、非社会代表者及反社会代表者，并且即便在同一个教师身上，也可能因情况而异地存在着社会代表者、非社会代表者及反社会代表者这三种角色面目，在今天这样一个价值取向日趋多元的时代更是如此。从应然层面来看，尽管教师与社会、与国家之间存在着"契约关系""雇佣关系"，教师倘若不代表社会、不代表国家，便会发生道德上的问题，而在教育实践的场景中，其要面临复杂的现实情境并做出选择：当教师确认某些社会价值取向其实并不符合时代的要求，若按这些价值取向去教育学生将肯定不利于学生的发展时，其究竟应当怎么办？是摒弃这些价值取向，实际上用教师自己认可的价值取向来指导教育实践活动呢；还是尽量以这些价值取向的化身出现在学生面前，努力以这些价值取向去影响学生的成长呢？说"教师应当是社会代表者"会在相当程度上遮蔽许多现象，在一些情况下也就是向教师提出一项"不合理的"乃至"无理的"要求；说"教师不应当是社会代表者"，等于否认其实根本无法被否认的教师制度性存在之根基，也就是向教师提出一项"不合法的"乃至"违法的"要求；说"教师既应当是社会代表者，又不应当是社会代表者"，则其实等于什么也没有说。因此，如同对于"教师果真是社会代表者吗"这一问题，对于"教师应当是社会代表者吗"这一问题，我们也陷入了一种"难解"的困境。①

郭兴举于 2003 年发表了《论教师作为社会代表者——与吴康宁教授商榷》一文，从历史逻辑和价值选择的角度论证了教师作为社会代表者的必然性和具体内涵，并就教师如何扮演好社会代表者这一角色提出了建议。②

吴康宁随后做出回应，发表《教师：一种悖论性的社会角色——兼答郭兴举同志的"商榷"》一文，认为"社会代表者"不是一个精当、有效的社会角色概念。现实社会中的双重角色期待所造成的"教师角色扮演困境"是导致教师社会角色具有悖论性特征的直接缘由，教育自身的适应与超越之矛盾则是教师社会角色具有悖论性特征的根本原因。③

李长伟于 2004 年发表《教师是谁？——与吴康宁教授的对话》一文，认为吴康宁对教师所应且所能扮演的社会角色的认定难免会造成以下四种困境：教师社会角色的应然取向和实然状态的混淆与危险，教师社会角色应然取向的暧昧与难为，对教师作为代言人的留恋和幻想，以及教师社会角色的虚无。基于这些困境，李长伟提出，教师的社会角色应当是基于自己的专业知识，从特殊走向普遍的公共知识分子。④

程天君于 2005 年发表了《教师社会角色：三种研究视角的比较》一文，探讨吴康宁等以三种不同研究视角对"教师社会角色"的分析。

---

① 吴康宁：《教师是"社会代表者"吗——作为教师的"我"的困惑》，载《教育研究与实验》，2002(2)。

② 郭兴举：《论教师作为社会代表者——与吴康宁教授商榷》，载《教育研究与实验》，2003(1)。

③ 吴康宁：《教师：一种悖论性的社会角色——兼答郭兴举同志的"商榷"》，载《教育研究与实验》，2003(4)。

④ 李长伟：《教师是谁？——与吴康宁教授的对话》，载《扬州大学学报（高教研究版）》，2004(3)。

他认为，教师是一种悖论性的社会角色，对这一点的追问首先应以基于"事实陈述"的社会学提问方式来进行，而基于"实践规范"的教育学提问方式或基于"价值辩护"的哲学提问方式造成了论题的置换与方法的歧用，把关于"教师社会属性"的实然判断置换为关于"教师应起社会作用"的应然追求，把事实判断的方法引入价值选择的歧途进而将二者彻底扯裂。最后，他提出，在教育研究中，不同视角既要持守阵地和品格以便发挥各自特色与功能，又需加强借鉴和融通从而达致彼此互济与共荣。①

刘徐湘于 2007 年发表了《论"教师是社会的代表者"——兼与吴康宁教授商榷》一文，认为，"教师是社会的代表者"是一个经典的伦理学命题，它是教师必须遵守的"绝对命令"，并不能从教师经验中逻辑地推导出来。文章从如下三个方面进行了分析："教师是社会的代表者"是康德所谓的"绝对命令"；"教师是社会的代表者"不能从教师的经验中逻辑地推出；"教师是社会的代表者"是一个伦理学命题。②

(三)从对教师角色的分析到对教师身份认同的探寻

刘云杉所著的《从启蒙者到专业人：中国现代化历程中教师角色演变》一书探讨了中国现代化历程中的教师角色演变，从教师角色演变出发，探讨中国教育与国家的关系构型之间的政治哲学渊源。她借用了马克斯·韦伯的两个概念。"启蒙者"所秉持的是心志伦理。这种伦理关心的只是信念本身，是一种无所忌惮、不讲条件的政治理想主义，虽极富热情，却是没有任何结果的亢奋。回溯中国现代化的百年历程，心志伦理横流，无论是道德的理想国，还是技术的

① 程天君：《教师社会角色：三种研究视角的比较》，载《教育理论与实践》，2005(11)。
② 刘徐湘：《论"教师是社会的代表者"——兼与吴康宁教授商榷》，载《辽宁教育研究》，2007(9)。

乌托邦，当学校变成政治的舞台（教师成为人类灵魂的工程师），或者经济发展的加速器（教师成为知识资本家）时，教育无力守护自己的边界，亦很难具有清明理性的态度。"专业人"则可以奉行责任伦理。心志伦理只关切"应为"，而责任伦理正视的是"能为"。在一个业已除魅的理性世界，对目的与手段之关系进行辨析的责任伦理要求具备三种特性：热情（对事的献身），责任感（对事的坚持），判断力（心沉气静地去如实面对现实的能力，也就是对人、对事的距离）。一个"专业人"要小心守护学术与教育的有效性范围，需要有一种具有相对自主性并且保持"价值中立"的学术，如此一来，其对自己所置身的世界，方有切实的贡献。这要求"专业人"在学术探讨与教学上有严格的自我节制。然而，心志伦理与责任伦理之间一定水火不容吗？"启蒙者"与"专业人"之间一定是非此即彼的选择吗？教育是关注"应然"的实践，倘若抽离了"意义"与价值关怀，是否会坠入官僚制度下的工具价值与程序合理下的技术霸权？因此，中国教师的角色演变，可能很难说是从"启蒙者"到"专业人"，而是在两者之间构成一种张力，从"'启蒙'高蹈，到双雄并秀，彼此互补"。[①]

　　在《文化政治工作者：从教师角色到教师认同》一文中，刘云杉指出，"教师角色"这一概念具有结构功能主义色彩，强调社会结构对人的限制，用"教师认同"取代"教师角色"这一概念：一是旨在凸显角色理论中教师的被动——在彰显社会结构的强大面前，行动者被傀儡化了；二是因为这个时代为教师成为行动者奠定了真实的文化空间与社会空间。在现代社会，在文化权利的争取与表达中，教师具备前所未有的责任——作为文化启蒙者，以自己的真诚声音不断唤醒学生乃至整个社会寻找内在的声音——因此教师理应作为文化政治工作者而存在。这在西方批判教育学的相关理论中已得到深

---

　　① 刘云杉：《从启蒙者到专业人：中国现代化历程中教师角色演变》，北京，北京师范大学出版社，2006。

刻阐发，并引向了学校教育实践的变革。当文化政治工作从外在角色转换为内在认同，作为行动者的教师，既清楚地认识到社会结构对人的制约，又通过文化实践反作用于社会结构，且在当下具体的教学场景中，用超越性的社会关怀与价值担当，纠正教师工作中的"普罗化"，并走出社会再制理论的预言。①

叶菊艳运用叙述分析方法对 24 位教师的从教生涯自述予以分析，试图探讨改革开放以来我国教师身份认同的建构及由此呈现出的身份类型。研究发现，中国教师的身份认同在改革开放以来呈现出如下不同类型：经历过"文化大革命"磨难的教师——光荣、困惑与无奈交杂的"人民教师"；"文化大革命"期间至 1984 年入职的教师——为国家而教，要又红又专的教师；20 世纪 80 年代中后期入职的教师——崛起的"专家教师"；20 世纪 90 年代后期以来入职的教师——孤独而纠结的"教育者"。此外，不同教龄阶段均存在"有角色而无身份感"的教师。这些身份类型的出现是教师个人与其所处的人际脉络、制度脉络互动的结果。不同身份认同的教师共同存在于学校场域，形成教师群体的区隔。鉴于教师群体性的归属感对其工作、生活的重要性，国家有必要自上而下形塑一种使教师工作与生活有所依托的核心性的意义源或价值观。考虑到我国目前所面对的希望兼顾教育质量与公平的脉络，发展教师群体形成"专业人"的身份认同或许是一种可能的出路。②

（四）农村及民族地区教师的社会学研究

在对农村教师的研究方面，郑新蓉等对我国新生代乡村教师的城市化特征进行了分析，认为，20 世纪 80 年代之后出生的新生代乡

---

① 刘云杉：《文化政治工作者：从教师角色到教师认同》，载《教育研究与实验》，2008(1)。

② 叶菊艳：《改革开放以来中小学教师身份认同的建构及其类型——基于历史社会学视角的案例考察》，载《北京大学教育评论》，2015(4)。

村教师，是第一代完成离土、离乡、离农户身份与角色转变的乡村教师。他们的城市化特质是社会发展的必然，并将对其个人命运、乡村教育和社会产生很大影响，对乡村教师队伍的稳定性也提出了一定的挑战。这些研究者建议制定更有利于乡村教育和青年教师成长的各项政策。① 宋立华和孙久艳从社会学视角对"特岗教师"这种身份特殊的教师进行了探析。两位研究者用社会学之眼透视特岗教师，从个体行动的角度关注特岗教师。她们主要从身份认同、生存状态、专业成长和未来生活这四个方面展开研究，发现：在身份认同上，国家赋予与个体建构之间存在巨大的差异；在生存状态上，特岗教师呈现出悬浮于城市与农村的流浪者和无根人的特征；在专业成长上，特岗教师在困境中努力与无奈并存；在未来生活上，特岗教师具有不同的抉择与愿景。② 另有一些研究者从社会学视角对"农村教师"这一特定群体进行了探析，涉及二元对立的社会结构、教师身份认同、教师专业成长、教师的社会文化资本这四个方面。从社会结构、社会角色、社会生存环境和社会文化资本这四个角度进行的深入研究表明：我国二元对立的社会结构形成了二元对立的教育意图与意识的冲突；社会转型消弭了农村教师对其社会身份的自我认同感；社会环境给予农村教师专业成长的支持匮乏；农村教师的社会文化资本难以转变为社会政治资本和经济资本。③

在对民族地区教师的研究方面，郑新蓉等从教育实践中提炼出"语言与文化适切"的教师学习模式，系统阐述了这一模式的理论基

① 郑新蓉、王成龙、佟彤：《我国新生代乡村教师城市化特征研究》，载《河北师范大学学报(教育科学版)》，2016(3)。

② 宋立华、孙久艳：《社会学视角下特岗教师生活世界探析》，载《当代教育科学》，2016(8)。

③ 尹泳一、李海霞：《21世纪农村教师专业成长社会学研究评述》，载《教育理论与实践》，2016(26)。

础、内在逻辑、过程研究、实施机制以及效果评估五个方面。[①] 杜
亮和刘奇以"民族地区教师"为对象,关注"教师职业压力",通过对
新疆部分中小学教师进行一系列深入的焦点组访谈,力图揭示民族
地区部分教师工作与生活相互"捆绑"的职业状态,并进一步理解面
临职业压力的教师如何解释现实并选择相应的实践策略。[②]

## 二、学生的社会学研究

对学生的社会学分析主要聚焦于学生的社会位置、同辈群体、
家庭背景、亚文化等方面,其中对学生同辈群体的探讨往往也会成
为班级社会学研究的一个主题,对学生家庭背景的探讨往往与对社
会阶层和教育问题的探讨直接相关,对学生亚文化的探讨也往往与
对社会阶层问题的探讨相关联。因此,在教育社会学的许多教材或
专著中往往并没有"学生社会学"的专门章节。在既有的教育社会学
专著中对学生社会学论述较多且较具代表性者当推吴康宁所著的《教
育社会学》一书以及谢维和所著的《教育活动的社会学分析———一种
教育社会学的研究》一书。近年来,学生的社会学研究主要集中在两
个方面,一是对学生亚文化的研究,二是对童年的社会学研究。

### (一)对学生的社会学研究的经典分析架构

吴康宁在其所著的《教育社会学》一书中,将学生作为教育中的
基本社会角色进行论述与分析。他认为,学生社会学与教师社会学
可以说是教育社会学中两个相互联系、难解难分的研究领域,从迄
今为止的成果来看,学生社会学研究无论是在广度还是在深度上都
不亚于教师社会学研究。这一论断应当主要是根据国外教育社会学
的研究状况做出的,而在中国教育社会学迄今的研究中,对学生的

---

① 郑新蓉、朱旭东、裴淼等:《论我国少数民族地区"语言与文化适切"的教师学习
模式》,载《教师教育研究》,2018(1)。
② 杜亮、刘奇:《民族地区中小学教师的职业压力及其应对策略的社会学探析》,载
《民族教育研究》,2018(5)。

社会学探讨则要远远少于对教师的社会学研究。一个很重要的原因或许是，在中国，学生亚文化问题并不是一个非常突出的问题，或尚未真正引起较为普遍的关注。吴康宁对学生的社会学分析主要从学生的社会位置、同辈群体、家庭背景、重要他人等几个方面展开。在对学生的社会位置分析方面，他认为学生是一种独特的社会存在，既非不承担任何社会义务的婴幼儿，也非以职业劳动而与社会进行交换的成人，而是介于婴幼儿与成人之间的"半"社会成员。这一社会属性导致学生在相当程度上带有"边缘人"的特征。学生是作为一个社会性未成熟者而生活于一个多重社会之中的。学生主要生活在由家庭、学校及同辈群体构成的三重社会之中，这三者本身都是具有不同社会学特征的"小社会"，学生在其中处于不同的"社会地位"，它们也各以其独特的优势对学生施加着种种影响。学生需要在这三重社会中来回穿梭，发生"社会位移"。在对学生的同辈群体分析方面，他主要探讨同辈群体的功能及同辈文化的不同类型。在学生的家庭背景方面，他分析了家庭背景对学业差异及品德差异的影响。在学生的重要他人方面，他则分析了互动性重要他人及偶像性重要他人对学生的影响。[1]

　　谢维和在其所著的《教育活动的社会学分析——一种教育社会学的研究》一书中，则把学生作为教育活动的基本主体进行探讨。他认为教育社会学对学生的研究，主要在于对学生在教育活动以及社会中的基本地位的研究。就社会地位而言，"学生"一词的含义常常表明一种文化上的不足与差距。相对于作为社会文化中心的成人文化，青少年学生只是处在这种文化的边缘，正是在这个意义上，青少年学生被称为"边际人"。一般而言，青少年学生的这种边际地位具有以下三个特点：是相对于成人社会和成人文化而言的；常常只是一

---

　　[1]　吴康宁：《教育社会学》，222～249页，北京，人民教育出版社，1998。

种过程的概念；意味着一种不确定性和可能性。随着社会的发展，长期以来关于青少年学生的"边际人"的规定应该有所变化。由于社会文化、价值观念以及社会的行为规范体系等都发生了变化并仍然处在变化和发展之中，而且成人的社会地位也发生了变化，因此，整个社会的稳定性、确定性的程度降低。这样，成人社会的中心地位也随之发生了一定程度的动摇。在这种情况下，仍然把青少年学生规定为社会文化的"边际人"，似乎显得不太充分了。此外，由于整个社会文化系统处在改革与发展的过程以及不确定的状态中，对成长和发展中的青少年学生来说，其所面对的与其说是学习现成的文化，不如说是要和成人一道在学习的过程中去建设新的社会文化。正是在这个意义上，青少年学生已经站在成人或成人社会的行列之中。但他们本身毕竟还是年轻的，也还是不成熟的，可以被称为"年轻的成人"。"边际人"的理论假定认为，青少年学生在发展过程中的基本矛盾主要是自身不足与外部社会之间的矛盾，或者说，是内与外之间的矛盾；"年轻的成人"的理论假定却使我们发现，青少年学生在发展过程中的主要矛盾已经在一定程度上变成了自身内部的矛盾，即自己的社会责任与自己本身尚不成熟之间的矛盾。[①]

（二）对学生亚文化的研究

对学生亚文化的研究更多地关注社会处境不利的学生群体，尤其是城市中的农民工子弟以及处于乡村学校的学生。例如，熊春文等对城市学校中的农民工子弟的研究发现，"义"是农民工子弟日常生活实践中的核心性情倾向，也是群体内部重要的处事原则，指导了个体与群体的行动。异质性较强的小型同侪群体是反学校文化的组织基础。通过"意义—规则—行动"系统，农民工子弟的群体文化

---

① 谢维和：《教育活动的社会学分析——一种教育社会学的研究》，124～134 页，北京，教育科学出版社，2000。

得以实践与强化。这亦是他们表达生命意义、有序安排生活的重要路径。① 周潇的研究指出，农民工子弟区别于英国威利斯所著《学做工：工人阶级子弟为何继承父业》中的"小子"，他们的反学校文化与其说是对既存社会秩序与制度的洞察和抗争，不如说是一种结构化的自我放弃：农民工劳动力再生产的低成本组织模式造成了农民工子弟边缘化的生存状态，于是，他们在学业失败的情形中放弃接受知识，已然无法通过教育实现向上流动，进而完成了工人阶级再生产过程。② 李涛则对西部乡村学校中的学生亚文化进行了研究，发现，由于这类学校中的教师收入差、社会地位低、社会资本单薄、社交能力不足，这类学校中的学生否定这些知识代言者及其所持有的常规价值，以显性或隐性的消极行为表现对抗课堂教学。同时，这类学校中的学生常抱怨作息时间安排不合理，这在某种程度上反映了他们对时间权威的反抗。他们也常常故意在摄像头下进行公共性表演，这在某种程度上反映了他们对空间权威的反抗。后两方面呈现了他们对"他者化官方规则"的拒斥，寻找并积极塑造主体性"自我"。

（三）对童年的社会学研究

童年社会学研究于近年来兴起，始于对国外新童年社会学理论的引介，进而开展了本土化的研究。郑素华的研究指出，传统儿童理论关注的重点是作为个体的儿童或儿童个体的发展，较少关注儿童群体的历时变化或共时变化；忽视从宏观上关注儿童群体及其童年问题，这导致了对儿童的结构性忽视。"儿童"研究需要转向"童年"研究。基于结构的视野，童年不仅是个体的一段人生历程，而且

---

① 熊春文、史晓晰、王毅：《"义"的双重体验——农民工子弟的群体文化及其社会意义》，载《北京大学教育评论》，2013(1)。

② 周潇：《反学校文化与阶级再生产："小子"与"子弟"之比较》，载《社会》，2011(5)。

是一种特定的社会结构与文化构成。借助于对世代的分析，童年的特定结构与位置可以显示出来。[1] 黄进的研究则指出，从空间的角度分析和审视童年生活，近年来引起了学术领域的关注，尤以社会学和地理学两个学科为代表，它们形成了各自童年空间研究的分支。随着现代社会的发展，儿童的空间生活日益趋向驯养化、制度化和孤岛化；同时，儿童作为一个能动体，又积极主动地阐释、利用和创造着自己的空间，建构着自身特有的空间经验。当下的儿童教育者可以从多学科研究中得到丰富的启示，关注儿童的空间经验，对空间与人际关系有更敏锐的意识，并重建儿童与成人的关系，从空间冲突走向空间协商。[2]

王友缘的博士学位论文基于新童年社会学的视角，对乡村民众童年观念的变迁展开分析。她采用质性访谈法和参与观察法，探究 20 世纪 30—90 年代生人童年观念的变迁，描绘在现代—民族国家进程中乡村民众童年观念变迁的图景，探究现代童年观念在乡村社会的遭遇及其与乡村民众传统观念的互动机制，呈现乡村民众童年观念变迁的动态图景。研究发现，乡村民众童年观念的变迁与社会结构的变迁之间充满着张力，也有着复杂的关联。20 世纪三四十年代生人的童年观念体现为家族主义取向。在家族主义取向的传统文化中，乡村民众践行着以家为本位的童年观念。家是人们看待童年的根本基点。在集体化时代出生并成长起来的 50—70 年代生人的童年观念体现为家族主义与集体主义并存的双重取向。出生并成长于个体化时代的 80—90 年代生人的童年观念则凸显了个体主义取向，以个体为基点来看待儿童、看待童年。乡村民众童年观念的变迁并没

---

[1]　郑素华：《论童年的社会位置——基于结构的视野》，载《全球教育展望》，2016(3)。

[2]　黄进：《儿童的空间和空间中的儿童——多学科的研究及启示》，载《教育研究与实验》，2016(3)。

有体现出线性变化的过程，而是多层次、多方向的变迁路径。在这一变迁图景中，童年边界处于不断的建构中，具有可伸缩的特性。从社会期望边界来看，童年边界日趋精细化与理性化；从个人体验边界来看，乡村民众一直保留着某种朴素的未成熟感，即童年的绵延体验。引发童年边界变迁的区隔机制则从家族主义文化下的人情网络转变为现代学校教育下时间与空间的双重制度化。乡村民众童年观念变迁的过程即是作为超地方知识的现代童年观念嵌入乡村社会的过程，体现为互动性再生产，具体表现为"嵌入与再造""相反与相成"两种互动机制。传统童年观念具有以往未被重视的独特内涵。乡村民众童年的绵延体验消解了对儿童与成人的理性划分，体现出某种生长的力量。这一关于儿童与成人的模糊划分挑战了现代童年观念的进化论取向。同时，传统童年观念对童年期承担责任的认可，为我们展现了儿童对自身、家庭乃至社会所具有的积极能动性。①

## 第五节　社会弱势群体教育的社会学研究

对社会弱势群体的关注是社会学研究的一大特色，教育社会学研究中对弱势群体教育问题的关注自进入 21 世纪以来逐渐增多。这种关注具体聚焦于如下问题：农村人口教育问题、女性教育问题、少数民族教育问题、农民工子女教育问题、特殊教育领域的问题等。

### 一、城乡教育的文化区隔分析

城乡二元分割是我国社会结构分化的重要特征。城乡教育差异问题一直是教育社会学关注的焦点之一。在这方面，微观领域的研究主要从解释学意义上展开。

---

① 王友缘：《变迁中的童年图景——乡村民众童年观念的社会学研究》，博士学位论文，南京师范大学，2014。

（一）文化再生产视角下的城乡教育差异研究

余秀兰所著的《中国教育的城乡差异——一种文化再生产现象的分析》一书①，从文化再生产的理论视角，较为深入系统地分析了我国教育的城乡差异，并关注普通教育中具有较深隐蔽性的文化再生产现象。

该书首先分析了中国城乡差异的历史、根源与现状。它指出，旧中国就是一个城乡对立的二元结构国家，新中国成立后的某些政策与制度加剧了城乡差异：高速、优先发展重工业的经济发展战略是强化城乡差异的最初也是最本质的原因，统购统销政策是城乡经济不平等的制度因素，户籍制度为城乡居民设定了严格的身份差异。改革开放以来，我国社会发展迅速，但城乡差异仍较严重，并呈逐步扩大的迹象。随着社会的发展，我国教育取得了巨大进展，人们的受教育机会大大增加，但教育机会不均等问题仍然存在，教育的城乡差异问题尤为显著。城乡差异问题已经引发严重的社会问题，并阻碍了我国社会现代化的进程。

该书指出，我国的城乡差异有其根深蒂固的历史根源，同时又具有非常鲜明的现实表现，城市与农村是两个不同的生活世界，城市人与农村人处于两种不同的生存境遇中，意味着两种不同的身份与地位。农村在经济、文化等方面与城市的巨大差距，使得农村家庭在儿童早期向他们输送的文化资本远不如城市家庭，这突出地表现在父母的文化水平、家庭拥有的文化耐用品、文化参与、教育投入、教育期望以及家庭社会化模式等方面。也就是说，在接受正规的学校教育之前，城市儿童与农村儿童已经具有不同的文化资本。

该书指出，不同时期我国发展城乡教育的政策各有不同，1978

---

① 余秀兰：《中国教育的城乡差异——一种文化再生产现象的分析》，北京，教育科学出版社，2004。

年以来的政策似乎更倾向于城市，而对农村教育较为不利。1978年以后，我国一度实行的是效率优先导向的非均衡发展战略，体现在城乡教育发展上，就是城市优先，农村的发展目标总是落后于城市，教育经费政策也较不利于农村；在教育目标和内容的设定、就学和就业政策上，都突出城乡教育为各自的经济服务，特别是农村教育，主要是为当地经济和社会发展培养适用人才，适当兼顾向高一级学校输送新生，不仅要坚持教育内容与生产劳动相结合，而且要培养学生热爱农村、扎根农村的思想。我国教育改革与发展的一个总的基本指导思想是教育为当地经济服务，其结果是使二元的城乡结构得到再生产。由于教育主要是为当地经济服务的，因此城乡基础教育所分担的任务不同，所侧重的内容也不同，这也使得城乡分割的教育落到实处。农村教育非常强调与生产劳动相结合，要求农村孩子不仅掌握服务于农村的技术，而且要形成热爱农村、扎根农村的思想。城市教育则主要面向城市，强调培养学生服务城市所需具备的基本素质与技能。这样，"为本地经济服务"的教育目标贯彻到具体的教育实践中，它更加巩固了城市和农村两个封闭循环圈，也在一定程度上支持了再生产理论：教育传授儿童从事未来工作所需具备的技能，同时使其形成与未来工作相适应的思想，从而再生产原有的城乡关系，并使原有的关系合法化。

从关于语文教科书的分析结果来看，语文教科书无论在内容还是形式上，都有一定的文化偏向。这种偏向不一定表现在描述城市或农村的内容的绝对数量上，而首先表现在一种城市生活价值取向上。城市代表着现代生活、现代化，成功人物也是城市特色的，或者说，学校培养成功人才的取向就是城市定向的。虽然表达城市内容、农村内容的插图和课文在绝对数量上差异不明显，但对城市孩子和农村孩子来说仍有学习上的难易之差。这是因为二者的早期教育不同，视野不同，所积累的文化资本也不同。城市孩子知道得多，不仅对占课本大多数的中性内容可能更熟悉一些，而且对有典型化农村特质的内容也可能不陌生。更为关键的是，语言的形式、课本知识的表达方式对农村孩子来讲完全是一种外在的、陌生的符号系统，即使是农村孩子熟悉的内容也被陌生化了，而城市孩子通过早期家庭教育和幼儿园教育对相关表达方式已经有了一定程度的了解。根据文化再生产理论，熟悉度不同，学习的难易程度也不一样，最终取得学业成功的机会也不一样。

通过对 1992—2001 年高考语文试卷进行分析，余秀兰发现试卷中存在着一定程度的文化偏向，从而不利于农村考生。第一，试卷内容较多地反映城市生活。其所反映的热门话题或时代话题，多是城市背景下的。有些内容，农村考生非常陌生，甚至是他们从未听说过的。反映农村生活的考题极少。这集中反映在关于句子分析、现代文阅读和作文写作的考查上。第二，试卷对语言、文字的要求非常规范，完全排斥口语化的、乡土的、不规范的东西。这在对音、字、词、句、标点的考核中得到最明显的反映。这套规范与农村考生平时的生活相去甚远，他们要掌握这套全然外在的、陌生的符号，就必须完全抛弃在家庭或乡村中习得的那套符号，并接受非常规范、严格、扎实的基础教育。第三，试卷的综合性、技巧性、创造性越来越高，要求考生有扎实的基础知识、宽广的阅历、丰富的想象力、多元的思维。事实上，语文考试一向是"功夫在诗外"，书本上的内容考得很少。这些在句子仿写、文学鉴赏、文言文阅读、现代文阅读以及作文写作中都有很好的体现。这样，平时的积累、课外的阅读和训练就显得格外重要，而这对条件有限的农村考生显然不利。第四，信息不对称。有些考题选自报刊书籍，有的甚至在各地交流的试题中出现过，这对信息不灵、报刊书籍缺乏、资料较少的农村考生来说，显然也是不利的。需要补充的是，其他学科考试也都不同程度地存在着这类问题。例如，政治试题注重理论联系实际，多数以近年来的热门话题为背景材料命题;理化考试注重实验,加大实验操作题的比重;英语考试重视听力与口语能力;"小综合""大综合"越来越强调综合性、跨学科性,强调对学生分析问题、解决问题的能力进行考查。

通过对城乡四所学校进行个案分析,余秀兰发现教育实践过程中同样存在着十分鲜明的城乡差异:第一,由于师资水平、办学条件等因素的影响,农村学校的教学时间、教学内容、教学质量总体上都不如城市学校,这使得农村孩子对知识的学习总体上落后于城市孩子,从而使农村孩子升学尤其是升入大学的机会远远小于城市孩子,即前者处于优势处境地位的可能性远远小于后者。第二,城市孩子与农村孩子在学校中习得的非学术的东西也各不相同,这使得城市孩子更自信、更活泼、知识面更广泛、兴趣更多,而农村孩子则相对自卑、保守、兴趣单调、低参与性。而且,城市孩子所具有的品质是现代社会所鼓励和提倡的,常常是高层次人才的特质。第三,城市家庭为其孩子提供了更为优势的文化资本,从而有力地支持了其孩子在学校的学习。第四,农村孩子的教育期望和职业期望都明显低于城市孩子,而且大多数农村孩子都认同将来的劣势处境地位。总之,无论是学术的学习还是非学术的学习,农村孩子习得的东西都更可能使其将来处于劣势,而且这种安排已经合法化。

教育中的文化再生产是强化我国城乡二元结构更隐蔽的文化因素,它使大部分农村孩子被教育淘汰而返回农村,并最终形成两个封闭的循环圈:城市优势文化圈与农村劣势文化圈。

(二)城乡学生的语言不平等

李书磊通过对河北丰宁一所农村希望小学的实地研究①发现,

---

① 李书磊:《村落中的"国家"——文化变迁中的乡村学校》,杭州,浙江人民出版社,1999。

学校生活中存在着两种语言状态：文语状态和口语状态。尽管汉语文语早已由文言变成了白话，尽管当地人口因其特殊来源而在说话口音上与以北京语音为标准音的普通话相去无几，但在这里文语与口语的区别仍然十分明显地存在。文语以书面词汇（事物的学名等）、正规词汇、来自主流意识形态的正面词汇以及完整的句式为特征，而口语则以方言词汇、家常词汇以及自然的语调为标志。文语可以大量地进入会话，形成文语化的说话状态，而口语可以进入写作，形成一种朴素自然的文章风格。但在学校，哪怕是当地希望小学这样的乡村学校中，文语进入会话的机会要远远大于口语进入写作的机会。

学校教育的一个重要努力目标就是将文语口头化。课堂上基本实现了文语化，课文、教师的教授与提问、学生的回答用的都是文语；在课后，凡稍微正式一点儿的场合，包括学生与生人的对话也用文语。久而久之，学生的日常会话也在不知不觉中受到文语的渗透与影响，使学生形成所谓的"学生腔"。在学校的环境中，文语与口语的关系实际上是一种教育与被教育、改造与被改造、合法与不合法的关系。文语构建的世界正是教育体制、教育机关与教育者要加于学生的世界。这个世界由规范的知识、正统的思想与正当的情感构成，它来自国家，来自城市，来自看不见也摸不着的文化传承。口语构建的世界则是在教育进入之前已经存在的世界，它的主要成分是区域与阶层方言[省城的（地方的?）、乡村的与农民的方言]，它代表着一种朴素的、乡野的、未经过文化体系系统改造过的思想、情感、智慧与生活方式，它就来自村头与田间的交谈，来自夏夜纳凉、冬日向火时的闲聊，来自花会与戏楼上演出的梆子戏。文语与口语这两套语言系统之间及它们所代表的两个世界之间的分立与互动是乡村教育中显著存在的现象。在学生的作文中，文语体系作为一种外来的东西带来不适应，由这种不适应产生的生搬硬套、公式化与模式化这三者痕迹更重。[①]

（三）学生符号世界的城乡区隔

高水红在《学生符号世界的城乡区隔——时空的视角》一文中，从"时空"的视角分析了城乡时空结构与学生符号系统之间的内在关联，认为，乡村学生基于乡土社会循环的时间观形成了以"现在"为时间取向的"看"的世界，其符号表达生动、感性、具体，具有特殊性、罗列性和武断性；城市学生基于都市社会变化的时间观形成了以"未来"为时间取向的"想"的世界，其符号表达明确、理性、抽象，具有普遍性、系统性和逻辑性。乡村学生与城市学生在表达与思维方面的差异将会影响二者之间的相互理解、交往和相处，更会使乡村学生游离于社会转型的结构之外。

对时空的主观感受是有个体差异或群体差异的，只有理解了不同群体的时空感受，我们才能把握不同群体最深层次的心智结构，也正是从这种差异中我们才能窥见时空对人们从语言到思维方式的深刻却难以被人察觉的影响，减少由此形成的偏见。乡村社会是围绕自然时间展开的，"日出而作，日落而息"，周而复始，这演绎出的是疏松的、断裂的甚至可以妥协的生活节奏与时间意识；都市生活是围绕非自然的钟表时间展开的，在精确到秒的时间中出现的是紧迫的、环环相扣的、致密的生活节奏。

在乡村学生的时间观念中，时间不是生活的标准，时间就在生活中。在对时间的体验上，乡村学生更多地感受到"自然节奏"而非"钟表时间"。可见，乡村中的时间并不让人感到急迫，只是周而复始，永远循环。这样的时间虽有意义却没有约束力。在文字表述中，乡村学生在时间表达上往往不准确、无意识，在时间用词上往往不

---

① 李书磊：《村落中的"国家"——文化变迁中的乡村学校》，80～81页，杭州，浙江人民出版社，1999。

精确，经常会出现无意识地流于笔端的时态上的混乱。在乡村学生的文字表达中，过去和将来都可以用"现在"来代替，"现在"才是他们真正的存在，已经过去的时间和将要到来的时间之间的差异似乎不存在了，"现在时"成了主要的时间意识。在这里，构成"现在"的时间与其说是一种感知，不如说是一种行动，这种行动的现在超越了被感知到的现在，其不局限于瞬间的现在，而是还包括了与现在相联系的过去和未来，因为它们都属于同一个行动的意义背景。构成"现在"的时间是一个行动的全部，它统一了记忆的过去和预期的未来。对乡村人而言，时间是被内在地感觉的，它是生命的运转而不是外在的限制，它无法与活动的经验、活动发生的空间相分离。因此，对乡村人而言，对时间的感知不是连续的，不是一个时间序列，而是由一个个"现在"所构成的自我封闭的时间单元。他们不是生活在一个有着完整连续性时空的世界中，他们的"世界"细碎而割裂地存在着，因他们的种种活动而生，也因他们的种种活动而灭。

对生活在都市里的学生来说，每天都是新鲜的，是不可预见的，是值得期待的。施特劳斯曾说，现代化的过程是一个从永恒走向变化的过程。城市作为现代化进程的一种重要标志，摆脱了传统的、永恒的时间观，开启了一种朝向未来的、变化的时间意识。城市学生的文字表达中出现最多的句式是"我希望……"，另外一些能够指向未来的连词也经常出现在城市学生的文字表达中，如"应该……""如果……""假如……"等，区别于乡村学生经常使用的连接词，如"有的……有的……""也……""并且……"等。伯恩斯坦曾将连接词使用的丰富程度与复杂程度的高低作为区别精致编码与局限编码的一个特征。我们是否可以换一种方式发问：在现在时与未来时的时间坐标系中，学生的世界本身就是不同的，着眼于"现在"这一时间坐标的世界是需要去描述和罗列的，它具体、感性；朝向"未来"这一时间坐标的世界是需要学生自己去想象、构建和论证的，它抽象、理性？连接词的简单、重复，抑或复杂、丰富，除了与不同的家庭教养方式有关外，显然与城市生活中的时空感受有关。与乡村学生不同，城市学生以一种朝向未来的时间取向建构世界，这样的世界是想象中的、希望中的，甚至是正在计划中的。他们的想象有多大，他们的世界就有多大。

乡村学生基于乡土社会循环的时间观形成了以"现在"为时间取向的"看"的世界，其符号表达所体现的生动、感性、具体、罗列、武断，如果延伸到其心智结构或许会表现为颇为实在的性格、过于感性的认知、缺乏计划的行动、相对狭隘的视野、不够圆通的处事、缺少预见性的想象、不善辞令的表达、顺其自然的心性等。城市学生基于都市社会变化的时间观形成了以"未来"为时间取向的"想"的世界，其符号表达明确、理性、抽象，具有普遍性、系统性和逻辑性，形成了其浑然天成的"飞跃的想象""广阔的视野""理性的筹划""整体的构想""能言善辩""心智开放""懂得经营"等人格特点。这些延伸开来的差异已不仅关涉学业成就水平，而且会影响二者将来面对具有现代社会特征的整个职业生涯时的发展状况，甚至关涉二者的生活状况。①

在《乡村学校教育变迁与时空意识的变革》一文中，高水红通过考察乡村学校教育的变迁过程，揭示了学校如何通过各种制度设计完成对现代时空意识——"钟表时间意识"与"抽象化空间意识"的植入，从而排除了乡土时空意识——"生物时间意识"与"情境化空间意识"在现代乡村教育体系里存在的可能。她分析了由此引发的乡村学生在时空意识层面潜在的冲突和紧张，以此反思乡村教育在国家现代化进程中的问题与局限，并探讨乡土文化在教育现代性建构中可能的价值和出路。

---

① 高水红：《学生符号世界的城乡区隔——时空的视角》，载《教育研究与实验》，2011(4)。

　　人们在土地上生存并交往，这种"在土"而"不离土"的生存方式本身构成了传统乡村人情境化的而非抽象化的空间意识。抽象化的空间是需要主体去认知的客观对象，是以主客二分为前提的。情境化的空间意识表明人就在情境中，外在的空间不是需要主体加以认知的客观对象，而是主体融在其间去体验与感受的，不再以主客二分为前提。学校空间的离土化设置以及学校中人的空间流动性，使得学校教育不再置身于乡土情境，而是处于无根的、抽象化的空间中。乡村学校本身就是现代化深入传统乡村社会的代言机构，它所要完成的便是对乡村人的认知改造与文化重塑。当乡村社会作为传统的他者被排斥在现代化教育的设计之外时，乡村学生被生生地从乡村社会剥离出来，其知识学习脱离真实的生活际遇，其思维训练与对所处时空的文化认知之间存在难以跨越的鸿沟。他们被硬生生地灌入各种知识和技能，而不是在自身力量被唤醒的情况下去汲取知识、获得心智的提升，从而导致教师在教育中的误解以及教育本身对这些孩子的不公。很难想象，与乡村学生的认知结构和心智意识格格不入的知识设计如何在他们的生命中扎根，他们如何在一次次与城市学生的激烈竞争中胜出。这样一种既不能充盈生命又不能提供实惠的教育对乡村孩子来说，不仅是一种浪费，而且可能塑造其独特、尴尬的人格与生存方式——从学生时空意识的认知紧张延伸开去的，是整个一代人文化认知和生存方式的紧张。他们中的大多数既无法真切地扎根于传统乡土社会，又无法被有效地纳入现代城市社会，最终将成为漂浮无根的存在。

　　个人的生命之根往往扎根于其成长的时空，对乡村学生而言，乡土时空意识与现代时空意识之间的紧张依然存在。如何促成教育中个人与其生存时空之间亲近的关系建构，如何实现个人在现代知识与乡土意识之间健康的文化融合，这些是乡村教育现代性不能回避的问题，也是对真正意义上的教育公平的追问。①

## 二、女性教育公平问题研究

研究发现，2000 年以来，我国女性的受教育机会增多，平均受教育年限大幅延长，受教育的类型结构也得到改善。但从整体上看，在我国，女性平均教育获得水平仍然低于男性。史凯亮、刘云杉在对 21 世纪头 10 年妇女教育获得的研究中发现，女性在受教育层次上仍然与男性存在着结构性差异，女性接受初中以上教育的比例小于男性，而受教育程度为小学及以下的比例则远大于男性，尤其是文盲半文盲的比例明显大于男性。② 另有研究发现，在获得高等教育机会上，我国男性的本专科毛入学率高于女性，女性获得高等教育机会状况处于东亚、太平洋国家与地区的中间位置，低于全球水平。③

教育获得的性别差异往往与城乡、阶层等结构性因素以及家庭结构等先赋性因素造成的差异相互叠加。相比之下，农村女性往往更处于教育获得的边缘地位。李春玲的研究发现，女性的受教育机会更易于受到家庭背景的局限，出身于较差的家庭环境，尤其是生长于农村或来自农民家庭的女性，其受教育机会明显少于其他人，农村女性的大学生比例明显小于其他群体就是一个突出表征。④

刘云杉、王志明对北京大学 1978—2005 年的本科招生数据进行分析，揭示了女性在被北京大学录取上所经历的从性别排斥到性别均衡的过程。研究表明，这是一种有限的进步。其局限之一在于，

---

① 高水红:《乡村学校教育变迁与时空意识的变革》，载《北京大学教育评论》，2012(4)。

② 史凯亮、刘云杉:《新时期中国妇女教育与社会地位——基于第三期中国妇女社会地位调查数据》，载《中国妇运》，2014(5)。

③ 杨旻:《高等教育机会性别不平等的因素分析与对策思考》，载《江苏社会科学》，2009(3)。

④ 李春玲:《教育地位获得的性别差异——家庭背景对男性和女性教育地位获得的影响》，载《妇女研究论丛》，2009(1)。

北京大学录取的新生中男生与女生人数比例均衡的事实背后是明显的阶层分离与城乡壁垒，20 世纪 90 年代中期以后，农村女性由于一直难以突破经济与地位的障碍而成为利益缺失者群体，因此性别维度的公平是一个跛足的公平。其局限之二在于，女性在专业选择中遭遇明显的性别隔离，因此，在男性和女性入学机会接近均值的情形下，女性在接受高等教育过程中的公平问题更需被谨慎对待。对女性个体而言，专业选择与专业训练的过程是一个不断接受男性主导知识训诫的过程，这同样是一个有限且有疑问的发展过程。[①]

还有研究表明，在 21 世纪第一个 10 年中，教育的进步更多地表现为城镇的进步，农村女性尤其是中西部农村女性的平均受教育年限远远低于平均水平。农村女性的平均受教育年限也远低于农村男性和城镇女性。[②]

学校教育教学过程中的性别差异问题也逐渐引起研究者的关注。张丹等人发现，即使在同样理想的教学环境中，不同性别的学生在课堂学习与活动中的方式会存在明显差异，教师在课堂活动中对不同性别的学生的关注也会存在较大差异。造成教师课堂关注差异的原因，除学生课堂行为方式的性别差异外，教师的性别认知差异与对以考试成绩为标识的学业成绩的追求亦在其列。在课堂师生互动过程中男生成为教师给予更多关注的对象，教师在对男生进行评价时以鼓励创造性为主，对于女生则强调其乖巧听话的品质。[③] 因教龄、性别与学科等因素的影响，教师的性别认知存在程度差异。受自身性别角色认知的影响，时下上海市小学教师仍对男生和女生产

---

[①] 刘云杉、王志明：《女性进入精英集体：有限的进步》，载《高等教育研究》，2008 (2)。

[②] 杨旻：《高等教育机会性别不平等的因素分析与对策思考》，载《江苏社会科学》，2009(3)。

[③] 张丹、范国睿：《课堂教学场域中教师关注的性别差异研究——以上海小学课堂为例》，载《教育研究》，2014(4)。

生差异性的期待与态度反应，表现在其日常的课堂教学行为及班级管理行为等方面，并对学生性别角色认知以及课堂教学产生差异性影响。[1] 通过进行一项针对流动儿童受教育过程中的性别差异的研究，张丹发现，流动儿童尤其是来自低收入且以体力劳动为主家庭的流动儿童受教育质量的性别差异最大，这部分儿童所在家庭中传统的"重男"观念对儿童性别角色的社会化分工产生了初次影响，而学校教育和课堂教学过程中的师生互动与教师评价再次强化了其性别角色差异，并逐步导致学生课堂行为和受教育质量的性别差异。[2]

### 三、少数民族教育公平问题研究

少数民族教育公平问题近年来引起了越来越多的关注，被关注的具体问题主要有：少数民族教育不平等的影响因素，少数民族高等教育获得的家庭差异，族群差异和城乡差异之间、少数民族地区学校教育与社会流动之间的关系，以及少数民族文化等。

钱民辉曾从多元文化的角度探讨我国的民族教育公平问题，认为，我国是一个多民族国家，由于汉族人口占绝大多数，且分布广，其生产与经营活动范围大，因此汉语自然成为各民族之间的族际语。随着各民族之间的频繁交流和相互依赖，大部分少数民族地区已经形成了"民汉兼通"的双语社会形式，也因此建立了以实施双语教育为主的学校教育体系。少数民族地区的学校教育体系是整个国家学校教育体系的一个组成部分，虽然教师用不同的语言教学生，但教授的内容、评价的标准、选拔的形式，即课程标准、考试标准却是统一的。从各个地区的中考和高考的情况看，少数民族学生被淘汰的比例较大。许多研究也证明，大多数少数民族学生在小学和中学

---

① 张丹、[法]克里斯汀·德特黑：《教育公平视角下的教师性别意识及认知差异——以上海市小学课堂为例》，载《全球教育展望》，2018(8)。

② 张丹：《教育公平视角下流动儿童受教育质量的性别差异研究——以上海市小学为例》，载《华东师范大学学报(教育科学版)》，2016(1)。

的学习有困难，甚至跟不上学习进度，辍学率较高。许多研究归纳出了多种原因：或是智商问题，或是人口素质问题，或是经验与文化上有冲突，或是对学校教育不适应，或是经济贫困等。这些原因尽管不无道理，但一个根本的问题是，少数民族学生的教育问题应当从教育公平方面被探讨。[①] 通过进行一项关于少数民族地区学校教育中的潜在课程的研究，钱民辉发现，潜在课程与少数民族文化之间是一种冲突的关系，表现出了"断裂"与"重构"的文化现象。文化"断裂"，类似于强制性地要求学生停止以前的思考和习惯；身份"重构"，则要求学生必须获得与以往不同的身份和意识，并适应学校中的生活和现代性要求。学校潜在课程传递的现代性知识、观念和信息造成了民族文化的断裂与少数民族学生民族意识的淡化，他们在主流文化影响下面临自己身份的重构。[②]

针对我国不同社会阶层少数民族在高等教育入学机会上的差异，谢作栩、谭敏从家庭所处社会阶层、父母受教育程度、家庭收入三方面展开了研究，揭示了如下几点：不同社会阶层少数民族接受高等教育的机会以及学校的层次和类型有显著差异；在公办普通本科院校中，少数民族的社会阶层差异最小；在公办高职高专院校中，学生父母受教育程度的差异最小；家庭收入高低对少数民族是否进入民办院校就读有一定影响。[③] 在一项关于家庭背景与族群身份对我国少数民族进入不同类型高校机会的影响的研究中，他们发现，我国少数民族的高等教育获得受社会分层结构与族群分层结构的双重制约。从家庭背景的角度来看，总体上家庭背景越佳，少数民族

---

[①] 钱民辉：《多元文化背景下的教育公平问题》，载《西北民族学院学报(哲学社会科学版)》，2002(6)。

[②] 钱民辉：《断裂与重构：少数民族地区学校教育中的潜在课程研究》，载《西北民族研究》，2007(1)。

[③] 谢作栩、谭敏：《我国不同社会阶层少数民族的高等教育入学机会差异分析》，载《高等教育研究》，2009(10)。

学生获得高等教育的机会越多。从族群身份的角度来看，在控制家庭背景变量的情况下，少数民族学生较汉族学生更易获得本科层次的教育机会。①

李春凯等人研究了民族身份、城乡分割与高等教育不平等之间的关系，他们发现，中国民族教育不平等在高等教育中仍然存在，但在控制城乡居民身份后有较大程度的下降；少数民族内部高等教育机会分配的城乡差异远大于汉族内部；与来自农村的汉族人口相比，来自城市的少数民族人口在高等教育入学机会中具有优势，且与来自城市的汉族人口没有差异，而来自农村的少数民族人口获得高等教育的机会最低。在城乡二元分割的背景下，国家以民族身份作为划分标准的高等教育倾斜政策应加以调整，需要更精准地对农村少数民族进行教育扶贫。②

段建宏的研究揭示出，不同民族之间的文化差异，特别是少数民族文化和汉族文化之间的差异，造成了少数民族教育公平问题，对少数民族学生学习成绩的取得产生了重要的影响。学校教育中，教学语言、考试和选拔制度、教学内容这三者与少数民族文化的关联程度，以及课程设置、专业设置这二者和民族地区在经济发展上的人才需求之间的匹配度等，是影响在校少数民族学生教育公平的重要因素。③

### 四、劳工子女教育问题的社会学研究

进入 21 世纪以来，劳工子女尤其是农民工子女的教育问题成为社会关注的重点，相关研究也大量涌现。

---

① 谭敏、谢作栩：《家庭背景、族群身份与我国少数民族的高等教育获得》，载《高等教育研究》，2011(10)。
② 李春凯、吴炜：《民族身份、城乡分割与高等教育不平等》，载《北京社会科学》，2017(9)。
③ 段建宏：《文化再生产视角下少数民族教育公平问题研究》，载《贵州民族研究》，2017(9)。

　　一些研究发现，农民工子女所遭遇的教育不公平体现在起点、过程和结果三方面。农民工随迁子女"入学门槛"的设置存在种类繁多、权重不一、随意性较大等问题，不同区域之间在"入学门槛"上也存在显著差异。① 并且，农民工子女在进入城市公立学校之后依然面临着诸如学业困难、人际交往不和谐等问题，造成了学校融入困境。② 这些流动儿童的学业失败是由其所面对的弱势的家庭地位和强势的学校文化之间的冲突导致的，城乡二元结构造成的城乡教育差异、社会阶层差异是根本原因。③ 农民工子女教育公平的偏差包括教育机会分配起点的不公平、过程的不公平及规则的不公平，并因此导致农民工弱势地位代际传承的后果。④ 有研究通过对农民工子女中留守儿童与流动儿童的社会化过程进行比较，分析了农民工子女的教育选择类型及其对农民工子女社会化的影响，分析了制约农民工子女教育选择的结构因素。⑤

　　熊易寒对比了就读于公办学校与农民工子弟学校的农民工子弟，发现前者存在明显的"天花板效应"，他们认同主流意识形态，却不得不制度性地自我放弃；后者则生产了"反学校文化"，他们自始至终否定学校的价值，并自愿流入次级劳动市场。这两种情形均导致了阶级再生产的结果。

　　周潇的研究指出，农民工子弟区别于英国的威利斯在《学做工：工人阶级子弟为何继承父业》中描述的"小子"，其"反学校文化"与其

---

　　① 雷万鹏、汪传艳：《农民工随迁子女"入学门槛"的合理性研究》，载《教育发展研究》，2012(24)。

　　② 秦洁：《农民工子女学校融入困境解析——基于文化资本的视角》，载《基础教育》，2009(12)。

　　③ 修路遥、高燕：《流动儿童教育公平问题的社会学分析》，载《河海大学学报(哲学社会科学版)》，2011(3)。

　　④ 李强、雏建江：《机会平等与代际公正——关于农民工子女教育问题的社会学分析》，载《沈阳大学学报》，2007(4)。

　　⑤ 刘成斌、吴新慧：《留守与流动——农民工子女的教育选择》，上海，上海交通大学出版社，2008。

说是对既存秩序与制度的洞察和抗争，不如说是一种结构化的自我放弃：农民工劳动力再生产的低成本组织模式造成了农民工子弟边缘化的生存状态，于是，他们在学业失败的情形中放弃接受知识，已然无法通过教育实现向上流动，进而完成了工人阶级再生产过程。①

熊春文等人的研究发现，"义"是农民工子弟日常生活实践中的核心性情倾向，也是群体内部重要的处事原则，指导了个体行动与群体行动。异质性较强的小型同侪群体是"反学校文化"的组织基础。通过"意义—规则—行动"系统，农民工子弟的群体文化得以实践与强化。这亦是他们表达生命意义、有序安排生活的重要路径。②

周乐一等人进一步考察了上述"反学校文化"的预备习得过程：在打工子弟学校中，小学六年级阶段是"反学校文化"的预备关键期，学生从反抗权威、群体关系、未来期望等三个方面习得了"反学校文化"，这在再生产过程中起到了铺垫作用。③

赵翠兰借助语言存在论视角审视城市学校农民工子女的身心状态，发现，农民工子女生活在言意异域的双重语言世界中，其身心常处于多音意同、多词意同、语空意缺的语言存在感缺失状态。改善农民工子女在城市学校的身心状态，须创设平等的语言环境以促进他们融入城市，形成语言存在观以帮助他们找到失缺的精神家园，培养城乡孩子语言主体间性以增进相互间认同。④

区别于农民工子弟接受城市学校教育的社会情境，李涛等人致

---

① 周潇：《反学校文化与阶级再生产："小子"与"子弟"之比较》，载《社会》，2011(5)。

② 熊春文、史晓晰、王毅：《"义"的双重体验——农民工子弟的群体文化及其社会意义》，载《北京大学教育评论》，2013(1)。

③ 周乐一、刘精明：《反学校文化的预备习得过程——基于Z社区打工子弟学校的个案研究》，第三届人文学科和社会科学研究国际学术会议论文，广州，2017。

④ 赵翠兰：《语言存在论视角下城市学校进城务工农民子女身心状态透析》，载《教育研究》，2015(3)。

力于从情境化的多元主题互动关系中发现中国农家子弟("少年们")的社会再生产机制。研究发现，基于落后地区的学校中教师具有的局限性，"少年们"否定这种知识代言者及其持有的常规价值，以显性或隐性的消极行为表现对抗课堂教学。同时，"少年们"常抱怨作息时间安排不合理，这在某种程度上反映了他们对时间权威的反抗。他们也常常故意在摄像头下进行公共性表演，这在某种程度上反映了他们对空间权威的反抗。后两方面呈现了"少年们"对"他者化官方规则"的拒斥，寻找并积极塑造主体性"自我"。除此之外，李涛等人还分析了西部偏远农村教室内的座次安排如何影响学生的身份建构过程①：为塑造榜样，八年级以"中心—边缘"为规则编排座次，九年级则衡量了学生的毕业升学预期能力与职业选择倾向从而对座位做出功能分区型编排。在学校教育实践中，学生生成并不断确证自我认同，形成了不同的学习体验与感知结构，从而趋向于聚合成为不同的群体，将迥异的群体行为加以内化。这在一定程度上完成了学校对不同学生职业选择的主体性分流和机制性筛选，而教育再生产逻辑也在偏远农村学校中得以展开。

熊和妮探讨了劳动阶层家庭教育实践中的文化再生产，为劳动阶层的教育观念正名。她认为，当下中产阶层式的教养方式与子女学业成就之间的关联使得劳动阶层家庭教育面临污名化危机：子女学业失败源于劳动阶层家庭教育中的"不参与""不作为"。她指出，即使劳动阶层在子女的家庭教养方式上存在一些局限性，但是这种简单的归因忽视了劳动阶层家庭教养方式的内在价值，对于处于特定社会位置的阶层，这种教养方式必须被置于与他们的经济文化生活的联系中予以分析。② 而后，她进一步指出，劳动阶层子女在通

---

① 李涛、邬志辉：《座次、身份认同与职业选择》，载《社会科学》，2017(9)。

② 熊和妮：《他们真的不懂教育孩子吗？——劳动阶层家庭教育的污名化危机及其批判》，载《基础教育》，2016(2)。

过教育实现向上流动的过程中，与家庭联结成"命运共同体"，这种共同体的特质表现为重视教育、勤奋、努力等，这也是劳动阶层子女所具备的特定的竞争力。①

程猛将取得高学业成就继而进入一流大学的农家子弟，称为"读书的料"。与上述研究不同的是，他关注了学业成绩优异的"循规生"在日常生活实践中的文化生产过程。他指出，农家子弟之所以能取得高学业成就，恰恰是因为他们充分利用了所在阶层的文化资本，遵循着"物或损之而益"的文化生产逻辑，创生出了先赋性动力、道德化思维以及学校化心理品质。但是，他也指出，这种帮助农家子弟取得高学业成就的文化资本存在一定风险，这种风险集中体现为他们跨入大学校门之后，生发出一种复杂的情感结构：穿梭于农村与城市之间面临阻碍人际交往的高墙，基于个人苦行主义产生严重的成功焦虑，陷于异化和自我疏离，甚至走向成功与幸福相对立的道路。这些负面的结果正是文化生产积淀下来的身体化"惯习"。②

**五、残疾人教育问题的社会学研究**

在残疾人教育公平研究方面，刘丽敏通过北京市弱智儿童教育案例，呈现了城市和农村在弱智儿童教育模式上的明显差异，探析了其社区情境原因。③何侃等人以关于南京市智障者教育及其生存发展状况的调查结果为据，呈现了智障者在学校教育、康复教育及培训教育方面的需求与实际状况，探讨了影响其教育公平的主要因素。④

---

① 熊和妮：《命运共同体：劳动阶层教育成功的家庭机制研究》，博士学位论文，北京师范大学，2016。
② 程猛：《"读书的料"及其文化生产——当代农家子弟成长叙事研究》，博士学位论文，北京师范大学，2017。
③ 刘丽敏：《社区情境与城乡弱智儿童教育模式的差异——对北京市弱智儿童案例的分析》，载《社会学研究》，2003(1)。
④ 何侃、王娟、张嫒等：《智障群体的教育公平现状及思考》，载《中国特殊教育》，2008(1)。

贺晓星等人对聋人教育问题进行了持续深入的研究。他们通过质性研究，指出聋人是一种异文化或跨文化的人群，他们并非像通常被认为的那样是一种"蒙昧不化"式的存在，他们因为社会历史文化等诸种因素的影响才陷于不利处境而成为一种"社会弱势群体"式的存在，关于聋人的这两种不同认识将直接决定聋人教育的性质定位与方式选择。[①] "残疾人"只不过是听人给聋人贴上的标签。聋人并没有把自己看作残疾人，失去听力本身并不必然意味着痛苦，痛苦更可能来自生活于听人世界而与听人相处中受到的种种歧视和偏见，以及基于歧视和偏见的一厢情愿的意志强加。聋人的世界本是一个完整的世界，聋人与听人语言不同、文化不同，问题的本质不在生理的缺陷而在文化的差异。在把聋人的世界看作一个完整的世界之意义上来谈论聋教育，教育社会学为分析权力政治、社会不平等、文化再生产等问题提供了新的视角。[②] 从对聋人教育问题的考察出发，贺晓星指出，围绕"公平"一词，我们可以看到一个独特的以宏观制度性表述为特色的话语空间，其间充满了对社会正义的希望寄托和激情澎湃，以及相应的种种具体改革操作指南。但这些操作指南大多指向机会与资源的种种不平等，在教育的起点、过程、结果及其制度保障上大做文章，而很少去思考个体的生命体验、生活感受以及意义赋予等。为此，只有敏感于个体的生命体验、生活感受以及意义赋予，学会平等换位的思考，新教育公平的理论建构才有可能。[③]

---

[①]　贺晓星、张媛：《聋教育改革的社会学思考：非政府组织的"双语双文化"努力》，载《教育学报》，2008(4)。

[②]　贺晓星：《日本"聋文化宣言"：权力政治、社会不平等与文化再生产》，载《北京大学教育评论》，2008(4)。

[③]　贺晓星：《聋教育改革与新教育公平的理论建构》，载《教育发展研究》，2017(2)。

# 第四章

# 教育社会学知识体系的建构

教育社会学往往被认为是一门在理论统整性方面相对较弱的学科。直到现在，教育社会学的学科定位、研究对象、学科特质等仍时常被论争，教育社会学的理论体系也时常成为反思的对象。自教育社会学学科恢复重建以来，对教育社会学理论体系的探索集中体现于教育社会学的先后出版的概论性学术专著及教材之中。本章将对此进行较为系统的梳理与呈现。

## 第一节　建构教育社会学知识体系的早期探索

在教育社会学恢复重建以后，至 20 世纪 80 年代中后期，我国先后涌现出几部关于教育社会学知识体系的先期探索性专著，主要有裴时英编著的《教育社会学概论》①，桂万宏、苏玉兰著的《教育社会学》②，卫道治、沈煜峰著的《人·关系·文化——教育社会学观

---

① 裴时英：《教育社会学概论》，天津，南开大学出版社，1986。
② 桂万宏、苏玉兰：《教育社会学》，天津，天津人民出版社，1987。

略》①，刘慧珍著的《教育社会学》②，厉以贤、毕诚编著的《教育社会学引论》③。这些著作基本都在对我国台湾地区及国外的教育社会学梳理借鉴的基础上以各自不同的方式对教育社会学的知识体系进行了探索性建构。

### 一、探寻教育教学的社会机制——裴时英编著《教育社会学概论》

裴时英编著的《教育社会学概论》是我国教育社会学自恢复重建以来的第一部教育社会学专著，体现了对教育社会学体系建构的开创性努力。

该书认为，教育社会学即是把学校和社会联系起来，以教育学科和社会学之间的一种科际性的研究为目的的边缘学科。④ 它把教育学和社会学结合起来，研究教育与社会的基本关系和交互影响。⑤ 我国教育社会学以马克思列宁主义、毛泽东思想为指导，综合运用教育学科和社会学的理论与方法，对教育与社会的交互作用全面进行探索。⑥

教育社会学的研究对象是教育与社会的关系，即把教育（指学校教育）作为一种社会现象、社会体系加以研究，主要探索这一社会体系和其他社会体系的交互关系，并分析教育的社会过程。也就是说，教育社会学依照社会学和教育学的观点，以教育、教学的社会机制为核心，综合系统地研究与教育有关的社会现象以及与社会有关的教育现象及其规律。⑦

---

① 卫道治、沈煜峰：《人·关系·文化——教育社会学观略》，长沙，湖南教育出版社，1988。

② 刘慧珍：《教育社会学》，沈阳，辽宁教育出版社，1988。

③ 厉以贤、毕诚：《教育社会学引论》，哈尔滨，黑龙江教育出版社，1989。

④ 裴时英：《教育社会学概论》，1 页，天津，南开大学出版社，1986。

⑤ 裴时英：《教育社会学概论》，10 页，天津，南开大学出版社，1986。

⑥ 裴时英：《教育社会学概论》，2 页，天津，南开大学出版社，1986。

⑦ 裴时英：《教育社会学概论》，15 页，天津，南开大学出版社，1986。

在该书中，裴时英尝试建构了教育社会学体系动态分析示意图（见图 4.1）。

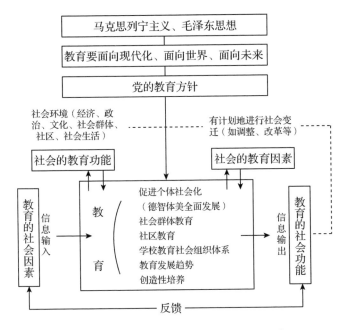

**图 4.1　教育社会学体系动态分析示意图**①

全书内容结构如下。

引　言

第一章　教育社会学的对象、性质及其发展

　　第一节　社会与社会学

　　第二节　教育社会学的对象和性质

　　第三节　教育社会学发展概况

第二章　环境与教育

　　第一节　环境概述

　　第二节　年青一代发展与环境的关系

---

① 裴时英：《教育社会学概论》，引言 4 页，天津，南开大学出版社，1986。

该书作为我国教育社会学学科恢复重建后的第一部教育社会学
体系性专著，尽管带有颇为鲜明的时代思想印记，但却体现了较为
独到的学术思考与理论建构，立足于对学校教育实践的思考与把握，

形成了教育社会学的基本分析框架。

## 二、应用社会学的基本原理和方法研究教育——桂万宏、苏玉兰著《教育社会学》

桂万宏于 20 世纪 40 年代出身于社会学，因此更为强调将社会学的基本原理和方法应用于教育研究。桂万宏与苏玉兰合著的《教育社会学》一书指出，教育社会学是应用社会学的基本原理和方法，研究教育的一门边缘科学。它研究教育与社会之间的各种基本关系，也即研究教育与其他社会现象之间的关系，以及教育在整个社会发展中的地位和作用。[①]

该书主要在梳理国外相关研究文献及国内相关研究资料的基础上形成了基本的内容构架，分三大方面进行阐述：一是总论，叙述教育社会学的发展情况、研究对象、研究理论和研究方法；二是宏观层面的研究，叙述社会化、社会结构、社会流动、文化、社会变迁等与教育之间的关系；三是学校层面的研究，叙述学校与社会之间的关系。[②]

## 三、人·关系·文化"三位一体"——卫道治、沈煜峰著《人·关系·文化——教育社会学观略》

卫道治与沈煜峰所著的《人·关系·文化——教育社会学观略》一书，采用了日本学者横山宁夫对"社会"的理解与界定：人、关系、文化"三位一体"便构成社会。换言之，社会由三个单位构成：作为行为主体的人；人与人之间的相互关系；相互有关的人所具有的意义、价值、规范之类的文化。这三者不能相互还原，构成了不可分割的整体。三者之间的关系是：人在某种相互关系中才能开始成为社会的人，这种人是已掌握了或正在掌握某些现有文化（行为方式），并将环境的约束和选择性的适应主动地统一起来的行为主体。文化

---

① 桂万宏、苏玉兰：《教育社会学》，9 页，天津，天津人民出版社，1987。
② 桂万宏、苏玉兰：《教育社会学》，3 页，天津，天津人民出版社，1987。

由人与人之间的关系来承担，人与人之间的关系由行为性的人来承担，而行为性的人正在(或已经)使文化内在化(了)。[1] 并且，从微观上来看，教育是由受教育者、教育者及文化构成的一种元社会体系或社会亚体系[2]；从宏观上来看，教育作为一种社会体制而存在[3]。

该书从社会上人、关系、文化"三位一体"的复合结构着眼，演绎出包含"教育是一种元社会体系或社会亚体系""教育作为一种社会体制而存在"这两个观点的理论框架。它认为，教育社会体系论和教育社会体制论构成了教育社会学的基本研究内容。教育社会学就是研究教育社会体系和教育社会体制的科学。该书由此勾勒出了教育社会学的整体体系架构。[4]

一、教育社会体系论

(一)学生社会学(人的社会化)

1. 社会化的条件

2. 社会化的机制

3. 社会化的内容

4. 社会化的过程

5. 教育与社会化

(二)教师社会学

1. 教师的社会化

2. 教师的社会条件

---

[1]　卫道治、沈煜峰：《人·关系·文化——教育社会学观略》，12 页，长沙，湖南教育出版社，1988。

[2]　卫道治、沈煜峰：《人·关系·文化——教育社会学观略》，13 页，长沙，湖南教育出版社，1988。

[3]　卫道治、沈煜峰：《人·关系·文化——教育社会学观略》，15 页，长沙，湖南教育出版社，1988。

[4]　卫道治、沈煜峰：《人·关系·文化——教育社会学观略》，28 页，长沙，湖南教育出版社，1988。

3. 教师的社会行为

4. 教师的社会地位

5. 教师与社会变迁

6. 教师评估

（三）行为关系

1. 同辈团体

2. 教师团体

3. 师生关系

4. 班级体系

5. 学校组织

6. 学校外集团

（四）教育文化社会学

1. 教育意识形态

2. 教育知识社会学

3. 教育规范和制度

4. 学生亚文化

5. 社会文化的影响

6. 教育的文化功能

二、教育社会体制论

（一）教育与社会结构

1. 社会结构的适应态

2. 教育与社会结构

3. 教育与社会控制

（二）教育与社会阶层化

1. 社会阶层化的涵义

2. 社会阶层化影响教育

3. 教育与社会流动

（三）教育与社会变迁

   1. 社会变迁理论

   2. 教育与社会变迁

   3. 社会变迁中的对策

（四）教育政策社会学

   1. 教育政策社会学概述

   2. 教育政策的社会依据

   3. 教育政策的改革

    该书主要基于对国外教育社会学文献的系统把握与全面梳理，对国外相关研究进行梳理与介绍，但在总体理论把握及内容体系架构方面无疑具有相当的创新性意义。

## 四、聚焦于教育活动之社会过程及其与其他社会过程的关系——刘慧珍著《教育社会学》

    刘慧珍所著的《教育社会学》在梳理借鉴我国台湾地区及国外的教育社会学研究的基础上，探讨了教育社会学的学科定位并初步梳理了教育社会学的知识体系。

    该书认为，教育与社会之间的关系的确是贯穿教育社会学研究的一条主线，但教育社会学并非一般地研究教育与社会之间的关系，而是有其特定角度和要求的。教育与社会之间的基本关系这一主题，并不能自然地界定教育社会学的研究范畴、特点和方法。教育社会学研究的特点是，以一种系统论的方法，把社会看作一个动态的整体，把教育看作社会整体存在与发展不可缺少的构成部分，即在整体社会的运转过程中，认识教育活动的社会性特征及其意义，探讨教育的社会组织、社会过程和社会作用，探讨教育中的人际关系，探讨教育与其社会环境各层次、各侧面的相互影响关系等。由此，教育社会学可被定义为："研究教育活动之社会过程及其与其他社会过程相互影响关系的学说体系。"①

全书内容结构如下。

第一章　教育社会学领域的开拓

　　第一节　教育社会学鸟瞰

　　　　一　新历史、新问题、新见解

　　　　二　学科定义与研究问题

　　　　三　教育社会学的主要流派

　　第二节　教育社会学的发展

　　　　一　学科的体系化过程

　　　　二　新旧教育社会学之争

　　　　三　现状与趋势

第二章　教育社会学之教育观

　　第三节　学校、班级

　　　　一　学校社会组织

　　　　二　学校组织关系与班级社会体系

　　第四节　学校教学活动及有关的社会学问题

　　　　一　教学组织与教学内容问题

　　　　二　学校亚文化

第三章　教育的社会功能

　　第五节　社会化与教育

　　　　一　有关社会化的基本问题

　　　　二　社会化过程中学校教育的功能

　　第六节　社会流动与教育

　　　　一　社会流动与教育的一般关系

　　　　二　国外学者的有关理论

---

① 刘慧珍：《教育社会学》，10页，沈阳，辽宁教育出版社，1988。

该书内容相对简短、精练，甚或略显粗糙，但却抓住了教育社会学的核心特点及研究主题，思路开放，视野开阔，体现出教育社会学初步兴起过程中的清新风格。

**五、教育社会学知识溯源——厉以贤、毕诚编著《教育社会学引论》**

厉以贤是我国教育社会学恢复重建中的重要领军人物之一，其对教育社会学理论体系的探索理当具有特殊的重要意义。

厉以贤与毕诚编著的《教育社会学引论》给教育社会学下了这样一个定义："教育社会学是一门新兴的边缘学科。它的对象是从宏观和微观两个方面研究教育和社会之间的基本关系，它们之间的作用与影响和它们之间的一致性与矛盾性。"[1]该书认为，教育社会学就是研讨教育与社会之间的基本关系的一门学科。[2] 教育社会学作为一门边缘学科，应有以下特点：第一，理论目的和实际目的相互结合；第二，在概念的使用上，教育社会学把教育学和社会学的基本概念相互渗透使用；第三，吸收和使用新的研究方法，现代科学的

---

① 厉以贤、毕诚：《教育社会学引论》，10 页，哈尔滨，黑龙江教育出版社，1989。

② 厉以贤、毕诚：《教育社会学引论》，1 页，哈尔滨，黑龙江教育出版社，1989。

综合趋势也表现为自然科学与社会科学的合流。[①]

　　该书的后记中提出，书名是《教育社会学引论》，但两位学者并不打算把这本书写成通俗介绍类的读物，而是力图把它作为在高层次上进一步研究的"引论"。该书被称为"引论"意味着它不是全面地、系统地阐述教育社会学的各个方面，而是进行学术介绍和研究，着重探讨某几个问题，开辟这方面的领域。全书共十四章。除第一章——教育社会学学科的性质和研究对象外，其余十三章分为两编。第一编从第二章至第六章（共五章），论述西方教育社会学的发展及其理论学派，以作为吸收、借鉴和研究西方教育社会学理论的"引论"。第二编从第七章至第十四章（共八章），阐述的是中国教育社会学思想发展史略，以作为填补中国教育社会学这一方面空白的"引论"。这些内容在以前的专著中并未被涉及，该书完全做了新的尝试。[②]

　　全书内容结构如下。

第一章　教育社会学学科的性质和研究对象

　一　教育社会学学科的性质

　二　教育社会学的研究对象

　三　教育社会学学科的性质和研究对象与我国教育社会学的建设

## 第一编　西方教育社会学的发展及其理论学派

第二章　西方教育社会学的发展阶段及其特点

　一　西方教育社会学的产生和形成阶段

　二　传统教育社会学阶段

　三　新兴教育社会学阶段

---

　　①　厉以贤、毕诚：《教育社会学引论》，4 页，哈尔滨，黑龙江教育出版社，1989。
　　②　厉以贤、毕诚：《教育社会学引论》，217 页，哈尔滨，黑龙江教育出版社，1989。

该书基本是对相关教育社会学理论思想进行梳理，而并没有建构起教育社会学的框架体系。至于对中国教育社会学思想发展史的梳理与追溯，其能否被称为教育社会学思想，的确是个需要进一步追问与反思的问题。

## 第二节　教育社会学教材知识体系的建立

进入 20 世纪 90 年代，几部体系较为完备的教育社会学教材先后涌现。其中较具代表性且影响较为广泛的主要有：鲁洁主编的《教育社会学》①，董泽芳编著的《教育社会学》②，金一鸣主编的《教育社会学》③等。

### 一、确立教育社会学知识体系——鲁洁主编《教育社会学》

在教育社会学学科恢复重建以后，南京师范大学于 1982 年率先在全国开设教育社会学课程。受原国家教委的委托，按《高等学校文科教育类专业教材编写计划（1985—1990）》的要求，鲁洁带领的团队从 1985 年开始着手编写教材《教育社会学》，前后共历时 5 年。在编写过程中，该团队力图做到以马克思主义为指导，从我国的实际情况出发，较充分地反映国内外有关研究成果，使该教材成为具有中国特色和时代特征的教育社会学教材。④

该教材明确提出，教育社会学乃是一门主要运用社会学的原理和方法，对作为一种特殊社会现象的教育进行研究的学科。它以马克思主义为指导，批判地继承教育社会学的历史遗产，总结当代教

---

① 鲁洁：《教育社会学》，北京，人民教育出版社，1990。
② 董泽芳：《教育社会学》，武汉，华中师范大学出版社，1990。
③ 金一鸣：《教育社会学》，南京，江苏教育出版社，1992。
④ 鲁洁：《教育社会学》，前言 1 页，北京，人民教育出版社，1990。

育社会学的研究成果，从宏观方面研究教育与整体社会之间的关系及其功能；从中观方面研究教育与区域社会之间的功能性关系及学校内部的社会关系；从微观方面研究教育过程中的相关社会学问题。[①]

该教材明确指出教育社会学要把教育作为一种特殊的社会现象来加以研究，即把教育作为整体社会的一个体系（子系统）来加以研究，具体包括：研究教育与社会结构、社会变迁之间的关系；研究教育与区域社会之间的关系；研究学校体系内部的各种社会关系；研究班级组织内部的各种社会关系。[②]

该教材内容结构如下。

第一章　绪　论

　　第一节　教育社会学的产生与发展

　　第二节　教育社会学的学科性质

　　第三节　教育社会学的研究范围及其发展动向

第二章　教育的社会学研究方法

　　第一节　教育社会学的方法论

　　第二节　调查研究的基本方法

　　第三节　教育调查研究的具体技术

　　第四节　教育调查研究的程序和步骤

第三章　经济与教育

　　第一节　社会生产力与教育

　　第二节　商品经济与教育

　　第三节　社会主义初级阶段的经济与教育

第四章　政治与教育

　　第一节　政治对教育的影响

---

① 鲁洁：《教育社会学》，29页，北京，人民教育出版社，1990。
② 鲁洁：《教育社会学》，29～32页，北京，人民教育出版社，1990。

鲁洁主编的《教育社会学》无疑是在教育社会学学科恢复重建以后出现的第一部体系最完善、内容最充实、著述最严谨的教材性著作，作为原国家教委委托的高等学校文科教材，在全国产生了较为深远的影响。当然，该教材不可避免地带有鲜明的时代印痕，但其对很多方面教育社会学问题的探讨无疑是领先于时代的。

**二、探寻教育与社会互动的机制和规律——董泽芳著《教育社会学》**[①]

董泽芳的《教育社会学》首次出版于 1990 年，在 2009 年出版了修订本。这里着重呈现其修订本的内容体系。

该教材认为，教育社会学是通过对教育社会现象，尤其是对教育社会问题的研究来揭示教育与社会这二者互动的机制及协调发展的规律的。[②] 教育社会学的研究对象可从三个层面来揭示：从目的论层面上，教育社会学探讨教育与社会这二者互动的机制及协调发展的规律；从认识论层面上，它研究教育社会现象；从选择论层面上，它重点研究教育社会问题。[③] 教育社会学的学科性质也可从三个层面来把握：从教育社会学与整个人文社会科学的关系看，它是一门边缘学科；从教育社会学与教育学、社会学的关系看，它是一门中介学科；从教育社会学与教育学科群的关系看，它是一门中层学科。[④]

---

① 董泽芳：《教育社会学》(修订本)，武汉，华中师范大学出版社，2009。

② 董泽芳：《教育社会学》(修订本)，前言 2 页，武汉，华中师范大学出版社，2009。

③ 董泽芳：《教育社会学》(修订本)，20 页，武汉，华中师范大学出版社，2009。

④ 董泽芳：《教育社会学》(修订本)，前言 2 页，武汉，华中师范大学出版社，2009。

　　该教材着力对教育社会学的研究方法论进行探讨，认为应从二元对立走向多元综合。它提出了多元方法论体系的架构，包括纵向与横向两个维度。纵向维度分为四个层次，即哲学方法论（包括唯物论和辩证法），系统科学方法论（包括系统论、信息论、控制论、耗散结构论、协同论、突变论等），专门科学方法论（包括社会科学方法论与自然科学方法论），以及具体学科方法论（即社会学方法论中的实证主义方法论与人文主义方法论）。从横向维度看，这一体系包括东方教育社会学方法论和西方教育社会学方法论。①

　　该教材内容结构如下。

第一章　　学科导论

　　第一节　教育社会学的产生与发展

　　第二节　教育社会学的研究对象与学科性质

　　第三节　教育社会学的地位与作用

　　第四节　教育社会学多元方法论体系

**宏观篇**

第二章　　社会制度与教育制度

　　第一节　教育制度在社会制度中的地位

　　第二节　经济制度与教育制度

　　第三节　政治制度与教育制度

　　第四节　文化制度与教育制度

第三章　　社会结构与教育结构

　　第一节　社会结构与教育结构的一般关系

　　第二节　社会分层与教育成层

　　第三节　社会流动与教育选择

------

　　①　董泽芳：《教育社会学》（修订本），29～39页，武汉，华中师范大学出版社，2009。

## 微观篇

该教材兼顾学术性与通俗性，既注重教育社会学的实证研究，又体现着一种中庸平和的思辨研究风格。并且在一定意义上也可以说，它体现着较为鲜明的本土理论特色与时代思想特征。

### 三、从社会系统的角度探讨本土教育问题——金一鸣主编《教育社会学》

金一鸣主编的《教育社会学》先后有三个版本，分别是：江苏教育出版社 1992 年版，河北教育出版社 1996 年版，以及江苏教育出版社 2000 年版。三个版本在内容体系方面具有较大的一致性，这里选取的是该教材的晚近修订版本，即由江苏教育出版社 2000 年出版的新世纪版。

在新世纪版的前言中，金一鸣进一步指出了该教材所秉持的基本观点：教育系统是一个复杂的、有机的整体，是社会系统中的一个独立系统。部分是离不开整体的。教育这一社会系统与社会中的其他子系统（如政治、经济、文化等）之间有着一种动态的依存关系。

教育系统不能把自身封闭起来，不能就教育论教育，而应该在研究教育系统与其他社会系统之间的关系中，寻找教育改革的方向和工作的目标。只有从宏观上、从社会全局上研究教育，教育改革的方向才能被确定。教育社会学在这方面是可以做出贡献的。教育问题和社会问题在各国之间既有共性又有个性，各国情况不同，解决的途径和方法也会不同。教育社会学应立足于本国，唯有讨论本国的问题才有生命力，因此，其主要探讨本国的教育问题和社会问题。新世纪版仍保持原先的观点和风格。初版只是就当时所接触到的一些问题列成专章来撰写。其中涉及的有：教育与社会之间的关系、商品经济的发展与教育改革之间的关系、教育机会均等问题、我国的教育体制改革、教育与社会需要相契合的问题、教育与人口之间的关系、教师问题、青少年犯罪问题、青年就业问题、教育评价问题。但是，当时所阐述的是 20 世纪 80 年代的情况与问题，以及当时对解决问题的一些思考。这些老题目已经有了新情况、新问题，需要寻求进一步发展的思路。2000 年时，需要总结 20 世纪 90 年代改革的经验，面对新的实际，提出新的思路。20 世纪 90 年代是我国迅速发展的时期，又面临着 21 世纪的即将到来。在新的历史时期，我们面临着一系列新的社会问题和教育问题。这些问题在新世纪版的《教育社会学》里应当有所反映。[1]

该教材内容结构如下。

第一章　教育与社会

第一节　教育是一种社会现象

第二节　教育系统与社会系统

第三节　教育的社会功能

第四节　教育问题与社会问题

---

[1]　金一鸣：《教育社会学》(新世纪版)，前言 1～2 页，南京，江苏教育出版社，2000。

该教材致力于从宏观社会的角度探讨现实社会中较为突出的教育问题，从现实社会问题与教育问题的角度确立教育社会学的研究主题，而相对较少从理论架构的角度探讨教育社会学的体系问题。

## 第三节　教育社会学理论体系的初步成熟

20 世纪 90 年代后期至新旧世纪之交，随着我国教育社会学研究趋于成熟，作为研究者个人学术研究结晶的体系化的教育社会学学术专著涌现。其中主要有：傅松涛著的《教育社会学新论》①，吴康宁著的《教育社会学》②，马和民、高旭平著的《教育社会学研究》③，谢维和著的《教育活动的社会学分析——一种教育社会学的研究》④，钱扑编著的《教育社会学的理论与实践》⑤，等等。

## 一、对"教育社会"的论述——傅松涛著《教育社会学新论》

傅松涛著的《教育社会学新论》力图建构一个逻辑严谨、结构严密的教育社会学新体系。在该书的前言中，作者陈述说，该书以马克思实践唯物主义关于社会历史科学的前提论、起点论和方法论为指导，在提出和分析研究对象的客观现实与观念理论双重形态的辩证统一关系的基础上，从全面集中地反映教育社会现象的本原全貌和实质规定性要求出发，综合以往关于教育社会学研究对象的"教育社会实体说""教育社会活动说""教育—社会关系说""综合说"等观点，首次提出、说明并论证了新的教育社会学研究对象——教育社会，并对教育社会作为教育社会生产活动实体和作为教育社会生活活动实体所具有的双重性做了新颖独到的概括与分析。⑥

该书对其所提出的"教育社会"这一概念做了如下界定：教育社会就是一定数量的现实生活中的人，为了更好地生存与发展，再现和创造现实社会生活，以教育职业活动为主要联结纽带和手段组合而成的业缘聚合实体，即业缘社会；是现实生活中的人的特定生产组合体与生活联合体构成的有机统一综合体。⑦

全书以"教育社会"为核心范畴，按教育社会的结构、运行和功

---

① 傅松涛：《教育社会学新论》，保定，河北大学出版社，1997。

② 吴康宁：《教育社会学》，北京，人民教育出版社，1998。

③ 马和民、高旭平：《教育社会学研究》，上海，上海教育出版社，1998。

④ 谢维和：《教育活动的社会学分析——一种教育社会学的研究》，北京，教育科学出版社，2000。

⑤ 钱扑：《教育社会学的理论与实践》，南宁，广西教育出版社，2001。

⑥ 傅松涛：《教育社会学新论》，前言 3 页，保定，河北大学出版社，1997。

⑦ 傅松涛：《教育社会学新论》，37 页，保定，河北大学出版社，1997。

能的客观原貌与辩证关系来展开研究和组织全书，力求实现教育社会学对象、内容和体例在事实结构、思维结构、理论结构与表述结构上的内在统一。①

全书内容结构如下。

第一章　教育社会学的研究对象——教育社会

　　第一节　教育社会学研究对象的实质规定性

　　第二节　确定教育社会学研究对象的基本原则和方法

　　第三节　人类社会

　　第四节　教育社会

　　第五节　教育社会是教育社会学的研究对象

第二章　教育社会学的功能和目的

　　第一节　科学认识教育社会　培养教育理性

　　第二节　科学解释教育社会　深化教育理论

　　第三节　科学建构教育社会　优化教育实践

第三章　教育社会学的研究方略方法

　　第一节　"四是研究科学统一"的总体方略

　　第二节　四是研究科学统一的基本要求

　　第三节　四是研究科学统一的方法体系

　　第四节　四是研究科学统一的实施操作过程

第四章　教育社会学的性质、内容和发展

　　第一节　教育社会学的学科性质

　　第二节　教育社会学的基本内容与结构

　　第三节　教育社会学的产生和发展

第五章　教育社会个体

　　第一节　教育社会个体的概念

————————

① 　傅松涛：《教育社会学新论》，前言4页，保定，河北大学出版社，1997。

该书提出并系统论述了"教育社会"这一概念，为建立一个逻辑严谨、结构严密的教育社会学体系而苦心孤诣，由此也难免带有较为浓厚的思辨研究风格，并体现着那一个时代主导性的社会科学研究范式。

**二、系统功能论范式下开展的教育事实研究——吴康宁著《教育社会学》**

吴康宁著的《教育社会学》作为由瞿葆奎担任主编、吕达担任副主编的《教育科学分支学科丛书》中的一本，1998 年由人民教育出版社出版。该书致力于教育社会学的学术探讨与理论建构，而不仅仅定位于教材。

在该书的前言中，吴康宁指出，我国教育社会学自恢复重建后的 10 余年时间里，作为问题研究，虽获诸多成果，然观学科总体，仍处起步阶段。处于起步阶段的学科建设当有二忌：一忌盲目趋附国外取向，鹦鹉学舌，致使所谓研究成果实为编译之作；二忌片面强调"民族特色"，自我封闭，致使所谓研究成果颇有井蛙之嫌。遗憾的是，上述两种偏向在国内迄今的教育社会学研究中几成"正常"现象。他坦陈著述该书所自立的三原则：立足中国国情，理清基本问题；选择借鉴国外，展示学术前沿；把握学科特点，揉合理论、实证。这体现出了进行学术研究的良苦用心。但困难亦可想而知，最大困难莫过于构建较为合理、相对自圆其说的全书体系。他指出，纵览国内外一些同类专著，尽管其章节数量不一、名称各异，但在全书体系上如出一辙，即除绪论部分之外，均以教育学范畴或社会学范畴为线索，逐一展开教育的社会学分析。这些体系尽管或许有助于读者对书中所列的若干实际上"相互独立"的范畴本身获得较多了解，却颇难使读者对教育的"社会学面目"获得整体性认识。原因在于，这些体系存有两大弊端。一可谓随意性极大，所列各项教育学范畴或社会学范畴均似可多可少，缺乏逻辑依据。二可谓统整性较差，尤见于对教育与社会相互关系之论述形式过于机械，即几乎每一章节都要述及特定社会领域或层面对教育的影响及教育的相应的反作用，导致重复之处甚多。于是，作者写作时常陷"黔驴技穷"之境，读者阅览时也易生"千篇一律"之感。

为了不陷入这种困境，吴康宁对教育社会学的理论体系进行了重新构思，指出，其实，只要我们将教育视为一种社会子系统（尽管"解释论"的教育社会学学者对此观点可能嗤之以鼻），便可构建出与上述种种体系有所区别的另外一种体系。其基本思路是：第一，作为一种社会子系统，教育系统的生存与运转必受外部社会制约；第二，作为一种特殊的社会子系统，教育系统当有其自身之结构与过程；第三，作为一种社会子系统，教育系统也必定会对外部社会有所影响。这三个层面，理应各具一定的整体性。由此，他确立起了全书基本的体系架构。①

　　该书对"教育社会学"做了如下界定：教育社会学是主要运用社
会学原理与方法对教育现象或教育问题的社会学层面进行"事实"研
究的一门学科，是社会学与教育学的中介学科。② 它指出，教育社
会学是教育学的基础学科，是社会学的特殊理论学科，是教育学与
社会学的中介学科。③ 教育社会学研究的是特殊的教育现象或教育
问题，即具有社会学意味的教育现象或教育问题，或者说是教育现
象或教育问题的社会学层面。在这个意义上，我们又可以说教育社
会学研究的是特殊的社会现象或社会问题，即教育领域中的社会现
象或社会问题。④

　　吴康宁强调教育社会学的独特视角的重要性，他指出，教育社
会学研究最致命的缺陷，莫过于众多的所谓教育社会学研究其实并
未体现出教育社会学的独特视角，并未体现出教育社会学与教育学
到底区别何在。这些研究与其说属于教育社会学，不如说仍然属于
教育学或教育的社会哲学。一门学科在科学体系中有无真正确立其
独立地位，取决于该学科的研究能否真正与其他学科的研究相区别，
且有无形成真正的研究范式。据此衡量，应当承认，我国的教育社
会学仍处于创建阶段。⑤

　　该书在体系上分为四个板块，名为四编。第一编为"教育社会学
学科论"，先横（第一章）后纵（第二章）地展示这一学科的"基本面
目"。第二编为"教育的社会背景"，鉴于这一背景具有包罗万象、因
人而异及不断变化三个特征，主要考察社会结构（第三章）、社会差
异（第四章）、社会变迁（第五章）以及这三者对教育的影响。第三编

---

① 吴康宁：《教育社会学》，前言1～2页，北京，人民教育出版社，1998。
② 吴康宁：《教育社会学》，20页，北京，人民教育出版社，1998。
③ 吴康宁：《教育社会学》，12～14页，北京，人民教育出版社，1998。
④ 吴康宁：《教育社会学》，7页，北京，人民教育出版社，1998。
⑤ 吴康宁：《教育社会学》，50页，北京，人民教育出版社，1998。

为"教育自身的社会系统",集中分析其中的基本社会角色——教师与学生(第六章与第七章)、主要社会组织——学校与班级(第八章与第九章)、特殊社会文化(第十章)以及核心社会活动(第十一章)。第四编为"教育的社会功能",首先对教育的社会功能诸论加以反思(第十二章);其次集中探讨教育的社会功能,研究必须回答的两个基本问题(第十三章)。

全书内容结构如下。

## 第一编　教育社会学学科论

第一章　教育社会学学科要素

　第一节　教育社会学研究对象

　　一、研究对象诸说

　　二、研究对象界定

　第二节　教育社会学学科性质

　　一、学科性质诸论

　　二、学科性质分析

　第三节　教育社会学方法论

　　一、事实判断还是价值判断

　　二、演绎性模式还是解释性模式

　　三、定量分析还是定性分析

第二章　教育社会学的学科发展

　第一节　理论奠基时期

　　一、教育学视野的拓宽

　　二、社会学兴趣的扩展

　第二节　学科成形时期

　　一、学科制度的成形

　　二、研究范式的成形

## 第二编　教育的社会背景

这无疑是一部凝练着研究者全部学术积淀与心血的著作，代表着我国教育社会学体系性研究的一种新高度，可谓教育社会学研究的一部"集大成"之作。该书秉持对事实研究的坚定信念，强调运用社会学研究的独特视角，以区别于一般意义上的教育学研究。内容体系的架构则较为鲜明地体现出系统功能论的特点。

**三、对本土研究的系统梳理与阐发——马和民、高旭平著《教育社会学研究》**

马和民、高旭平著的《教育社会学研究》致力于对中国教育社会学本土资料进行系统性的整理与研究。该书力求以此实现我国教育社会学研究的"本土化"，克服教育社会学学科自身的"舶来品"特性（即许多术语、概念、命题与理论等均带有强烈的"外来文化"的特点），并进一步推动和促进我国教育社会学研究的纵向深入和横向扩展。该书旨在激发读者对教育现象和教育问题进行社会学思考，促使其从社会学的角度探讨教育与社会之间的关系，凸显教育社会学的思维方式与智慧。①

全书内容结构如下。

第一章　西方教育社会学：产生与发展

　　第一节　西方教育社会学的早期发展

　　第二节　现代教育社会学的创立与发展

　　第三节　西方教育社会学的主要理论流派

　　第四节　西方教育社会学的未来发展

第二章　中国教育社会学：引进与变革

　　第一节　中国教育社会学的创建

　　第二节　中国教育社会学发展的停滞

　　第三节　中国教育社会学的重建

第三章　教育平等与社会平等

　　第一节　教育平等是一种社会理想

　　第二节　教育平等的理论

　　第三节　教育制度与教育平等

　　第四节　儿童受教育权益的确认和保障

　　第五节　中国的教育民主化

第四章　教育与社会流动：中国的实例

　　第一节　教育与社会流动的理论研究

　　第二节　当前中国农民的社会流动与教育

　　第三节　当前中国城市职工的社会流动与教育

　　第四节　当前中国女性的社会流动与教育

---

①　马和民、高旭平：《教育社会学研究》，前言1～2页，上海，上海教育出版社，1998。

第二节 教师的社会地位

第三节 教师职业的社会化

第十一章 课堂教学的社会学基础

第一节 教学社会学的理论基础：互动论

第二节 教学的社会学分析模式

第三节 课堂教学与"印象管理"

第四节 教学过程中的非语言交流

第五节 标签论与教学评价

第十二章 学业成败的社会学研究

第一节 学业成败的判断

第二节 社会文化与学业成绩

第三节 师生关系与学业成绩

第四节 家庭环境与学业成绩

该书注重研究的本土性、现实性、系统性与学术性，对既有的教育社会学研究进行了较为全面系统的梳理，并进行了进一步的深入探讨。它对中国教育社会学的发展脉络进行了深入的分析与呈现。它既注重研究的学术性，又注重对现实问题的分析与解释，力图实现二者的结合与统一。总体而言，该书更为注重运用社会学理论分析现实中的问题，而非对教育社会学理论体系刻意注重。

马和民在该书研究的基础上，于 2002 年出版了《新编教育社会学》[①]，对教育社会学的知识结构做了新的建构。全书共分六编。第一编，教育社会学的学科论，分"教育社会学导论"和"教育社会学的研究过程"两章。第二编，教育行为论，分"学校中的角色行为"和"学校中的失范行为"两章。第三编，教育活动论，分"学校教育的主要活动形式：课堂教学"和"学校教育的活动内容：教育知识"两章。

---

① 马和民：《新编教育社会学》，上海，华东师范大学出版社，2002。

第四编，教育组织论，分"班级组织的社会学分析"和"学校组织的社会学分析"两章。第五编，教育制度论，分"社会变迁与教育制度""社会结构与教育制度""社会问题与教育问题"三章。第六编，教育功能论，分"教育制度的功能""教育与个体发展""教育与国家发展"三章。这种结构体现了作者对教育社会学知识体系采取的新的逻辑演绎方式。第一编实际上为学科概述，第二编至第六编则采取了"微观—中观—宏观"的分析路径，选择了由对"教育行动"的微观研究逐渐切入对"教育事实"的宏观探讨这一逻辑进程。马和民认为，这种方式可能更有利于学习者理解教育社会学的分析视角与研究方式，也更易于其把握教育社会学理论与学校教育实践之间的密切关系。他强调教育社会学是运用社会学的原理和方法对"教育行动与教育事实"进行研究的一门学科。这门学科的重点是培养学习者对各种教育现象、教育问题具备社会学研究和分析的能力，使其建构一种整体的、有机联系的、辩证的思维方式，养成用事实说话的科学态度，特别是发展对教育现象进行"揭穿真相"地解析、批判和探究的能力，并掌握对教育问题进行综合治理的知识和技能。①

**四、聚焦于教育活动——谢维和著《教育活动的社会学分析——一种教育社会学的研究》**

谢维和所著的《教育活动的社会学分析——一种教育社会学的研究》既是一部关于教育社会学的研究性专著，也是一部关于教育社会学的教材。

该书把教育活动作为教育社会学的基本的研究对象，认为，按照教育社会学的研究视野和研究角度，所有的教育现象、教育过程、教育形式，以及各种各样的教育模式和组织形态等，都可以被看成教育活动的不同形式，或者说，被看成教育活动在不同层次、不同

---

① 马和民：《新编教育社会学》，前言 2 页，上海，华东师范大学出版社，2002。

条件下的表现。① 该书认为，与所谓的旧教育社会学比较，新教育社会学的根本特点就是，把教育活动作为一种社会活动和社会现象进行研究，而不是像过去那样，仅仅以社会学的方法和模式去研究各种教育现象。② 作为教育社会学研究对象的教育活动至少包括以下几个方面的含义。第一，这种教育活动是一种社会活动，包括各种形态的教的活动和学的活动，以及教育的管理活动等。它是一切教育现象、教育过程的基本要素，也是教育社会学研究的基本单位。换言之，在教育社会学的领域中，关于教育关系、教育结构、教育制度以及教育发展等的研究，都是作为社会活动来进行的。第二，这种教育活动是一种以人与人之间的矛盾为基本矛盾的文化活动。尽管这种教育活动如所有社会活动一样，具有一定的客观基础、现实内容和具体形态，能够产生一定的客观效果，而且也是不以人的意志为转移的，在一定的条件下具有经验的可重复性和一定的规律性，但是，这种教育活动中所直接表现出来的是一种主体际的文化活动，因此，它重视和强调人与人之间的沟通和理解，并且以这样一种相互之间的沟通和理解作为教育活动的主要形式。第三，这种教育活动是一种互动，而不是一种孤立的活动。从教育活动去分析和研究各种教育现象、教育过程，实际上是从这种互动的角度去进行的。只有从这种互动的角度理解教育活动，我们才能真正理解教育活动作为社会活动成为教育社会学研究对象的意义，也才能较好地掌握"教育是一种社会活动"这一规定的内涵。③

教育社会学与教育学都研究教育活动，但侧重点不同。教育学

---

① 谢维和：《教育活动的社会学分析——一种教育社会学的研究》，导言 1～2 页，北京，教育科学出版社，2000。

② 谢维和：《教育活动的社会学分析——一种教育社会学的研究》，6 页，北京，教育科学出版社，2000。

③ 谢维和：《教育活动的社会学分析——一种教育社会学的研究》，13 页，北京，教育科学出版社，2000。

主要是从教育学基本原理的角度对整个教育活动进行分析，而教育
社会学主要是从社会学，特别是教育与社会之关系的角度探讨和研
究教育活动的特点以及各种具体形态；教育学更多地是抽象地从一
般规律和普遍性的角度研究教育活动，而教育社会学更多地是具体
地从教育活动的各种微观形态研究教育活动，或者，将教育活动作
为一种社会活动进行研究。[1]

　　该书把教育社会学定位为社会学的一门具体学科，而不仅仅是
教育学的一门子学科，因此更为注重教育社会学的分析视角，认为
这是由教育社会学这一学科体系本身所具有的一些基本概念与范畴
构成的，对各种散乱和复杂的教育活动、教育现象进行整理与规范
的特定的范式和图式。一般而言，教育社会学的分析视角，通常包
括两个方面：其一是由一般社会学的某些基本范畴构成的研究视角；
其二是由教育社会学本身的某些基本范畴构成的特定的研究视角。[2]
但在该书的研究与撰写中，作者更为注重如下这一点：教育社会学
的研究是一种综合性研究。[3]

　　全书内容结构如下。

　　第 1 章　教育社会学分析的学科意识

　　　第 1 节　教育社会学学科意识的基本含义及特点

　　　第 2 节　教育是培养人的一种社会活动

　　　第 3 节　教育社会学的学科定位

　　　　一、教育社会学是一门中观性的学科

　　　　二、教育社会学是一门综合性的学科

---

　　① 谢维和：《教育活动的社会学分析——一种教育社会学的研究》，8 页，北京，教
育科学出版社，2000。

　　② 谢维和：《教育活动的社会学分析——一种教育社会学的研究》，60 页，北京，
教育科学出版社，2000。

　　③ 谢维和：《教育活动的社会学分析——一种教育社会学的研究》，导言 5 页，北
京，教育科学出版社，2000。

三、教育结构对社会结构的优化

第 5 节　教育结构的优化

一、教育结构优化的基本含义

二、教育结构优化的基本原则

三、教育结构优化的基本途径

第 11 章　教育发展

第 1 节　教育发展的基本含义

一、教育发展的概念

二、教育发展的两个基本维度

三、教育发展的主要特点

第 2 节　教育发展的解释模式与理论

一、结构功能主义的解释模式

二、新马克思主义的解释模式

三、人口型的解释模式

四、人才型的解释模式

五、地位竞争型的解释模式

六、内在的解释模式

第 3 节　教育发展与社会发展

一、社会发展的一般含义及其变化与教育发展的内涵
之间的关系

二、教育发展与经济发展

三、教育发展与社会发展

四、教育发展与政治发展

五、教育发展与社会发展关系中几个比较重要的问题

第 4 节　教育发展机制的一般原则

一、稳定原则

二、协调原则

该书从社会学理论的角度提出将教育活动作为教育社会学的基

本研究对象，这无疑在我国的教育社会学研究中具有一种开创性意义；其对教育社会学的研究视角也有较为独到的理论把握。正如作者所说，该书的写作和研究在学科定位上并不是十分严格的，在有些问题上，是从经济学或者政治学的角度进行分析和说明的，在有些方面，又借用了社会心理学的模式和理论，当然，在部分章节中，还存在管理学的痕迹，等等。① 或者可以说，该书在一定程度上体现着哲学思辨与价值探讨的色彩，以至于尽管作者在书中强调教育社会学是社会学的子学科，并强调该书中的研究与教育学研究的区别，但还是有论者将该书归于教育学视角的研究性专著。②

**五、探究教育与社会之间的互动关系——钱扑编著《教育社会学的理论与实践》**

钱扑编著的《教育社会学的理论与实践》一书，对教育社会学的界定是，"教育社会学是一门应用社会学的基本原理和方法研究教育的边缘社会科学，它关注的是教育与社会的互动关系"③。钱扑认为，对教育和社会之间的互动关系的研究，涉及范围从宏观到微观，从总体到局部，凡是教育及其结构所属的组合因子与社会及其所属的各结构层面发生相互作用，由此所形成的一张纵横交错的互动关系网络，便构成了学科的研究对象。

该书分上、下两篇。上篇以探索学科本身的发展为主，试图通过回顾教育社会学产生和发展的历史，以及分析各流派的渊源依存、学术取向，就该学科的整个生成发展脉络做一系统的梳理和廓清；下篇则着眼于教育社会学的专题研究，既有微观分析也有宏观分析。

全书章节目录如下。

---

① 谢维和：《教育活动的社会学分析——一种教育社会学的研究》，导言 5 页，北京，教育科学出版社，2000。

② 杜时忠、卢旭：《我国教育社会学研究的回顾与前瞻》，载《高等教育研究》，2004(3)。

③ 钱扑：《教育社会学的理论与实践》，43~44 页，南宁，广西教育出版社，2001。

在该书后记中，钱扑指出，教育社会学虽是一门年轻的学科，但在当今各国的教育发展和改革中发挥了重要的作用，呈现出越来越旺盛的生命力。该书不求其全，但求其新，不追求严格意义上的教科书体例，只希望能对学科建设和发展，无论从理论还是实践的角度，做出一点一滴的贡献。①

## 第四节　教育社会学知识体系的新探索

进入 21 世纪以来，建构概论性教育社会学知识体系的学术热情似乎在逐渐退却，学者更多地转向"分支领域性研究"。② 这一时期

---

① 钱扑：《教育社会学的理论与实践》，384 页，南宁，广西教育出版社，2001。

② 吴康宁：《我国教育社会学的三十年发展（1979—2008）》，载《华东师范大学学报（教育科学版）》，2009(2)。

所使用的教育社会学教材大多是前一阶段所出版教材性著作的再版。这一时期新涌现的教育社会学知识体系性著作主要有：钱民辉著的《教育社会学——现代性的思考与建构》①及其新近再版的《教育社会学概论》②，杨昌勇、郑淮著的《教育社会学》③，徐瑞、刘慧珍著的《教育社会学》④，等等。

**一、对现代性的反思——钱民辉著《教育社会学——现代性的思考与建构》与《教育社会学概论》**

钱民辉所著的《教育社会学——现代性的思考与建构》立足于对现代性的反思与追问，打开了教育社会学理论建构的一种新的视域。该书将教育社会学的研究对象界定为"教育与现代性之关系"，也就是把教育社会学的宏观研究、中观研究和微观研究分别纳入现代性工程中去，从动态中研究教育与现代化运动的关系，从静态中研究教育与现代性问题。⑤ 该书认为，传统教育社会学是研究"社会性"的，即研究教育与社会其他制度的关系，如政治制度、经济制度、文化制度、家庭制度、亲属制度等，以及人的社会化问题；现代教育社会学应当研究"现代性"，即研究教育与现代性、后现代性等的关系，以及人的现代性问题。⑥

该书认为，现代性是教育社会学理论建构的逻辑起点与核心主题。⑦ 由于教育社会学的学科属性是社会学，其方法、意图以及实

　　① 钱民辉：《教育社会学——现代性的思考与建构》，北京，北京大学出版社，2004。

　　② 钱民辉：《教育社会学概论》，北京，北京大学出版社，2017。

　　③ 杨昌勇、郑淮：《教育社会学》，广州，广东人民出版社，2005。

　　④ 徐瑞、刘慧珍：《教育社会学》，北京，北京师范大学出版社，2010。

　　⑤ 钱民辉：《教育社会学——现代性的思考与建构》，4~5页，北京，北京大学出版社，2004。

　　⑥ 钱民辉：《教育社会学——现代性的思考与建构》，前言4页，北京，北京大学出版社，2004。

　　⑦ 钱民辉：《教育社会学——现代性的思考与建构》，76页，北京，北京大学出版社，2004。

质性议程必然是以现代性为切入点的。从起源看，社会学起源于现代性的来临——起源于传统社会的分解以及现代社会的巩固与发展。一方面，教育社会学的三种理论取向无不是在现代性工程中建构的，这是因为教育组织最能反映现代社会制度的属性和特征。在现代社会中，教育变迁的动因基本来自现代性的作用。另一方面，教育社会学研究的内容和事实是现代的学校教育体制以及具有现代性特征的人与人之间的互动。由此，现代性可以作为教育社会学理论建构的逻辑起点，而且今后的研究主题依然是围绕现代性展开的。只不过现代性正在向世界范围扩展，同时，现代性也招致了后现代主义的抨击，在这种背景下，教育社会学已有的三种理论面临消解和质疑，建立一种新的教育社会学理论的努力正在进行。

该书内容结构如下。

第一章　教育社会学学科介绍

一、教育社会学的研究对象

二、教育社会学的学科属性

三、教育社会学的方法论

第二章　教育社会学的历史与发展

一、教育社会学知识体系初期形成的两条途径

二、教育社会学学科制度化及其发展阶段

三、"新兴"教育社会学的确立与多元化取向

四、教育危机时代的教育社会学

五、社会学微观革命与新教育社会学的崛起

六、当代社会学趋势与教育社会学的综合

第三章　教育社会学理论的三大取向

一、教育社会学的功能取向

二、教育社会学的冲突取向

三、教育社会学的解释学取向

四、结语：学会应对与处理

第十四章　教育阐释学之三：学生与教育革新

一、学生如何面对革新

二、"增进兴趣和参与"的策略

三、学生在革新中的意识与实践

四、结语：学生也是革新的行动者

第十五章　教育知识社会学：本土化的思考与建构

一、近代中国社会变迁与教育现代化运动

二、黄炎培与职业教育思潮

三、晏阳初与乡村教育运动

四、梁漱溟与乡村教育运动

该书在初版后被多次修订出版，最新一版为 2017 年出版的《教育社会学概论》[①]。最新版作为高等学校教材出版发行，在内容方面做了较大幅度的调整、充实与完善。并且它强调，教育社会学本应是一门独立的学科，从 20 世纪 70 年代兴起的"新教育社会学"开始，就已经是一门独立的学科了。调整后的内容结构如下。

第一章　教育社会学入门的几个基本问题

一、什么是教育社会学？

二、教育社会学对于不同学习者有何价值？

三、教育社会学家关心什么？他们研究什么？

四、教育社会学家怎样开展研究？

五、结语

第二章　教育社会学研究对象与学科属性

一、教育社会学的研究对象

二、教育社会学的学科属性

---

① 钱民辉：《教育社会学概论》，北京，北京大学出版社，2017。

二、黄炎培与职业教育思潮

三、晏阳初与乡村教育运动

四、梁漱溟与乡村教育运动

如社会学一样，教育社会学也是现代社会的产物，源于对现代性的反思。明确教育社会学与现代性之间的内在关联，持守对教育现代性进行分析的视角，钱民辉前后几个版本的《教育社会学》在这方面无疑具有理论创新意义。

**二、对教育学和社会学原理与方法的兼顾——杨昌勇、郑淮著《教育社会学》**

杨昌勇和郑淮著的《教育社会学》，是一部教材性著作。该书认为，教育社会学是教育学和社会学交叉而形成的一门新兴边缘性的、基础性的社会科学，它运用教育学和社会学的基本原理与方法且以一种较为特殊的学科视角即以一种把教育与社会联系起来的眼光来研究教育系统中的社会性问题、社会系统中的教育性问题以及教育与社会之间的关系，强调对与教育相关联的社会事实和社会价值的研究，其逻辑起点和研究目的都在于教育的本质性功能，意在使教育更富人性地、更有效地促进人的发展和社会的进步。[1]

在研究对象的界定方面，该书认为，教育社会学的研究对象是教育社会现象。所谓教育社会现象是指学者以一种把教育与社会联系起来的眼光所看到的现象，从概括的意思上讲，它包括作为社会现象的教育、与教育相关联的社会现象，以及这二者之间的关系。[2]

全书内容结构如下。

第一章　绪论：教育社会学是什么

第一节　教育社会学的"界定"

第二节　教育社会学的学科性质

---

[1]　杨昌勇、郑淮：《教育社会学》，8页，广州，广东人民出版社，2005。
[2]　杨昌勇、郑淮：《教育社会学》，15页，广州，广东人民出版社，2005。

相对而言，与强调"教育社会学主要运用社会学的原理与方法研究教育现象"这一观点不同，该书对教育社会学的界定具有更为明显的教育学取向，强调运用教育学和社会学的基本原理、基本方法，并且注重教育学的价值指向，认为教育社会学的逻辑起点和研究目的都在于教育的本质性功能，这昭示了教育社会学研究所应致力的一种方向。该书对教育社会学问题的探讨并不限于学校教育的范围，而是将视野拓展到家庭、社区以及学习化社会。

### 三、对教育活动的社会学研究——徐瑞、刘慧珍著《教育社会学》

徐瑞、刘慧珍著的《教育社会学》作为普通高等教育"十一五"国家级教材出版，可被看作近年来出版的较具代表性的一部教育社会学教材。该书持守刘慧珍在 1988 年出版的《教育社会学》一书中对教育社会学的界定：研究教育活动之社会过程及其与其他社会过程相互影响关系的学说体系。① 换句话说，教育社会学是研究社会结构

---

① 刘慧珍：《教育社会学》，10 页，沈阳，辽宁教育出版社，1988。

中的教育制度与教育过程中的社会行动的学说体系。[1] 承续谢维和的观点，该书认为教育社会学的研究对象是教育活动[2]；认为教育社会学的研究视角就是从社会行动角度分析教育中的社会现象和社会问题，即从人与人、人与整体、教育与社会结构的关系角度分析教育问题[3]。

全书内容结构如下。

第一章　教育社会学概论

　　第一节　什么是教育社会学

　　第二节　教育社会学的学科性质与研究对象

　　第三节　教育社会学的研究视角与学科意识

　　第四节　教育社会学的学科功能和边界

第二章　教育社会学的历史和发展

　　第一节　国外教育社会学的产生与发展

　　第二节　中国教育社会学的产生和发展

　　第三节　我国教育社会学的理论创新困境与突破

第三章　教育社会学的理论流派

　　第一节　教育功能论

　　第二节　教育冲突论

　　第三节　教育互动论

第四章　教育与个体社会化

　　第一节　社会化的含义

　　第二节　社会化的主要内容

　　第三节　教育在个体社会化中的作用

---

[1]　徐瑞、刘慧珍：《教育社会学》，4 页，北京，北京师范大学出版社，2010。

[2]　徐瑞、刘慧珍：《教育社会学》，9 页，北京，北京师范大学出版社，2010。

[3]　徐瑞、刘慧珍：《教育社会学》，11 页，北京，北京师范大学出版社，2010。

　　该书作为一部教材性著作，主要是对既有相关教育社会学探索进行梳理与呈现，并体现着个人的学术理解与对教育社会学研究视角的把握。

## 结　语

自我国教育社会学学科恢复重建以来，我国出版的教育社会学教材及体系性学术专著至少有 24 部，这里只选择了其中较具代表性的予以概略呈现。

董泽芳等人曾对我国教育社会学自恢复重建至 2005 年出版的概论性著作进行分析，发现教育社会学研究具有以下特点：在研究范式上，功能论一直居于主导地位；在研究思路上，围绕教育与社会之间的关系展开；在研究取向上，"体系"重于"问题"；在研究方法上，"定性"长于"定量"。他们还分析了中国教育社会学研究的演变趋势：由体系意识转向问题意识；由二元对立走向多元综合；由价值中立走向批判参与；学术使命与社会使命并重。[①] 应当说，自 2006 年至今的 10 多年时间里，我国的教育社会学研究在教育社会学的概论性著作方面尚未出现实质性的突破，其间所出现的教育社会学概论性著作更多的是此前版本的修订再版，少量新出版的著作多沿袭既有的观点与体系。因此，董泽芳等人的这样一种论断在今天看来仍然适用。

中国教育社会学研究发展到今天，本土化研究已取得了长足的进步，国际性的学术交流与对话也逐渐走向深入。教育社会学研究已走过了对西方全盘借鉴与学习的阶段，也已经从一种自我封闭式的社会科学研究方法论中走出来。理论是灰色的，而生命之树常青。正是现实社会中的教育阅历与体验持续激发着人们对教育社会学问题进行思考。在当今时代，人们普遍面临着前所未有的教育焦虑与疑惑，不管是身处教育的专业领域之内，还是作为普通的社会成员，都是如此，因为我们正处于前所未有的社会转型以及教育转型过程

---

① 董泽芳、张国强：《我国大陆教育社会学研究的特点与演变（1979—2005）——基于对教育社会学重建以来概论性著作的文本分析》，载《高等教育研究》，2007(7)。

中，教育社会学研究由此会感受到强烈的现实需求与学术召唤。当今人文社会科学领域的研究包括教育学研究都经历着学术话语与知识体系的重构，教育社会学在学术话语与知识体系上的更新尚处于酝酿之中。

吴康宁在其所著的《教育社会学》一书的前言中说，"教育社会学发展至今，领域之广，课题之多，方法之专，流派之众，绝非某一个学者个人所能全部涉足"①。教育社会学的知识体系与话语体系的重构，需要一个时代的学人共同努力。

---

① 吴康宁：《教育社会学》，前言 3 页，北京，人民教育出版社，1998。

第五章

# 教育社会学学科发展总体反思与未来展望

教育社会学在中国的发展若从 20 世纪 20 年代算起至今已有近百年的时间，若从学科恢复重建算起至今也已有 40 年的时间了。在新中国成立 70 年之际，对教育社会学的学科发展历程进行反思具有一种特殊的意义。这 70 年对中国社会的发展来说是波澜壮阔的 70 年，实现了深刻的社会转型，取得了举世瞩目的成就。就教育社会学的学科发展来说，这一学科经历了学科的取消及恢复重建后的较为稳步的发展，如今已日趋繁荣。对于学科发展所面临的一些根本性问题以及进一步发展的路向，我们需要进行深入的探讨与反思。

## 第一节　教育社会学学科发展总体反思

对学科发展的反思旨在从总体上把握如下方面：学科发展的轨迹特征，影响学科发展的基本因素，学科发展所面对的内在基本问题。

新中国 70 年教育社会学学科整体上经历了中断停滞与重建发展两大阶段，以改革开放所带来的学科恢复重建为分界点，分别大致对应着前 30 年与后 40 年。前 30 年之所以称为教育社会学的中断停滞阶段，是因为在新中国成立前，中国教育社会学研究曾有过长足发展，但在 1950 年前后因教育社会学学科的取消而中断。尽管如此，国家主导性意识形态为看待教育问题提供了一个基本的社会理论架构，这样一种主要是从社会的角度对教育问题的把握多少带有一点儿教育社会学的特征。1979 年以后开始的教育社会学学科恢复重建，一方面主要是直接学习、借鉴西方及日本的教育社会学，另一方面则是在既有的马克思主义社会结构理论的架构下着手开展教育社会学的理论建构。我国至 20 世纪 90 年代初已形成较为完备的教育社会学教材体系，90 年代后期至世纪之交则涌现出了较为成熟的教育社会学学术著作体系。进入 21 世纪以来，随着社会转型性变革的加快，教育日益成为全社会关注的重要话题，教育社会学研究逐渐走向深化并呈蓬勃发展之势。对于这样一种发展历程，本书第一章已做了较为系统的梳理与呈现，在此不再展开。这里主要就影响教育社会学学科发展的外部因素以及教育社会学学科发展所面对的内在基本问题做进一步反思。

## 一、反思影响教育社会学学科发展的因素

英国教育社会学学者罗杰·戴尔在对英国教育社会学自第二次世界大战结束以来的发展历程进行反思时指出，那些塑造了教育社会学特征的主题、理论倾向、元理论假设以及方法论，在很大程度上并不是出于学术或智识的深思熟虑的有意识过程，而是一种"选择原理"运作的结果。他所说的"选择原理"包括三方面因素：所处的宏观政治情境，所隐含的对特定目的(公平、进步)的追求，以及所置身的场所(具体的环境与条件)。[①] 所处的宏观政治情境对教育社会学的学科发展发挥着决定性的制约作用。教育社会学学科往往隐含着一种进步主义的教育信念，因而往往带有一种较为鲜明的研究目

---

① Roger Dale, "Shaping the Sociology of Education over Half-a-Century,"in *Sociology of Education Today*, ed. Jack Demaine, Hampshire and New York, Palgrave Publishers Ltd, p. 5.

的导向，主要体现为对教育公平的注重以及对教育促进个人与社会发展的坚定信念，这使教育社会学不同于社会学的其他分支领域如家庭社会学、宗教社会学等。教育社会学所置身的具体场所则大致决定了教育社会学的实际存在状态。一般来说，教育社会学主要置身于教师教育体系之中，为教师教育、教育实践与教育决策服务也就成为其首要的功能定位。

对中国教育社会学的发展来说，这样一些因素同样发挥着举足轻重的作用。其中尤其体现在宏观层面的政治情境、较为微观层面的所置身的具体环境与条件两个方面。

宏观政治情境对教育社会学学科发展的影响尤为显著。叶澜在对中国教育学发展的世纪问题进行审视时指出："政治意识形态与中国教育学的发展的关系问题，确实是 20 世纪中国教育学发展所遇到的第一大问题，它在不同的阶段有不同的内容和表现形态。前者对后者的控制与渗透程度，影响的正负效应在不同时期也有不同。可以说，两者关系性质的多样性和多层面性，已在整个世纪的历史过程中得到较充分的展现，但教育学界真正深入系统的全方位的反思，在此基础上的重新全面认识尚未完成。这个问题在 21 世纪还会存在，但不会再处于影响新世纪教育学发展的第一大问题这样'显赫'的地位。因为中国正在向社会主义政治民主建设的大方向发展，它将为中国的科学与学术的发展提供更为广阔的空间。"①这样一种问题对中国教育社会学的发展来说同样存在。宏观政治情境不仅决定着教育社会学学科的存在状态，而且会影响到教育社会学的理论建构方式。例如，在不同的社会政治氛围中，功能论与冲突论的理论方式可能会分别处于主导性的地位。

就教育社会学所置身的具体环境与条件来说，中国的教育社

---

① 叶澜：《中国教育学发展世纪问题的审视》，载《教育研究》，2004(7)。

学研究同样主要置身于师范教育的体系之中，因此，为教师教育、教育实践与教育决策服务同样是教育社会学研究的首要的功能定位。从学科建制方面看，教育社会学主要存在于教育学的大的学科架构之下，因而在某种程度上分有教育学研究的一些特征。置身于社会学学术场域中的教育社会学研究则往往发展出不同的学术关注，主要体现在对教育与社会再生产的关注方面。此外，国家层面的课题立项对整个人文社会科学领域的研究发挥着越来越重要的主导作用，这种学术环境对教育社会学的研究导向产生着越来越重要的影响。

### 二、反思教育社会学的学科属性定位

就现实存在来说，教育社会学是一门地道的"两栖"学科，既栖身于教育学学科群中，又栖身于社会学学科群中。时至今日，教育社会学究竟是教育学还是社会学？抑或它"既非教育学也非社会学"？这依然是在专业社群内部人们时常会提及的话题。

从一般意义上来说，教育学与社会学的旨趣迥异。教育学往往具有明确的实践取向，指向某种教育理想的达成以期实现教育实践的变革。社会学则更多地以阐明社会事实的内在机理为旨归，其价值关涉往往深藏不露，其有关社会进步的理想也往往很少成为被直接探讨的主题。当然，这两门学科也有某种相似之处，即二者在学科内在整合方面均相对较弱，教育学究竟能否算是一门真正意义上的学科至今仍饱受质疑，社会学则时常陷入"范式之争"中。在这种情况下，教育社会学作为教育学与社会学的交叉学科，其建构也便具有了更大的不确定性。

教育学科是一个较为特殊而又庞杂的学科门类，人文科学、社会科学乃至自然科学交汇其中，但它又与一般的人文科学、社会科学及自然科学截然不同，因为它具有较为强烈的实践观照，即旨在改进教育实践（既包括日常教育教学实践也包括较为宏观意义上的教育决策与管理实践）。也正因如此，教育学科似乎很难跻身学术

"象牙塔"的高端，其严谨的学术性往往需要依附于其相关学科，当然有时也会成为其相关学科的重要生长点。在教育学科群中，一般说来有三门最为重要的基础性学科，即教育哲学、教育社会学与教育心理学。一般可以说，哲学属人文科学，社会学属社会科学，心理学则被归为自然科学。教育社会学可以说是教育学科群中最接近于社会科学的一门学科。鉴于社会科学在现代学术知识体系中的显著地位，教育社会学往往被寄予学术上的厚望。

社会学自建立之始便致力于成为较为严谨的关于"社会"的科学，并在后来发展出了一系列经典的社会学理论，形成了较为独到的研究视角，使自身区别于一般意义上的社会科学。社会学致力于探明社会运行的内在机理，关注的是较为宏观的社会架构或较为微观的日常生活现实，在其中，对教育的关注往往处于较为边缘的位置。由此，教育社会学在社会学的整个学科体系中也往往处于较为边缘化的位置。当然，也不乏一些社会学家同时也是教育社会学家，如涂尔干、布尔迪厄等。就中国目前的社会学研究来说，教育问题尚未进入社会学的核心视域，对社会治理问题的关注依然是现实中推动社会学研究的最大动力，教育社会学在社会学学科体系中的边缘化是一个不争的事实。

在相对主流的教育社会学研究学者群体中，如下这种对教育社会学的界定一般会被认同：运用社会学的原理与方法对教育现象与问题进行研究。[1] 这样一种对教育社会学的认同的确需要基于较为系统的社会学学术训练，但这对一般从事教育研究的许多人来说又往往是可遇而不可求的。在现实中，有相当多的人会满足于一种对教育社会学的更为宽泛的界定：教育社会学旨在探讨教育与社会之

---

[1]　吴康宁曾对教育社会学做如下界定："教育社会学是主要运用社会学原理与方法对教育现象或教育问题的社会学层面进行'事实'研究的一门学科，是社会学与教育学的中介学科。"（吴康宁：《教育社会学》，20 页，北京，人民教育出版社，1998。）

间的关系(这样一种观念在教育研究者群体中更为普遍),或者说,它从社会的角度思考教育,从教育的角度思考社会。这样理解的"社会"未必与社会学中所谓的"社会"一致,而更多是一种广义的"社会"概念,在其中政治、经济、文化、人口、环境等无所不包。这样一种研究事实上把教育社会学泛化为"教育社会科学",而并不属于较为严格意义上的社会学研究。在教育社会学学科重建初期,由于学科知识基础积累薄弱,并且该学科在对社会学理论的把握方面有先天不足,这样一种关于教育社会学的观念相当普遍,但随着学科建设的进一步发展,这种观念的局限性日益暴露出来,即这样一种研究事实上只能是各个领域研究的大杂烩,或者是整体上的泛泛而论,很难建立起一种真正具有统整性的理论架构,而随着各个相关分支学科(如教育政治学、教育经济学、教育文化学等)的发展,这样一种学科认同必然面临着解体的危机。

### 三、教育社会学发展历程中学科关切重心的演变

中国教育社会学发端于 20 世纪 20 年代,其初衷是"社会学的知识,改良教育"[①],以推动中国社会的进步为己任。在当时,中国教育社会学主要是将社会学的基本原理运用到对教育问题的分析中,以社会学的眼光观察与思考教育,以新的视野认识中国社会的特点,进而反观社会与教育之间的关系,以期推动教育的进步并进而改造社会。当时并没有形成基本的教育社会学学科建制,更多地是凭借一些社会学家对教育问题的热忱关注。教育社会学课程最先主要是在综合性大学的社会学系开设,后来才逐渐进入师范教育的课程之中。

20 世纪 80 年代开始的教育社会学学科重建主要是在师范院校的体制内,将教育社会学作为教育学的一门分支学科而展开的。尽管

---

① 陶孟和:《社会与教育》,9 页,上海,商务印书馆,1922。

高度重视社会学理论运用的重要性，但不能不说，由于在社会学理论方面的先天不足（一方面是由于当时的中国社会学研究本身在理论方面薄弱，另一方面更是因为教育学领域对社会学理论的掌握更为薄弱），当时的教育社会学研究基本主要是在教育基本理论的范畴内展开的（如探讨教育与政治、经济、文化三者之间的关系，以及探讨教育功能等）。当然，即便如此，教育社会学研究相较于一般的教育基本理论研究更为注重社会科学的研究方法、研究规范，尤其更倾向于以"价值中立"的、冷静地事实分析的立场进行研究与立论，从而卓然独立于对事实与价值往往浑然不分的教育学研究。当然，教育社会学研究作为一种学术研究，仅止于进行事实分析的立场是远远不够的，而需要有更深层的理论关怀。对社会学理论的自觉接近以及对国外教育社会学理论的批判性、选择性引入为教育社会学研究提供了理论的滋养，由此为思考教育问题提供了一种全新的、有深度理论支持的视角。

在这样一种重新确立起的教育社会学学科架构之中，我国的教育社会学更多地关注教育与外在社会之间的关联及教育所受到的制约，并展开对学校教育诸具体层面的社会学研究。在教育学的学科架构之内，课程、教学、教师、学生、学校组织乃至宏观层面的教育改革逐渐成为教育社会学关注的重点，教育社会学逐渐形成了一种相对独到的教育理论言说方式。

另外，自 20 世纪 80 年代以来，在社会学的学科架构之内，教育社会学研究也有所发展，但似乎一直处于较为边缘性的位置，很难在社会学的主流研究中获得话语权，一些相关研究主要是围绕"社会分层与教育""农村教育""农民工子女的教育问题"等展开实证性研究。近年来，随着新生代社会学学者理论思维的日渐成熟，教育问题逐渐进入社会学研究的中心视域，研究核心是深度思考社会变革与人的精神素质结构之间的关系，探索教育可能发挥作用的方式，通过重新进入一些经典的社会理论思想家的教育思想世界而获得理论上的灵感，并结合当今中国的社会现实问题而生发出新意。[①] 这样一种研究代表着教育社会学探究的一种方向，与该学科初创时期较为宏大的社会抱负相呼应，在理论探讨方面更为深刻，但尚未形成较为明确的思想体系，并且与学校教育实践尚有较大的距离，这的确与教育学学科架构内的教育社会学研究颇有不同。

### 四、教育社会学研究的基本视域区分

就相对严谨的教育社会学研究（更为自觉地运用社会学的原理与方法的教育社会学研究）而言，其研究视域可大致区分为教育学取向（规范取向）与社会学取向（理论取向）两种研究取向，以及宏观研究与微观研究两种研究层面。

教育学取向的教育社会学研究旨在将社会学研究中内隐的社会价值观，如公正、民主以及关于社会和个体进步的理想等，运用于教育实践之中，并力求运用社会学的分析架构探讨教育问题（个体社会化问题），以期推动教育实践的深度变革。这在宏观层面上体现为基于社会改造理想或社会发展理念对教育所可能发挥作用的论述，在微观层面上则着眼于对个体社会化及其影响因素的分析。这样一种教育学取向的教育社会学研究旨在运用社会学的理论指导教育实践，确定教育行动的规范性指引，因此，又可称为"实践取向"或"规范取向"。在教育社会学学科发展的早期，这样一种取向尤其普遍。在中国教育社会学的学科初创时期，以陶孟和为代表的社会学家寄希望于"社会学的知识，改良教育"[②]所开展的教育社会学研究，以及以雷通群为代表的教育学者以对"个体社会化"问题的关注为核心

---

① 在这方面最具代表性的当数社会学学者渠敬东对相关教育问题的论述，如渠敬东：《现代社会中的人性及教育——以涂尔干社会理论为视角》，上海，上海三联书店，2006，等等。

② 陶孟和：《社会与教育》，9 页，上海，商务印书馆，1922。

所建构起的教育社会学教材体系①，均体现出这样一种相当明显的教育学取向。恢复重建后的教育社会学在相当程度上也带有这样一种特征。

教育学取向的教育社会学研究在发展过程中逐渐融合到对教育学的基本理论探讨之中，逐渐成为教育基本理论的一部分，其原本较为独到的社会学视角在被普遍接受后而有着成为陈词滥调之虞，在这样一个过程中，其与社会学理论的原创性领域会渐行渐远。

社会学取向的教育社会学研究则旨在达成对教育现实的独到解释，运用社会学的视角揭示教育现实背后的隐秘，深入分析教育现实的运行机制与结构脉络。随着相关社会学理论的发展，这样一种研究一次次刷新了人们对相关教育问题的深度认识，并且逐渐形成了较为厚重的教育社会学理论积淀，在教育社会学研究的专业领域具有举足轻重的意义。这样一种研究并不以直接影响教育实践为目的，而是力图阐明教育实践所受到的结构性制约及其具体作用机制。在一定意义上可以说，正是社会学取向的教育社会学研究引领着教育社会学理论发展的方向。但这样一种研究也会时常受到质疑，其相对严谨的理论推理、精确雕琢的概念体系、较为严谨的研究方法，以及对自身理论话语的过度依赖，往往会使其对教育现实的解释有削足适履之虞。这样一种较强的学科规训也拉开了其与日常教育实践的距离，理论性话语相对独立于日常教育实践性话语之外。

宏观层面的教育社会学研究关注的是教育与外在社会之间的结构性关联，从宏观社会的角度审视教育问题，其研究视角可被称为"社会中的教育"。这一层面的教育社会学研究或是基于社会改造的理想及社会发展的趋势探索教育改进之路，或是致力于将教育中的问题与困境置于更为宏大的社会情境与结构脉络中以探寻宏观层面

---

① 雷通群：《教育社会学》，上海，商务印书馆，1933。

上更具说服力的解释（如对社会分层与教育以及对宏观层面上教育公平问题的研究等）。从根本上来说，教育是由社会所规定的，教育中的问题也大都来自教育之外，宏观层面的教育社会学研究也正是在这个意义上被寄予厚望的。

教育社会学研究并不限于宏观层面上的研究，相反，其为了发挥对日常教育实践的影响力需要更多地关注微观层面上的问题，包括课程、教学及学校中的组织制度等诸多层面。教育不仅置身于社会之中，而且其内部也构成一个"小社会"，需要教育社会学研究运用社会学的视角予以省察，这样一种研究视角可被称为"教育中的社会"。教育所力求达成的"个体社会化"效果发生于这样一些真实的微观教育情境之中，宏观社会中的权力与控制也只有渗透在这样一些微观情境中才能发挥作用，这样一种以教育为核心组织起来的"微观社会"也自有其存在的逻辑。教育社会学研究在此方面具有一种独到的洞察力。

起源于19世纪末20世纪初的进步主义相信，教育是实现社会进步的一种重要手段，教育与社会之间存在着积极的、正向的关系。在这种情况下，个体社会化是教育社会学所关注问题的核心，这源于20世纪初生成的进步主义教育哲学。就教育社会学研究来说，这涉及影响个体社会化的各级社会组织与制度架构，从家庭、同伴群体、班级、学校、社区到宗教、政党与国家，以及各类教育内容与教育活动，主要关涉学校课程与教学的领域。对这样一些方面的探讨成为教育社会学服务于教育实践的一种重要形式，可以被看作社会学知识在教育领域中的具体应用，这被广泛运用于正式教师教育课程之中。然而，对这样一些方面的探讨往往停留于较为表浅的理论层面，而逐渐泛化与同化到一般的教育理论探讨之中，逐渐失去社会学研究的独特之处。

### 五、教育社会学的研究旨趣辨析

作为世界范围内教育社会学研究的开山鼻祖，涂尔干曾经区分了教育学与教育科学。在他看来，教育学是一种实践理论，是对人类教育活动的反思，旨在为教育者的活动提供具有指导意义的观念。教育科学则运用科学的方法研究作为一种"社会事实"的"教育事实"，尤其着眼于对教育体系的研究。涂尔干说："在所有教育制度中，也许没有哪一种不与社会制度相类似，教育制度不过是以一种更微小、更简略的形式复制了社会制度的主要特性。"[①]涂尔干所说的科学的方法也就是实证研究方法，包括对现实的研究与对历史的研究。作为一个大社会学家，他所说的教育科学事实上也就是教育社会学。由此，事实研究成为教育社会学研究区别于一般教育学研究的最显著特征。

强调事实研究，旨在让事实本身"说话"，使教育研究从单纯的主观臆断、个人意见与偏好、表面化的意识形态话语中解脱出来。然而，事实研究本身及其所遵循的相对较为严谨的研究方法并非为教育社会学所独有，而理应是所有社会科学研究的共同特征。很多教育社会学研究者奉事实研究为圭臬，致力于对教育现实进行深入系统的呈现与描述，强调研究方法的重要性，主要是采用量化研究方法或质性研究方法展开研究，如关于不同家庭背景学生教育成就差异的大型统计分析，或者关于学校日常生活的深度个案分析。这样一种事实呈现本身的确具有不可否认的重要意义，可以让人们看到凭借日常的观察与体认所不能把握的全局或细节，也可以为学科知识做出累积性贡献。然而，若缺乏有力的理论支撑与理论层面上的总体观照，这样一种研究势必会显得单薄，并只能停留于社会现象的表层。当今整个社会科学研究领域普遍强调严谨的研究方法的重要性，但若缺乏有效的理论依托及深度的理论追求，其势必会陷入"方法论主义"之中。这样一种研究也势必会使教育社会学学科失

---

① ［法］爱弥儿·涂尔干：《教育与社会学》，沈杰译，见《道德教育》，陈光金、沈杰、朱谐汉译，360 页，上海，上海人民出版社，2001。

去自身的独特性。

相对于对事实的描述，教育社会学研究更要致力的是揭示教育事实背后的隐秘，这离不开教育社会学较为独到的理论诉求。所谓揭示教育事实背后的隐秘并非要将教育背后讳莫如深、不便直说的东西公之于众，而是要阐明教育事实的内在"机理"，即探明事实本身的内在构成及其与内外情境之间的结构性关联。这也并非出于窥探、揭露与猎奇的兴趣，而是基于一种理性的认识旨趣。正是借助于理论话语的不断建构与重构，社会学研究才得以不断深入到社会事实的本质深处。教育社会学理论的累积与进步正是以这样一种扎实的理论探索为基础的。

批判取向被很多人看作教育社会学研究的一个重要特征。一般来说，理论研究都建立在对前人认识以及现实问题的批判反思基础之上，因此，一般的理论研究都会具有某种批判特征。但教育社会学研究的批判取向往往更为鲜明，因为它直接指向日常教育现实。这里所说的批判取向并不是主要出于个人情感好恶的任意抨击与否定，而是就理性分析而言的。教育社会学研究中的批判取向可大致区分为两种类型：一种主要是对教育事实背后之"不可告人"的隐秘的揭示，引导人看清教育事实的真相，这相对处于理论研究的表层；另一种则是基于批判理论的分析。批判理论是社会理论研究中的一项重要传统，源于马克思，其当今最重要的代表人物是德国杰出的社会理论家哈贝马斯。在哈贝马斯看来，通过对自我及自我所处的社会关系与文化形态进行反省，个人可以超越对现存境况的依赖，并揭示现有安排中的种种"权力体现"、"受意识形态冻结"的关系以及体制性的扭曲与偏向。[①] 通过自我反省与对现状扭曲的揭示，批

---

① Jürgen Habermas, *Knowledge and Human Interests*, Boston, Beacon Press, 1971, p. 196, p. 310. 转引自曾荣光：《从教育质量到质量教育的议论——香港特区的经验与教训》，载《北京大学教育评论》，2006(1)。

判取向的研究就可以指出现状中可以改变及需要改变的地方。基于批判理论的教育社会学研究致力于对教育中的社会控制与压迫现象进行批判反思，旨在实现教育过程中人的解放。

这样一种研究可以发挥对教育者来说的启蒙与解放作用，有助于突破"正统"教育观念的束缚，提供一种看待教育问题的新的视角。但单纯的批判研究很少能导向积极的实践建构，很难真正引领教育实践的变革。这也使这样一种研究在实践中备受质疑，其所面临的实践困境尤为突出。

一般来说，教育社会学研究往往会将其实践诉求小心地隐藏起来，而以阐明事实为本务。当然，教育社会学研究并不会仅仅停留于理论的建构以达到对现实的揭示与解释，一切理论认识最终都是以实践为归宿的，教育社会学也不例外。解决教育现实中的问题与疑惑永远是教育社会学研究的根本出发点。事实上，很多教育社会学研究者力图影响教育政策或日常教育实践的愿望相当强烈。

然而，教育能够成为"社会学的实验室"吗？教育哲学家杜威曾提出，教育是哲学经受检验的实验室。他的意思是，哲学从根本上来说是关于人的问题的研究，而教育是培养人的实践活动，哲学中关于本体论、认识论、价值论等问题的探讨都可以通过付诸教育行动而得到检验。当我们说"教育是社会学的实验室"时，意思是说，社会学的观念与认识同样可以付诸教育行动并进而得到检验。社会学是一门探讨社会存在及其运行机制的学问，由于社会性是人的根本属性，而教育本身是一种相当重要的社会现象，因此，社会学几乎关涉教育的方方面面。尽管社会学研究一贯奉"事实研究"为圭臬，秉持"价值中立"的立场，但这并不意味着教育社会学研究可以脱离实践的旨趣。教育实践中的困境正是教育社会学理论"经受检验的实验室"。

这尤其体现于教育政策领域及日常教育实践领域。在当今时代，教育政策的制定越来越不可能仅仅凭借历史惯例或领导者的主观意志，而需要经过审慎的反思。社会学研究便建立于对现代社会的系统深刻反思之上，教育政策的制定离不开社会学的视野。另外，在日常的教育实践领域，教育社会学研究也可引导人的认识走向深化。

在当前时期，教育社会学对教育实践的影响的确尚较为微弱。这也是当今教育社会学研究需要认真面对的一个问题。

### 六、重新反思教育社会学的研究主题

我们把教育社会学界定为"运用社会学的原理与方法研究教育现象与问题"时也会面临一种困境，即会遭遇如下问题：社会学的原理事实上有很多，它们是否都能够（或有必要）被运用到对教育问题的研究中来？如果不是，那究竟是社会学的哪些原理可被运用到教育研究中来？如何运用？由谁运用？并且教育现象与问题有很多，它们是否都可以成为教育社会学的研究对象？如果不是，究竟哪些可以成为教育社会学的研究对象？这些问题只涉及一种从研究方式角度的界定，而没有涉及教育社会学研究"问题化"的真正核心。事实上，在不同国家和地区的教育社会学学科发展历程中，教育社会学似乎并非仅仅是将社会学原理在教育研究中简单运用，而是有其内在独到的东西，所关注的也只是特定的教育现象与问题。

在不同的历史时期，教育社会学所关注的主题各有不同，但其研究主旨总会有某种程度上的相似性。英国教育社会学家伯恩斯坦曾这样阐发教育社会学的研究主旨："（教育社会学）研究的基本互动单位是代际关系，其研究的基本内容是在意识的正式构造中发生变化的社会起源与后果（也就是要探讨意识与社会之间的结构性关联），它们试图去理解的基本制度建制是文化传承站（cultural repeater）（学校是现代社会中最基本的文化传承机构）。不论被传承的是什么，甚至是看似不可能的，正式的或有计划的教育关系都是一种至为重要的传承站。互动情境之内容及其制度性表达，以一种简缩的与明晰

的形式，以可见的与不可见的方式，彰显着特定社会的局限性与可能性。活跃在教育的情境、内容以及制度化身中的是权力的分配和社会控制的原则。正因如此，只有从整体社会的视角来看时，教育的安排才是可理解的。"①在这样一种论述中，教育社会学的研究主旨真切可现，因教育在人的意识的形成过程中发挥着特殊的作用，而意识的形成又受制于特定的社会结构与情境脉络，其中贯穿着权力的分配与社会控制的原则，由此，教育社会学研究所着眼的必定是教育实践行动本身（而非脱离于教育实践行动的其他所谓社会性因素），所要致力的也正是教育实践行动的深度变革。

在教育社会学研究中，对教育公平问题的关注似乎始终是一个重要的主题，如在宏观和微观这两个层面对教育机会均等问题的关注。如今，"教育公平"甚至已经成为众多教育社会学研究会议（当然不仅仅是教育社会学研究会议）的"不变主题"甚或"陈词滥调"。然而，这又是一个从理论上永远难以真正解决的问题，教育社会学研究可以将众多不公平的教育事实揭示与呈现出来，但往往仅此而已，或者只不过是代表公众的良知或"处境不利者的视角"呼吁实现更大的教育公平。教育社会学研究若在此方面难以超越基本的"社会常识"，则其对实践的影响也必定是相当有限的。或许，对教育社会学研究来说，更为重要的并不是直接关注教育公平问题本身，而是直接指向对其背后社会制约性因素的分析。

教育社会学研究所要面对的是教育现实中较具根本性的问题与疑惑，如困扰教育改革的体制问题，乃至作为教育之根本的知识与教学的问题等，教育社会学研究理应力求对这些根本性问题做出基于"社会学的想象力"的强有力的解释。然而，在现实中这样一些对教育来说的根本性问题未必会真正进入教育社会学的核心议题之中，

---

① Basil Bernstein, *Class, Codes and Control: Towards a Theory of Educational Transmissions*(vol. Ⅲ), London, Routledge and Kegan Paul, 1975, pp. 159-160.

而往往会被认为是其他学科（诸如教育哲学或心理学）所要关注的。一旦游离于对教育中的根本性问题的关注之外，教育社会学就会成为一门对教育实践乃至教育理论来说可有可无的学科，这是当今教育社会学所面临的最主要的理论困境。

面对种种教育议题，教育社会学需要保持适当的理性张力。教育社会学研究对教育现实的关注并不意味着必定要去追随教育改革话语的潮流而动。涂尔干在分析法国中等教育的历史时曾指出，教育研究往往倾向于过度关注当下发展的前沿议题而忽略对内在根本性问题的探究，他说："正是这种处境，催生出种种夸大、偏颇、片面的教育理论，表现的只是应一时之需和热情一阵的愿望。这样的理论无论如何都不会长久，因为它们很快就会产生出其他理论来矫正、补充和改造它们。"①教育社会学研究则着力于探究作为一种"社会实在"的教育的来龙去脉及其所处的结构性脉络，始终保持一种冷静，也唯有这样一种研究才可能真正具备持久的实践影响力。今天的教育社会学研究依然需要时常回到涂尔干所予以"问题化"的研究主题及其所确立的研究方式上来。

## 第二节　教育社会学学科发展未来展望

贺晓星曾指出，无论是否出于社会学家自身的意愿，一个不争的事实是，社会学在学术研究中正在成为一门显学。它对已以学术为业和将要以学术为业的各类学人，产生着越来越大的影响。教育学的莘莘学子，也从社会学中不断地汲取养分。教育社会学近年来日新月异的发展，就是一个明证。虽然仍有不少人抱有想要立竿见影地解决实际问题的所谓"学以致用"情结，但社会学所倡导的那种

---

① ［法］爱弥尔·涂尔干：《教育思想的演进》，李康译，15 页，上海，上海人民出版社，2003。

在建设社会和改造社会之前首先要透彻地理解社会、解释社会的观念，正逐步深入人心。强调理解和解释的社会学，在方法上怀揣着"基础学科"的蓬勃野心，创造出了许多让人眼花缭乱、目不暇接但也确实颇具魅力的理论与概念。其中的一些关键词尤其具有解释力，使那些即便刚刚苦苦敲开社会学大门的人，也能较深入地理解社会。这些关键词，有的甚至成为社会学的"独门暗器"，使不使用，或使用得是否到位，即刻就能用来判定一个社会学研究者水平的高低，甚至是身份的真伪。[①] 社会学的这种学术概念及其所表征的社会学理论在整个人文社会科学领域产生着重要的辐射作用，教育社会学研究也由此在教育学研究领域中处于基础理论核心地位。

相比于国外教育社会学的发展状况，我国教育社会学自恢复重建以来发展历史较短，尚存在较为明显的差距，因而也有相当大的发展空间。有分析指出，在欧美国家及日本，教育社会学已取得了长足的进步，获得了较高的学科地位。日本教育社会学学会在 2012 年时会员数已超过 3000 人，在学术研究和实践贡献这两方面都取得了相当大的成就；美国教育社会学会的注册会员数在美国社会学会众多分会中也处于领先位置。[②] 英国的教育社会学研究则拥有较为深厚的学术积淀，虽历经转型但至今依然产生着重要的学术影响。

就中国教育社会学的发展来说，它需要在学科制度、理论创新及应用研究方面寻求更大的突破。

## 一、教育社会学学科制度发展展望

中国教育社会学自恢复重建以来，至 20 世纪 90 年代已初步形成了较为完备的学科制度建制。这主要体现在以下几个方面：首先

---

[①] 贺晓星：《叙事资本：对教育社会史、生活史研究的一种深度理解》，载《高等教育研究》，2013(3)。

[②] 贺晓星：《叙事资本：对教育社会史、生活史研究的一种深度理解》，载《高等教育研究》，2013(3)。

是教育社会学的课程建设，先是本科生课程建设，然后是研究生课程建设。与这样一种课程建设相对应的是教育社会学的教材和参考读物的建设，以及一支相对稳定的教师队伍的形成。其次是教育社会学的专业建设，由于教育社会学不可能作为一种本科专业而设立，教育社会学的专业建设主要是在研究生阶段，包括硕士和博士两个阶段，此外，博士后流动站中也设有教育社会学方向。再次是教育社会学的专业学会建设。在 20 世纪 90 年代初，中国教育学会和中国社会学会下分别成立了教育社会学专业学会，二者相互独立，经过 20 多年的发展，都在发展壮大，其中尤以归属于中国教育学会的教育社会学专业委员会发展更为稳定，并呈加速发展之势。中国教育学会教育社会学专业委员会至 2018 年举办第十五届学术年会时，其参会人员已达 300 人。但这相较于欧美国家及日本的教育社会学专业学会的规模来说，还是非常之小。最后是教育社会学专业刊物的出版发行。中国教育社会学自恢复重建以来，尽管在专业著作的出版方面已有长足的发展，但非常遗憾的是，直到现在依然没有教育社会学专业刊物的出版发行，只有两个专业学会各自内部的"教育社会学简讯（通讯）"不定期印制，但时断时续，并只限于信息简讯，非正式出版。教育社会学专业刊物的付之阙如固然与我国教育社会学的学术地位有关，从学科归属来看，教育社会学目前只是教育学一级学科目录中教育学原理二级学科下面的三级学科，中国教育学会教育社会学专业委员会也只属于三级学会，这无形中给专业刊物的申办增加了困难。这样一种专业刊物的缺乏也在一定意义上是由对教育社会学的专业认同模糊所致。

中国教育社会学在学科制度建设方面的发展，目前来看，最为急迫的主要有两个方面，一是在学科制度体系中教育社会学学科地位的进一步提高，二是专业刊物的创刊发行。

在学科制度体系中教育社会学学科地位的提高，意味着教育社会学学者需要重新认识并定位教育社会学与其他相关学科之间的关系，并形成较为广泛的共识。对整个教育学科群来说，教育社会学是一种基础理论性的学科，为许多相关学科提供基础性的理论视野与研究方法论，渗透到相关学科之中，如教育管理学、教育经济学、课程与教学论、比较教育研究、教育发展战略研究等。这也意味着教育社会学理应具有更大的辐射带动力量，而非屈居于比其相关学科更为下位的位置。其他国家与地区教育社会学的繁荣发展，与教育社会学被赋予较高的学科地位不无关系。

教育社会学专业刊物的创刊发行，对引领教育社会学的研究与学科发展方向、形塑教育社会学的学科认同将会产生重要的作用。纵观欧美国家及日本的一些教育社会学专业期刊，它们一般都拥有较为重要的专业学术地位，可以为我们提供一些具有借鉴性、启发性的观念。

## 二、教育社会学的学术自觉与理论建构

对中国教育社会学的发展来说，不论是最初的创建还是后来的重建与发展，国外的教育社会学研究状况始终提供了一种相当重要的参照，或者说，教育社会学最初是作为"舶来品"引入中国的，因此，它始终面对着中国社会语境中的本土化问题。所谓本土化是指针对中国的具体问题开展研究，并形成与中国社会文化语境相适切的理论话语体系，使之能有机融入中国的社会现实与学术传统之中，并实现创新性发展。当然，对教育社会学来说，这样一种本土化是建立在对教育社会学学科特质的准确把握基础之上的，而这样一种学科特质理应具有国际共通性，至少存在着对话与建构共识的空间。对教育社会学学科特质的界定与把握首先来自获得广泛认同的经典研究范式，舍此，单凭对教育社会学的望文生义而建构所谓的理论体系，无异于"闭门造车"。教育社会学在中国的本土化发展首先源于面对复杂教育问题做出理解与判断的迫切现实需要，而非仅仅出

于学科建设自身的需要。理论研究的目的在于就所面对的复杂现实做出具有深度的解释，借助理论概念所提供的视野穿透现实表层的迷雾，促进对日常现实的深度理解与透彻把握。中国教育社会学的本土化历程也就是关于中国教育现实的解释被持续推进的过程。中国的现代化发展历程是世界范围内现代化发展历程的一部分，既体现着中国社会的独特性，又具备世界范围内现代化发展的普遍特征。如今，中国的现代化进程已站在新的起点上，现代化并不意味着西方化，而是在不同国家和地区间的联系日益紧密的格局中寻求自身的主体性空间。对学术研究来说，则意味着唯有真正立足本土的，才可能是真正具有世界意义的，从而才能够在全球学术话语体系中确立自身的身份认同。也正是站在这样一个高度上，我们更能看到对中国教育社会学学科发展历程进行反思的必要性及现实意义。所谓"本土化"事实上是普遍性学术话语在本土语境中的表达，离开了普遍性学术话语体系，也就无本土化可言。所谓"本土化"暗含着对真实性、原创性和普遍性的宣称，也正是在这个意义上，只有"本土的"才是"世界的"。换句话说，所谓本土化并不是对国外学术研究予以忽略与排斥，而是寻求积极的理解与对话。也正是在这样一种意义上，谈论教育社会学研究的本土化问题才具有真正的价值。

　　在对中国教育社会学学科发展的反思与评论中，有人曾提出所谓的"中国传统教育社会学思想的创造性转换"问题，如郑金洲曾认为："当检视重建以来的教育社会学研究时，会很轻易地发现，在洋洋洒洒的几千多篇论文、30多部专（编）著组成的'著述方阵'中几乎找不到传统学科思想史和近代学科史的影子。这种'民族虚无主义'研究状况值得高度重视。教育社会学研究者不仅要补外国的教育社会学课，还要补中国传统的课，补中国传统的教育社会学思想的课，并对传统文本持一种解释学意义上的'同情理解'，耐心地倾听它们的诉说，并在此基础上努力实现传统的创造性转化。由此才能建立

'中国教育社会学'。"①这样一种观点体现了一种较为浓厚的"中国传统"情结，但却忽视了一个重要的学科发展事实，即社会学起始于对现代性的反思，是进入现代社会以后的产物，教育社会学同样如此。由此看来，到传统思想中去寻求教育社会学思想，难免有缘木求鱼之感。对中国教育社会学的本土化来说，更重要的是，针对中国教育的具体问题开展研究，并在与经典教育社会学理论对话的基础上形成较为独到的理论话语体系。

中国教育社会学研究的队伍已日益壮大，随着教育问题越来越多地成为重要的社会议题，教育社会学研究也越来越受到社会关注。中国教育社会学学科发展的真正成熟并不仅仅体现在学科发展条件的完备上，更体现为中国教育社会学实现真正的学术自觉与具有中国本土特色的学术话语体系建构。纵观国外曾产生过重要影响的教育社会学理论流派，它们要么立足于推动学校教育实践的变革，如新教育社会学、批判教育社会学等；要么致力于对教育制度或教育政策的阐释，如在美国产生重要影响的新制度主义教育社会学、在英国等产生重要影响的教育政策社会学等。中国教育社会学的发展呼唤着本土教育社会学的学术自觉与理论建构。

吴康宁在对我国教育社会学 1979—2008 年的发展进行回顾时，将我国教育社会学学科重建以来的学术研究进展分为三大阶段：学科概论性研究为主，分支领域性研究为辅（70 年代末至 80 年代中期）；学科概论性研究与分支领域性研究齐头并进（80 年代后期至 90 年代中期）；分支领域性研究为主，学科概论性研究为辅（90 年代后期开始）。他指出，进入 21 世纪后的我国教育社会学逐渐呈现出这样一种态势，即一方面努力开拓新的分支领域，另一方面则尝试不同分支领域之间的贯通与融合，力求实现"从强分支领域到弱分支领

---

① 郑金洲：《中国教育学 60 年（1949—2009）》，140 页，上海，华东师范大学出版社，2009。

域""从有分支领域到无分支领域"的转换。① 今天看来，中国教育社会学的进一步发展，将迎来理论研究范式的创新。

### 三、教育社会学应用研究的展开

教育社会学研究的生命力一方面在于基础理论研究的创新，另一方面在于面向具体教育问题的应用研究的展开。二者使得教育社会学研究所特有的解释力得以发挥来为宏观层面或微观层面具体教育问题的解决探明方向。当然，教育社会学的理论研究与应用研究经常是密切联系在一起的。应用研究主要体现为对现实教育问题的关注与敏锐把握，这必定需要建立在理论研究的基础之上，并会由此带来理论研究的创新。

教育社会学应用研究是对现实中受到普遍关注的教育问题的积极回应。这样的现实问题也往往会涉及教育社会学理论探讨的一些根本性问题。就我国当前状况来看，后者突出体现为以下几个具体问题。

一是当今备受关注的教育与社会地位再生产的关系问题，在一定意义上也可以说是教育公平问题。这不仅与学校教育有关，而且与家庭因素尤其是家庭教养方式直接关联。学校育人方式与家庭教养方式中蕴藏着现代社会实现再生产的内在密码。这是教育社会学研究中的一个基本理论问题，也是社会大众普遍关注的现实问题。

二是学校教育实践变革问题。从根本上来说，一切理论认识都是以实践为起点与最终归宿的，教育社会学研究也不例外。一般来说，教育社会学研究以阐明事实为本务，而其实践诉求往往会小心地隐藏起来，但这并不意味着教育社会学可以超然于实践诉求之外。解决现实教育实践中的问题与疑惑永远是教育社会学研究的根本出

---

① 吴康宁：《我国教育社会学的三十年发展(1979—2008)》，载《华东师范大学学报(教育科学版)》，2009(2)。

发点，教育社会学研究同样离不开强烈的实践诉求的驱动。当然，研究的实践指向并非意味着所要从事的是一种规范性研究，也就是说，研究并非旨在提出用于指导教育实践的规范，而是指向教育实践行动的事实性研究。教育社会学研究所要面对的是教育实践行动中较具根本性的问题与疑惑，如教育实践行动所处的结构化社会脉络，教育实践形态的形成与演变，以及作为教育实践之根本的教育知识的组织、传授与评价等。教育社会学研究理应力求对这些根本性问题做出以社会学的想象力为基础的强有力的解释，旨在达成对教育实践行动的深度理解。一旦游离于对教育实践行动中根本性问题的关注之外，教育社会学就会成为一门对教育实践乃至教育理论来说可有可无的学科，这是当今教育社会学所面临的最主要的理论困境。当今，学校教育实践变革正可谓"如火如荼"地展开，其中很多方面的问题都需要教育社会学研究做出强有力的回应，如基础教育课程改革的深入推进急需社会学研究的参与，学校中的教育教学变革也需要借助教育社会学的研究方式才能得以更为深入地推进，此外，学校制度建设问题乃至教师专业发展等问题也都需要教育社会学研究的真正参与。

三是教育政策研究的积极介入问题。教育政策的制定与实施是教育社会学研究可以发挥作用的一个重要领域，我国既往的教育社会学研究在此方面的关注与投入还相当不够。放眼国外，欧美很多国家的教育政策社会学研究已发展成为教育社会学研究的一个重要部分，并对教育政策的制定与实施产生影响。中国教育社会学在这方面的研究还需被大力推进。这也是教育社会学应用研究的一个重要领域。

今天的教育社会学研究已日益呈现出繁荣发展之势，社会学已经成为理解当今教育问题的一个不可或缺的重要视角，新的教育社会学研究的发展趋向已初露端倪，中国教育社会学学科正步入一个新的时代。

# 主要参考文献

[1]陶孟和：《社会与教育》，上海，商务印书馆，1922。

[2]雷通群：《教育社会学》，上海，商务印书馆，1931。

[3]裴时英：《教育社会学概论》，天津，南开大学出版社，1986。

[4]桂万宏、苏玉兰：《教育社会学》，天津，天津人民出版社，1987。

[5]刘慧珍：《教育社会学》，沈阳，辽宁教育出版社，1988。

[6]卫道治、沈煜峰：《人·关系·文化——教育社会学观略》，长沙，湖南教育出版社，1988。

[7]张人杰：《国外教育社会学基本文选》，上海，华东师范大学出版社，1989。

[8]厉以贤、毕诚：《教育社会学引论》，哈尔滨，黑龙江教育出版社，1989。

[9]瞿葆奎：《教育与社会发展》，北京，人民教育出版社，1989。

[10]鲁洁：《教育社会学》，北京，人民教育出版社，1990。

[11]董泽芳：《教育社会学》，武汉，华中师范大学出版社，1990。

[12]唐迅：《班级社会学引论》，南京，南京大学出版社，1990。

[13]吴铎、张人杰：《教育与社会》，北京，中国科学技术出版社，1991。

[14]金一鸣：《教育社会学》，南京，江苏教育出版社，1992。

[15]张人杰：《教育大辞典·教育社会学分册》，上海，上海教育出版社，1992。

[16]厉以贤：《西方教育社会学文选》，台北，五南图书出版公司，1992。

[17]吴立德：《班级社会学概论》，成都，四川大学出版社，1996。

[18]傅松涛：《教育社会学新论》，保定，河北大学出版社，1997。

［19］鲁洁：《德育社会学》，福州，福建教育出版社，1998。

［20］吴康宁：《教育社会学》，北京，人民教育出版社，1998。

［21］马和民、高旭平：《教育社会学研究》，上海，上海教育出版社，1998。

［22］刘佛年：《刘佛年学述》，杭州，浙江人民出版社，1999。

［23］李书磊：《村落中的"国家"——文化变迁中的乡村学校》，杭州，浙江人民出版社，1999。

［24］董泽芳、沈百福：《百川归海——教育分流研究与国民教育分流意向调查》，武汉，华中师范大学出版社，1999。

［25］吴康宁：《课堂教学社会学》，南京，南京师范大学出版社，1999。

［26］吴永军：《课程社会学》，南京，南京师范大学出版社，1999。

［27］缪建东：《家庭教育社会学》，南京，南京师范大学出版社，1999。

［28］刘晶波：《社会学视野下的师幼互动行为研究——我在幼儿园里看到了什么》，南京，南京师范大学出版社，1999。

［29］马戎、龙山：《中国农村教育发展的区域差异：24 县调查》，福州，福建教育出版社，2000。

［30］刘云杉：《学校生活社会学》，南京，南京师范大学出版社，2000。

［31］谢维和：《教育活动的社会学分析——一种教育社会学的研究》，北京，教育科学出版社，2000。

［32］金一鸣：《教育社会学》（新世纪版），南京，江苏教育出版社，2000。

［33］关颖：《社会学视野中的家庭教育》，天津，天津社会科学院出版社，2000。

［34］钱扑：《教育社会学的理论与实践》，南宁，广西教育出版社，2001。

［35］顾建军：《教育与反贫困》，北京，人民出版社，2001。

［36］马和民：《新编教育社会学》，上海，华东师范大学出版社，2002。

［37］马和民、吴瑞君：《网络社会与学校教育》，上海，上海教育出版社，2002。

［38］张德祥、周润智：《高等教育社会学》，北京，高等教育出版社，2002。

［39］叶澜：《中国教育学科年度发展报告》（2001、2002、2003、2004、2005），上海，上海教育出版社，2002、2003、2004、2006、2007。

[40]吴刚：《知识演化与社会控制——中国教育知识史的比较社会学分析》，北京，教育科学出版社，2002。

[41]杨东平：《艰难的日出——中国现代教育的20世纪》，上海，文汇出版社，2003。

[42]马维娜：《局外生存：相遇在学校场域》，北京，北京师范大学出版社，2003。

[43]张行涛：《必要的乌托邦：考选世界的社会学研究》，北京，北京师范大学出版社，2003。

[44]郭华：《静悄悄的革命：日常教学生活的社会构建》，北京，北京师范大学出版社，2003。

[45]张义兵：《逃出束缚："赛博教育"的社会学解读》，北京，北京师范大学出版社，2003。

[46]王有升：《理想的限度：学校教育的现实建构》，北京，北京师范大学出版社，2003。

[47]翁文艳：《教育公平与学校选择制度》，北京，北京师范大学出版社，2003。

[48]瞿葆奎：《教育学的探究》，北京，人民教育出版社，2004。

[49]吴康宁：《课程社会学研究》（新世纪版），南京，江苏教育出版社，2004。

[50]钱民辉：《教育社会学——现代性的思考与建构》，北京，北京大学出版社，2004。

[51]杨昌勇：《新教育社会学：连续与断裂的学术历程》，北京，中国社会科学出版社，2004。

[52]余秀兰：《中国教育的城乡差异——一种文化再生产现象的分析》，北京，教育科学出版社，2004。

[53]侯定凯：《高等教育社会学》，桂林，广西师范大学出版社，2004。

[54]刘精明等：《转型时期中国社会教育》，沈阳，辽宁教育出版社，2004。

[55]郑新蓉：《性别与教育》，北京，教育科学出版社，2005。

[56]魏曼华等：《当代社会问题与青少年成长》，福州，福建教育出版

社，2005。

[57]杨昌勇、郑淮：《教育社会学》，广州，广东人民出版社，2005。

[58]楚江亭：《真理的终结：科学课程的社会学释义》，北京，北京师范大学出版社，2005。

[59]齐学红：《走在回家的路上——学校生活中的个人知识》，北京，北京师范大学出版社，2005。

[60]周润智：《力量就是知识——教师职业文化的生产与再生产》，北京，北京师范大学出版社，2005。

[61]刘精明：《国家、社会阶层与教育：教育获得的社会学研究》，北京，中国人民大学出版社，2005。

[62]杨东平：《中国教育公平的理想与现实》，北京，北京大学出版社，2006。

[63]渠敬东：《现代社会中的人性及教育——以涂尔干社会理论为视角》，上海，上海三联书店，2006。

[64]马和民：《从"仁"到"人"：社会化危机及其出路》，北京，北京师范大学出版社，2006。

[65]刘云杉：《从启蒙者到专业人：中国现代化历程中教师角色演变》，北京，北京师范大学出版社，2006。

[66]胡金平：《学术与政治之间的角色困顿——大学教师的社会学研究》，南京，南京师范大学出版社，2006。

[67]庄西真：《国家的限度："制度化"学校的社会逻辑》，南京，南京师范大学出版社，2006。

[68]杨跃：《匿名权威与文化焦虑——大众培训的社会学研究》，南京，南京师范大学出版社，2006。

[69]周宗伟：《高贵与卑贱的距离——学校文化的社会学研究》，南京，南京师范大学出版社，2006。

[70]刘生全：《论教育批评》，北京，教育科学出版社，2006。

[71]杨学为、廖平胜：《考试社会学问题研究》，武汉，华中师范大学出版社，2006。

[72]王有升：《理念的力量：基于教育社会学的思考》，北京，教育科学出版社，2007。

[73]陈振中等：《社会学语境中的教育弱势现象》，桂林，广西师范大学出版社，2007。

[74]闫旭蕾：《教育中的"肉"与"灵"——身体社会学研究》，南京，南京师范大学出版社，2007。

[75]彭拥军：《高等教育与农村社会流动》，北京，中国人民大学出版社，2007。

[76]蒋国河：《教育获得的城乡差异》，北京，知识产权出版社，2007。

[77]何爱霞：《成人教育社会学研究》，青岛，中国海洋大学出版社，2007。

[78]谢维和、李乐夫、孙凤等：《中国的教育公平与教育发展(1990—2005)——关于教育公平的一种新的理论假设及其初步证明》，北京，教育科学出版社，2008。

[79]刘成斌、吴新慧：《留守与流动——农民工子女的教育选择》，上海，上海交通大学出版社，2008。

[80]高水红：《共用知识空间：新课程改革行动案例研究》，南京，南京师范大学出版社，2008。

[81]程天君：《"接班人"的诞生——学校中的政治仪式考察》，南京，南京师范大学出版社，2008。

[82]刘猛：《意识形态与中国教育学：走向一种教育学的社会学研究》，南京，南京师范大学出版社，2008。

[83]吴康宁：《教育与社会：实践　反思　建构——博士沙龙百期集萃》，桂林，广西师范大学出版社，2008。

[84]吴康宁：《转向教育的背后——吴康宁教育讲演录》，上海，华东师范大学出版社，2008。

[85]熊秉真：《童年忆往》，桂林，广西师范大学出版社，2008。

[86]钱民辉：《多元文化与现代性教育之关系研究——教育人类学的视野与田野工作》，北京，民族出版社，2008。

[87]王清连、张社字等：《职业教育社会学》，北京，教育科学出版社，2008。

[88]石艳：《我们的"异托邦"——学校空间社会学研究》，南京，南京师范大学出版社，2009。

[89]董泽芳：《教育社会学》(修订本)，武汉，华中师范大学出版社，2009。

[90]马和民：《新编教育社会学》(第 2 版)，上海，华东师范大学出版社，2009。

[91]郑金洲：《中国教育学 60 年(1949—2009)》，上海，华东师范大学出版社，2009。

[92]司洪昌：《嵌入村庄的学校：仁村教育的历史人类学探究》，北京，教育科学出版社，2009。

[93]谭光鼎、王丽云：《教育社会学：人物与思想》，上海，华东师范大学出版社，2009。

[94]张人杰：《国外教育社会学基本文选》(修订版)，上海，华东师范大学出版社，2009。

[95]厉以贤：《教育·社会·人：厉以贤教育文集》，北京，人民教育出版社，2010。

[96]钱民辉：《教育社会学概论》，北京，北京大学出版社，2010。

[97]徐瑞、刘慧珍：《教育社会学》，北京，北京师范大学出版社，2010。

[98]王海英：《常识的颠覆：学前教育市场化改革的社会学研究》，桂林，广西师范大学出版社，2010。

[99]彭拥军：《精英的合法性危机：高等教育改革的社会学研究》，桂林，广西师范大学出版社，2011。

[100]马维娜：《集体性知识：中国教育改革的社会学解释》，桂林，广西师范大学出版社，2011。

[101]齐学红：《在生活化的旗帜下：学校道德教育改革的社会学研究》，桂林，广西师范大学出版社，2011。

[102]杨跃：《"教师教育"的诞生：教师培养权变迁的社会学研究》，桂林，广西师范大学出版社，2011。

[103]胡春光：《规训与抗拒：教育社会学视野中的学校生活》，武汉，华中师范大学出版社，2011。

[104]吴刚：《教育社会学的前沿议题》，上海，上海教育出版社，2011。

[105]刘生全：《教育成层研究》，北京，教育科学出版社，2011。

[106]贺晓星：《教育·文本·弱势群体——社会学的探索》，北京，中国社会科学出版社，2012。

[107]熊春文：《中国教育精神的现代转型——民初教育民主主义思想的知识社会学研究》，北京，中国人民大学出版社，2012。

[108]苏尚锋：《学校空间论》，北京，教育科学出版社，2012。

[109]王晋：《一个称作单位的学校——基于对晋东 M 中学的实地调研》，南京，南京师范大学出版社，2012。

[110]周元宽：《情境逻辑》，桂林，广西师范大学出版社，2012。

[111]李锐 等：《农村教育的社会学研究》，北京，中国社会科学出版社，2013。

[112]钱民辉：《教育社会学研究：学科·学理·学术》，北京，社会科学文献出版社，2014。

[113]关颖：《家庭教育社会学》，北京，教育科学出版社，2014。

[114]朱洵：《西方教育社会学近著导读》，北京，社会科学文献出版社，2015。

[115]吴康宁：《教育改革的"中国问题"》，南京，南京师范大学出版社，2015。

[116]王海英：《学前教育社会学》，北京，北京师范大学出版社，2015。

[117]钱民辉：《教育社会学专题研究选集：社会学视野中的教育与现代性》，北京，人民日报出版社，2016。

[118]胡金平：《教育与社会：阅读、思考、对话(2009—2012)》，南京，南京师范大学出版社，2016。

[119]贺晓星：《教育与社会：学科、记忆、梦想(2007—2012)》，南京，南京师范大学出版社，2016。

[120]高水红：《社会学视角下的中国教育改革》，北京，教育科学出版社，2016。

[121]黄庭康：《批判教育社会学九讲》，北京，社会科学文献出版

社，2017。

[122]钱民辉：《教育社会学概论》（第 4 版），北京，北京大学出版社，2017。

[123]许甜：《从社会建构主义到社会实在论：麦克·扬教育思想转向研究》，北京，清华大学出版社，2018。

[124][苏联]Φ. P. 费里波夫：《教育社会学》，李振雷、徐景陵译，上海，华东师范大学出版社，1985。

[125][英]戴维·布莱克莱吉、[英]巴里·亨特：《当代教育社会学流派——对教育的社会学解释》，王波、陈方明、胡萍译，北京，春秋出版社，1989。

[126][日]友田泰正：《日本教育社会学》，于仁兰译，北京，春秋出版社，1989。

[127][美]珍妮·H. 巴兰坦：《美国教育社会学》，李舒驰、刘慧珍、杨京梅译，北京，春秋出版社，1989。

[128][美]S. 鲍尔斯、[美]H. 金蒂斯：《美国：经济生活与教育改革》，王佩雄等译，上海，上海教育出版社，1990。

[129][日]片冈德雄：《班级社会学》，贺晓星译，北京，北京教育出版社，1993。

[130][巴西]保罗·弗莱雷：《被压迫者教育学》（30 周年纪念版），顾建新、赵友华、何曙荣译，上海，华东师范大学出版社，2001。

[131][美]迈克尔·W. 阿普尔：《意识形态与课程》，黄忠敬译，上海，华东师范大学出版社，2001。

[132][英]艾沃·F. 古德森：《环境教育的诞生：英国学校课程社会史的个案研究》，贺晓星、仲鑫译，上海，华东师范大学出版社，2001。

[133][法]P. 布尔迪约、[法]J.-C. 帕斯隆：《再生产——一种教育系统理论的要点》，邢克超译，北京，商务印书馆，2002。

[134][美]亨利·A. 吉罗克斯，《跨越边界——文化工作者与教育政治学》，刘惠珍、张弛、黄宇红译，上海，华东师范大学出版社，2002。

[135][英]麦克·F.D. 扬：《知识与控制——教育社会学新探》，谢维和、

朱旭东译，上海，华东师范大学出版社，2002。

[136][英]麦克·扬：《未来的课程》，谢维和、王晓阳等译，上海，华东师范大学出版社，2003。

[137][英]杰夫·惠迪、[英]萨莉·鲍尔、[英]大卫·哈尔平：《教育中的放权与择校：学校、政府和市场》，马忠虎译，北京，教育科学出版社，2003。

[138][英]斯蒂芬·鲍尔：《政治与教育政策制定——政策社会学探索》，王玉秋、孙益译，上海，华东师范大学出版社，2003。

[139][法]爱弥尔·涂尔干：《教育思想的演进》，李康译，上海，上海人民出版社，2003。

[140][美]莫琳·T.哈里楠：《教育社会学手册》，傅松涛、孙岳、谭斌等译，上海，华东师范大学出版社，2004。

[141][美]迈克尔·阿普尔：《官方知识——保守时代的民主教育》，曲囡囡、刘明堂译，上海，华东师范大学出版社，2004。

[142][美]M.阿普尔、[美]L.克丽斯蒂安-史密斯：《教科书政治学》，侯定凯译，上海，华东师范大学出版社，2005。

[143][美]唐娜·伊·玛茜、[美]帕特里克·杰·麦奎兰：《学校和课堂中的改革与抗拒：基础学校联合体的一项人种志考察》，白芸等译，上海，华东师范大学出版社，2005。

[144][美]珍妮·H.巴兰坦：《教育社会学：一种系统分析法》（第5版），朱志勇、范晓慧主译，南京，江苏教育出版社，2005。

[145][美]约翰·I.古得莱得：《一个称作学校的地方》，苏智欣、胡玲、陈建华译，上海，华东师范大学出版社，2006。

[146][美]W.阿普尔等：《国家与知识政治》，黄忠敬、刘世清、王琴译，上海，华东师范大学出版社，2007。

[147][美]迈克尔·W.阿普尔：《被压迫者的声音》，罗燕、钟南等译，上海，华东师范大学出版社，2008。

[148][美]迈克尔·W.阿普尔：《教育与权力》，曲囡囡、刘明堂译，上海，华东师范大学出版社，2008。

[149][美]迈克尔·W.阿普尔：《教育的"正确"之路——市场、标准、上

帝和不平等》（第 2 版），黄忠敬、吴晋婷译，上海，华东师范大学出版
社，2008。

　　［150］［美］亨利・A. 吉鲁：《教师作为知识分子——迈向批判教育学》，朱
红文译，北京，教育科学出版社，2008。

　　［151］［美］丹尼尔・U. 莱文、［美］瑞依娜・F. 莱文：《教育社会学》（第 9
版），郭锋、黄雯、郭菲译，北京，中国人民大学出版社，2010。

　　［152］［澳］L. J. 萨哈：《教育社会学》，刘慧珍译审，重庆，西南师范大学
出版社，2011。

　　［153］［加拿大］雷蒙德・艾伦・蒙罗、［美］卡洛斯・阿尔伯特・托雷斯：
《社会理论与教育：社会与文化再生产理论批判》，宇文利译，上海，上海人民
出版社，2012。

　　［154］［英］保罗・威利斯：《学做工：工人阶级子弟为何继承父业》，秘舒、
凌旻华译，南京，译林出版社，2013。

　　［155］［美］迈克尔・W. 阿普尔：《教育能够改变社会吗?》，王占魁译，上
海，华东师范大学出版社，2014。

　　［156］［英］巴兹尔・伯恩斯坦：《教育、符号控制与认同》，王小凤、王聪
聪、李京等译，北京，中国人民大学出版社，2016。

　　［157］［美］伊万・伊利奇：《去学校化社会》，吴康宁译，北京，中国轻工业
出版社，2017。

　　［158］［美］安妮特・拉鲁：《不平等的童年：阶级、种族与家庭生活》（第 2
版），宋爽、张旭译，北京，北京大学出版社，2018。

　　［159］［美］兰德尔・柯林斯：《文凭社会：教育与分层的历史社会学》，刘冉
译，北京，北京大学出版社，2018。

　　［160］张人杰：《教育科学中的几个新领域》，载《教育研究》，1979(3)。

　　［161］《教育社会学的发展》，钟启泉译述，载《外国教育资料》，1979(3)。

　　［162］［法］阿兰・格拉：《教育社会学的四个研究趋向》，张人杰译，载《外国教
育资料》，1979(3)。

　　［163］马骥雄：《"教育成层论"简介》，载《外国教育资料》，1979(4)。

　　［164］刘佛年：《三十年来我国对教育规律的探索》，载《教育研究》，1979(4)。

[165]苏国勋：《苏联教育社会学研究简介》，载《教育研究》，1982(4)。

[166]鲁洁：《创建马克思主义的教育社会学刍议》，载《南京师院学报(哲学社会科学版)》，1983(1)。

[167]厉以贤：《试谈教育社会学的学科性质和研究对象》，载《北京师范大学学报(社会科学版)》，1985(2)。

[168]吴康宁：《当今欧美教育社会学三大学派》，载《教育研究》，1986(9)。

[169]厉以贤、刘慧珍：《教育社会学的复兴与发展》，载《教育研究》，1989(1)。

[170]沈剑平、瞿葆奎：《四十多年来对教育的社会属性和职能的探讨》，载《华东师范大学学报(教育科学版)》，1991(1)。

[171]张人杰：《中国大陆教育社会学的二十年建设(1979——2000年)》，载《华东师范大学学报(教育科学版)》，2001(2)。

[172]杨昌勇、李长伟：《中国大陆教育社会学三十年停滞沉沦之反思》，载《教育理论与实践》，2003(1)。

[173]李长伟、杨昌勇：《20世纪中国大陆教育社会学的回顾》，载《河北师范大学学报(教育科学版)》，2003(5)。

[174]马和民、何芳：《中国教育社会学面临的问题及取舍》，载《教育研究与实验》，2007(1)。

[175]董泽芳、张国强：《我国大陆教育社会学研究的特点与演变(1979—2005)——基于对教育社会学重建以来概论性著作的文本分析》，载《高等教育研究》，2007(7)。

[176]侯怀银、王晋：《20世纪中国学者对教育社会学学科建设的探索》，载《华东师范大学学报(教育科学版)》，2008(3)。

[177]闫广芬、衷庆辉：《中国教育社会学的发端：一种知识社会学的视角》，载《河北师范大学学报(教育科学版)》，2008(5)。

[178]刘精明、张丽：《改革开放三十年来我国教育社会学的发展》，载《清华大学教育研究》，2008(6)。

[179]吴康宁：《当前我国教育社会学发展的三个基本问题》，载《教育研究与实验》，2008(6)。

[180]吴康宁：《我国教育社会学的三十年发展(1979—2008)》，载《华东师

范大学学报(教育科学版)》，2009(2)。

[181]钱民辉：《中国教育社会学研究的最新动向及评述》，载《北京大学学报(哲学社会科学版)》，2009(3)。

[182]吴康宁：《教育改革社会学研究的兴起及发展路向》，载《教育研究与实验》，2009(6)。

[183]闫引堂：《教育社会学中的新制度学派：基于问题史的研究》，载《北京大学教育评论》，2011(2)。

[184]程天君：《中国教育社会学"学科论"百年概要》，载《北京大学教育评论》，2011(4)。

[185]贺晓星：《表层分析宣言：教育社会理论的文学张力》，载《教育学报》，2012(6)。

[186]周勇：《理论建构、学术共同体与社会基础——当代中国教育社会学的前沿进展反思》，载《教育学术月刊》，2013(1)。

[187]贺晓星：《叙事资本：对教育社会史、生活史研究的一种深度理解》，载《高等教育研究》，2013(3)。

[188]钱民辉：《从研究问题看教育社会学的话语实践与解说体系》，载《清华大学教育研究》，2016(6)。

[189]杜亮：《改革开放 40 年中国教育社会学学科发展》，中国教育学会教育社会学专业委员会第十五届学术年会会议论文，南京，2018。

[190]Basil Bernstein, *Class, Codes and Control：Towards a Theory of Educational Transmissions*(vol. Ⅲ), London，Routledge and Kegan Paul，1975.

[191] Stephen J. Ball, "The Sociology of Education：A Disputational Account,"in *The Sociology of Education：Major Themes*, London and New York，RoutledgeFalmer，2000，General Introduction xxxi.

[192]Roger Dale, "Shaping the Sociology of Education over Half-a-Century,"in *Sociology of Education Today*, ed. Jack Demaine，Hampshire and New York，Palgrave Publishers Ltd.

# 附　录
# 学科发展大事记

## 一、教育社会学学科恢复重建大事记

1979 年 3 月，全国哲学社会科学规划会议筹备处在北京举行社会学座谈会，并成立了中国社会学研究会。这标志着社会学以及与社会学有关的学科在中国开始正式恢复与重建。

1979 年，《教育研究》第 3 期刊登了张人杰的《教育科学中的几个新领域》一文，《外国教育资料》第 3 期刊登了钟启泉译述的《教育社会学的发展》一文和张人杰译的《教育社会学的四个研究趋向》一文，《外国教育资料》第 4 期刊登了马骧雄的《"教育成层论"简介》一文。教育社会学恢复重建的帷幕徐徐拉开。

1981 年 12 月，《教育研究》杂志编辑部与中国社会科学院社会学研究所联合召开"教育与社会"座谈会，探讨教育社会学学科的恢复重建问题。

1982 年 2 月，南京师范大学率先开设教育社会学课程，揭开了重建教育社会学学科制度的序幕。北京师范大学也在 1982 年开设了教育社会学课程，继而，华东师范大学也开设此课程。

1984 年秋季起，华东师范大学、南京师范大学、北京师范大学及杭州大学等校陆续开始招收教育社会学方向的硕士研究生。

1989 年秋季起，南京师范大学与华东师范大学相继开始招收教育社会学方向的博士研究生。

1989 年 4 月，我国第一个教育社会学学术团体——中国教育学会教育社会学专业委员会在杭州成立，首任主任委员为张人杰。

1991 年 8 月，另一个全国性教育社会学学术团体——中国社会学会教育社会学研究会在天津成立，首任理事长为厉以贤。

1991 年 11 月，中国教育学会教育社会学专业委员会主办的《教育社会学简讯》开始印发。

1992 年 6 月，中国社会学会教育社会学研究会主办的《中国教育社会学研究会通讯》开始印发，其后因学术年会同全国社区教育委员会合办，刊名被改为《中国社会学会教育社会学研究会、全国社区教育委员会通讯》。

### 二、中国教育学会教育社会学专业委员会历届年会大事记

1989 年 4 月，在中国教育社会学学科重建的大背景下，中国教育学会教育社会学专业委员会召开了第一届学术年会。之后，该专业委员会原则上每两年举办一届学术年会（历届学术年会简况见附表 1）。每届学术年会研讨主题均包括两项内容，一项为"社会学视野中的教育问题"，另一项为"教育社会学自身发展问题"。

1989 年 4 月 7—10 日，中国教育学会教育学研究会下属的教育社会学专业委员会在杭州大学①召开了成立大会暨学术研讨会。会议首先交流了各高等学校教育社会学课程的开设情况，与会代表就教学大纲进行了交流并就课程建设情况进行了研讨。在对课程建设情况进行研讨的基础上，他们着重讨论了当时我国教育社会学应当研究的主要课题，大致包括三个方面：第一，教育问题的社会学分析，如关于教育危机、学业成败、青少年学生犯罪、教育价值观等

---

① 该校于 1998 年与浙江农业大学、浙江医科大学、原浙江大学合并为浙江大学。

的社会学分析等。第二，学科理论自身的建设，涉及教育社会学的研究对象，学科性质与研究方法，教育与个体社会化，学校文化，班级群体，教育民主化等。第三，针对地区特点的研究，涉及教育与社区文化建设，区域文化对教育的影响等。此外，与会代表还就教师的社会地位与"隐蔽课程"进行了专题讨论。经过代表的认真讨论，会议初步决定将"教育危机的社会学分析"作为首项全国协作研究课题。①

1991年5月，中国教育学会教育社会学专业委员会第二届学术年会在安徽师范大学举行，会议主题为"中小学生的学业成败：社会学分析"和"教育社会学的学科建设及今后研究重点"。

1993年5月，中国教育学会教育社会学专业委员会第三届学术年会在广西师范大学举行，会议主题为"国家（地区）现代化与教育变革"。

1995年10月，中国教育学会教育社会学专业委员会第四届学术年会在华中理工大学②举行，会议主题为"社会转型与教育改革"。社会主义市场经济的迅速发展给教育发展变革带来的机遇受到关注，教育"商品化""市场化""产业化"问题成为反思的主题。"整体优化"与"教育重组"成为被探讨的教育改革问题，相关教育功能问题也引起了进一步的讨论。③

1998年10月，中国教育学会教育社会学专业委员会第五届学术年会在沈阳师范学院（今称沈阳师范大学）举行，会议主题为"教育与社会可持续发展""教育社会学学科发展"。

2000年10月，中国教育学会教育社会学专业委员会第六届学术

---

① 李复新：《全国教育社会学专业委员会成立并举行学术研讨会》，载《教育研究》，1989(8)。

② 该校于2000年与同济医科大学、武汉城市建设学院合并为华中科技大学。

③ 董泽芳、傅松涛、王万俊：《社会转型与教育改革——全国教育社会学专业委员会第四次学术年会综述》，载《高等教育研究》，1996(2)。

年会在南京师范大学举行，会议主题为"教育社会学研究的国际化与本土化"，时任台湾地区教育社会学学会会长的陈伯璋率团参会。海峡两岸教育社会学专业委员会商定，今后两岸会议互派代表参加，以密切双方的学术交流。

2002 年 11 月，中国教育学会教育社会学专业委员会第七届学术年会在广州举行，由广东教育学院和广州大学承办。会议主题为"社会变迁中的教育公平问题"和"后现代主义与教育社会学"。进入 20 世纪 80 年代，中国的社会转型首先在思想层面开始；到 90 年代，中国的社会转型在实践层面有所拓展，其最主要标志是市场化引起的观念与制度的变化，以及社会结构的变化。由此引起的教育公平问题已持续多年，因而成了这次会议深入讨论的主要话题。具体论题包括：社会转型视野中的教育公平；中国大陆高校收费、高校分流与教育公平；从文化视角看教育公平；教师与教育公平；后现代主义与教育社会学。①

2004 年 6 月，中国教育学会教育社会学专业委员会第八届学术年会在曲阜师范大学举行，会议主题为"社会转型时期教育社会学的学科使命""当下知识分子的身份认同"。有学者提出，教育社会学不是一门运用社会学的方法解决教育问题的学问，而是一门追问教育现象、教育观念的知识社会学。有学者提出，社会转型时期教育社会学的三大使命是：立足于问题研究；着眼于学科发展；致力于实践服务。有学者提出，在教育社会学中，我们只能谈个人的学科使命观，作为学科的教育社会学并不存在一个能够被广泛认可的学科使命，研究者个人在学术研究中归属哪一门学科受多方面因素的影响，教育社会学仅仅为我们提供了一种审视问题的独特视角而已，在一定意义上，教育社会学只不过是一种"借口"——借进入学术圈

---

① 杨昌勇：《社会变迁中的教育公平——中国教育学会教育社会学专业委员会第七届年会综述》，载《学术研究》，2003(2)。

子的"方便"而已。①

2006 年 10 月，中国教育学会教育社会学专业委员会第九届学术年会在海南师范大学举行，会议主题为"中国教育社会学的学术传统与理论使命""教育改革的社会学分析"。吴康宁提出了"学科之眼与学科视野"的问题，认为学科之眼是学科赖以相对独立的一个前提条件，并且是先于学科独特的研究对象与独特的研究方法的。有学者认为，"发现"社会是社会学研究的精神，是社会学发展的动力，也是社会学知识进步的标志，教育社会学秉持"发现"教育中的"社会"这种研究气质，即注重揭示教育差别，关注教育弱势（群体），企求教育公平。有学者将思考定位在教育社会学的可能空间方面，认为"跨界"已经成为当代学科发展的一种"文化现象"，学科互涉与边界跨越既是一种实践也是一种意识，只有在互涉、渗透、综合的学术胸襟与研究视野下，把握本学科的魂之所在，才有可能在不失却本学科研究精髓的基础上放大本学科的研究理路，产生新的生长点，从而形成一种"新的关注方式"、一种社会学的眼光。②

2008 年 11 月，中国教育学会教育社会学专业委员会第十届学术年会在广西师范大学举行，会议主题为"教育社会学研究的反思""面向和谐社会的教育问题"。钱民辉以 2006 年以来中国教育社会学界的学术活动为背景，通过梳理与研究文献，详细分析了教育社会学研究的新特点，认为，中国的教育社会学研究正处于历史上的鼎盛期，处于推陈出新、水平长进的腾飞期，也处于新人辈出的繁荣期。张人杰指出，教育社会学研究取得了很大的成绩，同时也有很大的改进空间，不仅需要考虑教育社会学与其他学科的关系，而且需要考

---

①　庞守兴、孙元涛：《学科使命与知识分子的身份认同——中国教育学会教育社会学专业委员会第八届年会综述》，载《高等教育研究》，2005(3)。

②　钱民辉：《中国教育社会学研究的最新动向及评述》，载《北京大学学报（哲学社会科学版）》，2009(3)。

虑教育社会学内部三大学派的关系。教育社会学是不同学派的观点交汇、融合的结果。创立自己的学派很难，仅取一个学派又有很多弊端，综合各学派精华乃是研究者应有的一个选择。吴康宁认为，我国教育社会学的发展要迈向新的台阶，就必须确立"建设适合中国的教育社会学"的指导方针，选择"基于现实、揭示事实、通向实践"的学科性质，贯通宏观、中观及微观研究层面。陈振中认为，教育社会学研究应寻求新的突破，一是要对教育社会学学科的关键词和核心概念进行提炼和重释，教育社会学最重要的关键词包括教育公平、教育教学的社会性、符号与互动、权力控制与抵制；二是要大大拓展教育社会学的研究领域；三是要变换学科的研究视角。和谐社会中的教育问题是该届年会讨论的另一大议题，农村教育、农民工子女教育等问题引起了与会者的特别关注。此外，与会者还拓展了新的论域，出现了一些新颖的研究视角如教育历史的社会性解读、博客解读、文学性解读等。①

2010 年 9 月，中国教育学会教育社会学专业委员会第十一届学术年会在新疆石河子大学举行，会议主题为"社会学视野中的学校文化"和"多元视角下的教育社会学研究"。吴康宁认为，中国的教育社会学经过 30 多年的发展，在谋求独立的学科地位、进行学科"专业化努力"上取得了长足的进步。这一结果既可被看作一种发展动力，也可被视为制约今后开放式发展的一种羁绊。他指出，今后既要继续提高教育社会学的专业化程度，即"耕耘好自己的一亩三分地"，也要尝试超越专业化、建构"教育社会理论"，这近乎一个悖论。但这种悖论式发展，或许将成为今后相当一个时期内中国教育社会学发展的一种基本样态。在这一取向的影响下，诸多学者纷纷从措辞学、历史学、文化学等学科视角，从社会理论的符号互动、后现代

---

①　陈振中：《学科研究的反思与和谐社会下的教育问题——中国教育学会教育社会学专业委员会第十届年会综述》，载《广西师范大学学报（哲学社会科学版）》，2009(2)。

等角度对教育社会学进行研究。在学校文化研究方面，董泽芳做了题为"社会学视域中的大学文化"的演讲；钱扑指出学校文化有着持久而顽强的生命力——具有强大的社会化功能；台湾地区的学者谭光鼎从微观角度就构建理想的学校文化给出了形象的回答。城乡文化差异问题受到关注，集中体现在进城农民工子女的教育问题以及农村大学生的城市适应问题上，有多名学者从不同角度进行了相关探讨。[①]

2012 年 10 月，中国教育学会教育社会学专业委员会第十二届学术年会在福建师范大学举行，会议主题为"教育社会学的传统与现代"和"教育质量与教育公平"。有学者基于"理论建构、学术共同体与社会基础"分析框架进行研究，认为，改革开放以来，中国教育社会学研究在本土问题意识与理论建构方面的研究成果显著，但在学术共同体建设尤其是社会基础积累方面未见突破性进展，未来在深化理论建构的同时，研究者还需进一步拓展视野与关系网络，增强学术共同体和社会基础，如此才能提高教育社会学学科的体制实力与公共声誉，为中国教育与社会进步贡献更多的力量。有学者着力阐发了"叙事资本"这一关键词，关注教育社会学领域的教育社会史、生活史研究，认为正是因为"叙事资本"成为表述特定思想的核心，教育社会史、生活史研究才超越了单纯的学科领域，成为一种生活政治意义上的解放运动。关于教育质量与教育公平问题的探讨主要围绕义务教育阶段的教育质量与教育公平问题以及高等教育阶段的教育质量与教育公平问题展开。[②]

2014 年 9 月，中国教育学会教育社会学专业委员会第十三届学

---

① 周益斌：《社会学视野中的学校文化与教育社会学的研究取向——全国教育学分会教育社会学专业委员会第 11 届年会综述》，载《教育研究与实验》，2010(6)。

② 周元宽、程天君：《立足学科发展的传统与现代　聚焦教育质量与教育公平——全国教育社会学专业委员会第十二届学术年会综述》，载《教育理论与实践》，2013(4)。

术年会在东北师范大学举行，会议主题为"教育社会学的想象力"和"困境中的学校"。有学者从言文分离这一中国人日常生活中极为普遍的现象出发，分析社会学质性研究方法中的深度访谈，讨论了教育中的权力—知识问题，认为深度访谈只是为了深入了解言文一致的地方世界（西方世界）而开发出来的一种调查技术或治学工具，在最为显性的层面上，对于源自西方世界的深度访谈试图在言文分离且表意优先的汉语世界里扎根这一现象本身所内蕴的"文化霸权""音声帝国主义"的问题，无论是基于教育社会学本土化自觉还是基于对教育社会学研究的本土性追求，都应该拥有足够的批判意识，保持清醒的教育社会学的想象力。有研究者以涂尔干的古典教育社会学和麦克拉伦的教育社会学实践为个案反思教育社会学，主张教育社会学的学科自觉，认为反思教育社会学不应仅从理论角度展开，还应关注其中的情感动力。无论是作为欧洲古典社会学大家的涂尔干，还是作为北美新一代批判教育社会学代表的麦克拉伦，都可被窥见驱动和维系其教育社会学研究实践的情感力量，前者由一种古典主义者特有的忧伤情感起支撑作用，后者则受着对"资本主义""帝国主义"体制的强烈愤怒的驱使。就教育社会学来说，无论想象力或理论工具如何重要，他们也离不开情感力量的支撑作用或驱动作用。倘若新一代中国教育社会学学者既不忧伤也不愤怒，即便这并不意味着教育学的终结，至少难免成为一种空洞的缺乏人情味与社会关切的理论（文字）游戏。一些学者分别通过新型乡土知识分子的身份冲突与文化适应、农村留守儿童的学业成长、边陲学校、陈元晖学术生活史以及教育实践话语的修辞等主题研究，展示了教育社会学的想象力。有学者提出的"教育社会学与社会学的想象力有何区别；社会学的想象力与人类一般的想象力有何区别，与其他学科又有何区别"等问题引起了热烈讨论。围绕"困境中的学校"主题，有学者认为，教育改革的困难与不尽如人意，主要不在于其缺乏清晰且有说服力的改革蓝图，也不在于其缺少懂得如何操作改革过程的教育先进分子，而在于教育所处的整个社会生态格局具有一定的复杂性，其中，教育改革的内容、方向、立场与合法性受到了威胁，以单位保护、家庭投入、总体精英、关系资本等围困教育改革的路径形成，使得教育改革过程处处充满张力，被围困其中的学校教育如果仅依靠自身寻求解决之道而试图完成彻底意义上的蜕变几无可能。会议还就教育世界的社会流动、乡村经济、社会分层、教师发展等话题进行了研讨。[①]

2016 年 11 月，中国教育学会教育社会学专业委员会第十四届学术年会在云南民族大学举行，会议主题为"教育创造健康社会：涂尔干遗产与中国经验""教育社会学国际学术动态与前沿研究"。会议围绕主题开设"教育创造健康社会""教育社会学前沿探索""教育改革与社会变迁""研究生专场"四个分论坛，深度交流了教育的正向社会功能，重新检视教育变革与社会秩序的关系，反思、探讨教育在创造健康社会过程中的经验和问题。

2018 年 10 月，中国教育学会教育社会学专业委员会第十五届学术年会在南京师范大学举行，会议主题为"新时期的教育公平与学校变革"及"教育社会学：国际比较与跨学科视野"。来自美国、日本以及中国海峡两岸暨香港地区百余所高校的专家学者和研究生参加了会议。在六场大会主题报告中，中国教育学会教育社会学专业委员会名誉理事长吴康宁教授，美国威斯康星大学麦迪逊分校托马斯·波克维茨教授，日本教育社会学学会会长、早稻田大学吉田文教授，中国台湾地区教育社会学学会名誉理事长张建成教授等 28 位学者分享了各自的最新研究成果。现场听众与报告人展开交流讨论。18 场

---

① 周元宽、程天君：《社会学想象中的学校困境——全国教育社会学专业委员会第十三届年会综述》，载《教育学术月刊》，2015(3)。

附表 1　中国教育学会教育社会学专业委员会历届学术年会简况一览表

| 届别 | 时间 | 地点 | 承办单位 | 主题 | 有无换届 | 领导机构 |
| --- | --- | --- | --- | --- | --- | --- |
| 第一届 | 1989 年 4 月 | 杭州 | 杭州大学 | 教育社会学课程建设；教育问题的社会学分析；学科理论自身建设 | 成立大会 | 主任委员：张人杰 副主任委员：杨祖耕、韩文生 秘书长：吴康宁 |
| 第二届 | 1991 年 5 月 | 芜湖 | 安徽师范大学 | 中小学生的学业成败：社会学分析；教育社会学的学科建设及今后研究重点 | 无 | 同上 |
| 第三届 | 1993 年 5 月 | 桂林 | 广西师范大学 | 国家（地区）现代化与教育变革 | 换届 | 主任委员：张人杰 副主任委员：董泽芳、吴康宁 秘书长：唐宗清 |
| 第四届 | 1995 年 10 月 | 武汉 | 华中理工大学 | 社会转型与教育改革 | 无 | 同上 |
| 第五届 | 1998 年 10 月 | 沈阳 | 沈阳师范学院 | 教育与社会可持续发展；教育社会学学科发展 | 换届 | 主任委员：张人杰 副主任委员：董泽芳、吴承宁、张德祥 秘书长：吴永军 副秘书长：王蕙 |

续表

| 届别 | 时间 | 地点 | 承办单位 | 主题 | 有无换届 | 领导机构 |
|---|---|---|---|---|---|---|
| 第六届 | 2000年10月 | 南京 | 南京师范大学 | 教育社会学研究的国际化与本土化 | 无 | 同上 |
| 第七届 | 2002年11月 | 广州 | 广东教育学院、广州大学 | 社会变迁中的教育公平问题；后现代主义与教育社会学 | 换届 | 主任委员：张人杰 副主任委员：董泽芳、吴康宁 秘书长：吴永军 副秘书长：王蕙 |
| 第八届 | 2004年6月 | 曲阜 | 曲阜师范大学 | 社会转型时期教育社会学的学科使命；当下知识分子的身份认同 | 无 | 同上 |
| 第九届 | 2006年10月 | 海口 | 海南师范大学 | 中国教育社会学的学术传统与理论使命；教育改革的社会学分析 | 换届 | 理事长：吴康宁 副理事长：董泽芳、杨昌勇、马和民 秘书长：吴永军 |
| 第十届 | 2008年11月 | 桂林 | 广西师范大学 | 教育社会学研究的反思；面向和谐社会的教育问题 | 无 | 同上 |
| 第十一届 | 2010年9月 | 石河子 | 石河子大学 | 社会学视角中的学校文化；多元视角下的教育社会学研究 | 换届 | 理事长：吴永军 副理事长：马和民、杨昌勇、贺晓星 秘书长：程天君 |

续表

| 届别 | 时间 | 地点 | 承办单位 | 主题 | 有无换届 | 领导人员组成 |
|---|---|---|---|---|---|---|
| 第十二届 | 2012 年 10 月 | 福州 | 福建师范大学 | 教育社会学的传统与现代；教育质量与教育公平 | 无 | 增补副秘书长：周元宽 |
| 第十三届 | 2014 年 9 月 | 长春 | 东北师范大学 | 教育社会学的想象力：困境中的学校 | 换届 | 理事长：马和民 副理事长：贺晓星、程天君、刘云杉 秘书长：周勇 副秘书长：周元宽 |
| 第十四届 | 2016 年 11 月 | 昆明 | 云南民族大学 | 教育创造健康社会：涂尔干遗产与中国经验；教育社会学国际学术动态与前沿研究 | 无 | 同上 |
| 第十五届 | 2018 年 10 月 | 南京 | 南京师范大学 | 新时期的教育公平与学校变革；教育社会学：国际比较与跨学科视野 | 换届 | 理事长：贺晓星 副理事长：程天君、刘云杉、明庆华 秘书长：石艳 副秘书长：周元宽 |

分论坛以"新时期教育公平理论的反思与重构""教育社会学的跨学科视野与国际比较""基础教育中的公平问题探析"等为主题，近 90 位报告人阐述了各自的研究议题、研究方法及研究内容。3 场分别以"社会变迁中的教育公平问题""多元视角下的教育社会学研究""现代化进程中的学校变革"为主题的研究生晚间沙龙开创了年会学术研讨的新形式。①

### 三、中国社会学会教育社会学专业委员会学术活动大事记

中国社会学会教育社会学专业委员会成立于 1991 年 8 月 19 日，成立之初被称为中国社会学会教育社会学研究会，由中华人民共和国民政部批准成立，是中国社会学会的第一个专业研究会，负责人为厉以贤。2012 年经民政部批准，该研究会改称中国社会学会教育社会学专业委员会，业务范围为：理论研究与学术研讨。2014 年，因年龄原因，厉以贤提出不再担任理事长一职。为响应中国社会学会关于各二级学会必须于 2014 年 2 月 28 日换届结束的要求，中国社会学会教育社会学专业委员会通过上一届理事分别推荐、上一届理事会考察讨论和逐级筛选等程序，选出由 51 人组成的新一届理事会。换届工作于 2014 年 2 月 25 日正式完成，时任北京物资学院院长的王旭东担任新一届理事长。

1991 年 8 月 19 日，中国社会学会教育社会学研究会成立大会暨学术研讨会在天津举行。

1991 年 11 月 9 日，中国社会学会教育社会学研究会秘书长会议在北京师范大学举行，会议确定了研究会的活动类型、试办研究会通讯、发展会员、开展教育社会学的普及工作和学术培训工作、秘书处的分工等议题。

1992 年 10 月 19—23 日，中国社会学会教育社会学研究会在湖

---

① 李雨潜、马宇航、程天君：《新时期教育公平的理论探索与实践创新——全国教育社会学专业委员会第十五届学术年会综述》，载《教育发展研究》，2018(24)。

北省襄樊市<sup>①</sup>举行 1992 年学术研讨会，会议围绕如下方面展开研讨：教育社会学的学科建设与理论研究，社区教育，企业教育，社会环境、学校环境与教育。

1995 年 5 月 28—31 日，中国社会学会教育社会学研究会暨全国社区教育委员会年会在上海举行，来自全国各地的近 90 位代表参会，会议围绕教育同社会、社区协调发展的问题展开了深入的探讨。<sup>②</sup>

2000 年 4 月 19—23 日，中国社会学会教育社会学研究会第六次年会在江苏省扬州市举行，会议主题是"学习社会的建构"和"21 世纪教育与社会热点问题"。<sup>③</sup>

2014 年 5 月 24—25 日，中国社会学会教育社会学专业委员会 2014 学术研讨会在北京举行，会议由北京物资学院承办。厉以贤做了题为"社会发展、经济发展与教育发展"的主旨发言。教育公平问题是与会代表讨论的一个热点话题，与会代表还在教育与社会相互作用的大视角下探讨了诸如教育领域综合改革等多方面的教育热点问题。<sup>④</sup>

2014 年 7 月 11 日，中国社会学会教育社会学专业委员会组织的中国社会学年会"教育综合改革中热点问题的社会学分析"分论坛在武汉大学外国语学院举行。

2015 年 6 月 27—28 日，中国社会学会教育社会学专业委员会常务理事会扩大会议在河北师范大学教育学院举行。此次扩大会议的主题是开展学术研讨，增强彼此了解，促进学会发展，形成研究合力。

① 2010 年 11 月，经国务院批复同意，襄樊市更名为襄阳市。
② 傅松涛：《教育与社会的协调发展——全国教育社会学研究会暨全国社区教育委员会年会综述》，载《教育研究》，1995(8)。
③ 杨昌勇、郑淮：《中国社会学会教育社会学研究会召开第六次年会》，载《高等教育研究》，2000(5)。
④ 北京师范大学教育基本理论研究院：《中国社会学会教育社会学研究会 2014 学术研讨会举行》，载《教育学报》，2014(4)。

2015 年 7 月 11 日，中国社会学会教育社会学专业委员会组织的中国社会学年会"考试招生制度改革与社会公平"分论坛在中南大学铁道校区举行。

2016 年 3 月 5 日，中国社会学会教育社会学专业委员会理事会 2016 年第一次工作会议暨学术研讨会在北京物资学院举行。会议围绕专业委员会定位、发展路径拓展、2016 年重点工作等事宜展开研讨。大家形成的共识是，教育社会学专业委员会要紧紧定位于社会学的研究视角与方法，加强与全国各地大学社会学院系的联系，多吸收和接纳社会学学者加入，以此为突破口，定位并扎根于社会学。与会者还就教育公平问题、基础教育择校问题、教育社会学边界问题等展开了学术交流与研讨。

2016 年 10 月 14—16 日，中国社会学会教育社会学专业委员会 2016 年学术年会在曲阜师范大学举行。会议主题为"全面建成小康社会目标下教育与社会的关系研究""新的发展理念下教育质量与教育公平问题研究""教育社会学学科建设与学科发展研究"。

2017 年 10 月 15 日，由中国社会学会教育社会学专业委员会主办的"涂尔干逝世百年纪念学术研讨会"在郑州大学举行。

2018 年 10 月 12—14 日，中国社会学会教育社会学专业委员会 2018 年学术年会在哈尔滨师范大学召开。会议主题为"社会学视域下公平而有质量的教育"。

# 后 记

对新中国 70 年教育社会学的发展历程进行系统的回顾与反思，的确是一项光荣而艰巨的任务。自受命以来，夙兴夜寐，诚惶诚恐，全力以赴。

我自 1995 年开始进入教育社会学研究领域，当时从曲阜师范大学考入南京师范大学进行研究生阶段学习，师从吴康宁教授做教育社会学研究，对教育社会学的学习、体认与探索由此逐渐展开。20 多年来，我见证着教育社会学研究的逐步繁荣，也历经着在教育社会学研究乃至教学方面个人化的困顿与挑战。出于对社会学与教育学的较为浓厚的专业兴趣，自身的研究时常在这二者之间来回穿行，不断体认与反思教育社会学研究的独特意蕴。就个人学术发展来说，对教育社会学学科发展历程的整体反思直到很晚才进入研究视域。2014 年，我受国家留学基金资助赴英国伦敦大学教育学院做访问学者，联系教授是作为英国教育社会学领军人物的杰夫·惠蒂和斯蒂芬·鲍尔两位学者。带着自身在教育社会学研究方面的积淀与疑惑，在一年的时间里，我对英国教育社会学的发展历程、脉络与现状有了较为深入的整体了解，这激发了我对中国教育社会学学科发展历程的反思。回国后，我申报了"英国教育社会学的发展历程及其与中国教育社会学发展的比较研究"课题，由此，相关研究才逐步展开。

　　对中国教育社会学学科发展历程的梳理注定充满艰辛与挑战。这样一种梳理不仅仅需要对大量文献进行系统研读，更需要竭力抓住教育社会学学科自身的一些根本性问题，并不断厘清教育社会学学科的边界。今天的教育社会学研究已日益呈现出繁荣发展、"百家争鸣"之势，在这样一种情况下，若想做出全面系统的梳理而无遗漏，出于个人精力及学术视野的限制，这几乎是不可能的，我时常为此惴惴不安，其中的艰辛可想而知。对学科发展历程的梳理也离不开对自己所身处其中的教育社会学学术场域的反思，从现实存在形式来说，一门学科意味着对该学科有着自觉的学科认同的学者所形成的学术场域，教育社会学的学科发展受限于其所处的整体社会境况与具体学术脉络。对学科发展历程的梳理需要学者不断突破自身学术视野的局限，也意味着一种持续的自我挑战。

　　一门学科的发展离不开其中每一个学术人的自觉努力，一些卓有成效的探索者在其中发挥着引领性作用，正是在教育社会学领域有着真正的学科认同并投入学术热忱与精力的学者构建起了教育社会学学科的整体形貌，形成了教育社会学较为丰厚的学术积淀，推动着教育社会学的学科发展。在进行文献研读与梳理的过程中，我时常为这样的精神与智慧而感动。相对于教育社会学领域的前辈及当今学者所做出的艰苦卓绝的努力与所展示出的学术才智，本书所可能具有的学术价值只不过微乎其微，书稿的完成过程更是我自己不断学习与提升的过程，是我自己的学术视野不断打开以及我自己站在一个新的高度进行反思的过程。

　　感谢丛书主编侯怀银教授的信任，委此重任。从研究的启动到书稿的完成，他给予了统揽全局、细致入微的指导，让我获益良多。

　　书稿的写作过程得到众多师友的真诚帮助。导师吴康宁教授从写作提纲的构思到书稿的完成都给予了关注并提出了宝贵建议，他在身体不适的情况下，坚持通读完本书的初稿，给予了肯定并指出了问题及修改建议。贺晓星教授的指导也使我在写作本书的过程中茅塞顿开，厘清了思路与方向。我的博士后导师叶澜教授对我的学术研究给予关心与鼓励，这化作一种精神力量始终在激励着我。青岛大学师范学院基础教育研究中心的几位同事赵翠兰、李德林、潘发勤、黄晓珠、徐静竹等老师为本书的撰写提供了全力支持，在日常交流及专题研讨中，他们帮助探讨思路并疏解压力，还分担了一些本应由我承担的教学任务及日常工作中的繁杂事务，让我全身心投入书稿写作中，令人感动。我的研究生陆宗智、刁焕鹏帮忙收集大量文献并进行了初步的文献整理。在此一并致谢。

本书的出版还要感谢北京师范大学出版社鲍红玉、王新焕等编辑的辛劳付出，她们对书稿进行了极为仔细的审阅，其严谨的精神令人钦佩。

王有升

2019 年 10 月 20 日于青岛

**图书在版编目(CIP)数据**

共和国教育学 70 年. 教育社会学卷/侯怀银主编;王有升著. —北京:北京师范大学出版社,2020.5
ISBN 978-7-303-25560-3

Ⅰ. ①共… Ⅱ. ①侯… ②王… Ⅲ. ①教育社会学－教育史－中国－现代 Ⅳ. ①G529.7

中国版本图书馆 CIP 数据核字(2020)第 016275 号

营 销 中 心 电 话 010-58802135 010-58802786
北师大出版社教师教育分社微信公众号 京师教师教育

GONGHEGUO JIAOYUXUE QISHI NIAN · JIAOYU
SHEHUIXUE JUAN

出版发行:北京师范大学出版社 www.bnup.com
　　　　　 北京市西城区新街口外大街 12-3 号
　　　　　 邮政编码:100088
印　　刷:北京盛通印刷股份有限公司
经　　销:全国新华书店
开　　本:710 mm×1000 mm　1/16
印　　张:24
字　　数:312 千字
版　　次:2020 年 5 月第 1 版
印　　次:2020 年 5 月第 1 次印刷
定　　价:120.00 元

策划编辑:郭兴举　鲍红玉　　　　　 责任编辑:王新焕
美术编辑:王齐云　　　　　　　　　　装帧设计:王齐云
责任校对:康　悦　　　　　　　　　　责任印制:马　洁